富水岩溶区铁路隧道施工技术

冯军武　孙星亮　罗宗帆
常德胜　王青松　王平安　著

西南交通大学出版社
·成都·

图书在版编目（CIP）数据

富水岩溶区铁路隧道施工技术 / 冯军武等著. -- 成都：西南交通大学出版社，2023.12
ISBN 978-7-5643-9673-2

Ⅰ. ①富… Ⅱ. ①冯… Ⅲ. ①富水性–岩溶区–铁路隧道–隧道施工 Ⅳ. ①U459.1

中国国家版本馆 CIP 数据核字（2023）第 247918 号

Fushui Yanrongqu Tielu Suidao Shigong Jishu

富水岩溶区铁路隧道施工技术

冯军武　孙星亮　罗宗帆　　　　　责任编辑 / 姜锡伟
常德胜　王青松　王平安　　著　　封面设计 / GT 工作室

西南交通大学出版社出版发行

（四川省成都市金牛区二环路北一段 111 号西南交通大学创新大厦 21 楼　610031）
营销部电话：028-87600564　　028-87600533
网址：http://www.xnjdcbs.com
印刷：成都中永印务有限责任公司

成品尺寸　170 mm × 230 mm
印张　13　　字数　233 千
版次　2023 年 12 月第 1 版　　印次　2023 年 12 月第 1 次

书号　ISBN 978-7-5643-9673-2
定价　58.00 元

图书如有印装质量问题　本社负责退换
版权所有　盗版必究　举报电话：028-87600562

前言 PREFACE

  随着国民经济的持续发展和科学技术的不断进步，我国铁路工程建设持续快速发展，铁路隧道数量快速增加，尤其是近十几年来，高速铁路更是得到了迅猛发展。截至 2022 年年底，我国铁路营业里程达 15.5 万千米，其中，投入运营的铁路隧道 17 873 座，总长 21 978 km。我国已投入运营的高速铁路总长超过 4.2 万千米，共建成高速铁路隧道 4 178 座，总长 7 032 km；已投入运营的特长铁路隧道共 259 座，长约 3 498 km，其中长度在 20 km 以上的特长铁路隧道 12 座，长约 283 km。我国正在建设的高速铁路隧道有 1 804 座，长约 4 033 km；规划铁路隧道 5 376 座，总长度为 13 221 km。

  由于我国幅员辽阔、地形多样，隧道施工遇到的特殊地质和不良地质种类繁多，富水岩溶地质是其中典型的一种。岩溶（喀斯特）地质在我国的分布相当广泛，越来越多的铁路线路穿越岩溶区，从而出现了大量的岩溶隧道，如沪昆高铁在岩溶普遍比较发育的贵州省内就出现了数量众多的富水岩溶隧道，这些隧道长度长、埋深大。因高速铁路隧道开挖面积大，突水突泥是岩溶隧道施工过程中面临的最重要的地质灾害之一，施工风险高。大断面的岩溶高风险隧道的顺利建成，推动了我国隧道工程技术的进步，积累了宝贵的施工经验。对大断面富水岩溶隧道工程施工技术的系统归纳、总结和提炼，以此成书，以期对今后类似隧道工程的设计和施工提供有益借鉴。

全书共 7 章，主要由石家庄铁道大学孙星亮，中铁二十局集团有限公司冯军武、罗宗帆、常德胜、王青松和王平安撰写。第 1 章主要介绍了我国铁路隧道的发展情况、富水岩溶隧道的施工技术现状及存在的问题（冯军武、罗宗帆）；第 2 章主要介绍了隧道超前地质预报方法及其在岩溶隧道工程中的应用（罗宗帆、王青松）；第 3 章介绍了岩溶发育的宏观规律、隐伏溶洞对隧道施工安全性的影响（孙星亮、冯军武）；第 4 章介绍了岩溶的分类、处理原则，结合沪昆高铁贵州段多座隧道岩溶治理案例阐述了大型岩溶溶洞及暗河的处理技术（孙星亮、常德胜）；第 5 章介绍了基于地下水环境不利影响控制的富水围岩注浆堵水技术及帷幕注浆应用案例（孙星亮）；第 6 章介绍了单斜互层岩体条件下高速铁路隧道施工控制技术（孙星亮、王平安）；第 7 章利用模糊层次分析法与二层次模糊综合评判理论相结合的方法对富水岩溶隧道施工过程中的突水风险进行了评估，并给出了案例以验证预测的有效性（孙星亮、冯军武）。另外，中铁二十局集团公司的谢江胜、杨立燃、贺显林、王存宝、李金魁、张欢、李校珂、张继岗、张峰和王洪坤等也参与了部分编写和绘图工作，在此一并表示感谢！

由于作者水平有限、撰写时间仓促，书中难免存在不足之处，敬请读者批评指正！

作　者

2023 年 5 月

目 录
CONTENTS

第1章 绪 论 ··· 001
  1.1 我国铁路隧道发展现状 ··· 001
  1.2 富水岩溶隧道施工技术现状 ·· 005
  1.3 富水岩溶高速铁路隧道目前存在的问题 ························· 011
  1.4 沪昆高铁贵州段隧道工程特征 ···································· 013

第2章 富水岩溶高铁隧道超前地质预报 ······························ 016
  2.1 隧道超前地质预报概述 ··· 016
  2.2 岩溶隧道超前地质预报的内容 ···································· 017
  2.3 富水岩溶隧道超前地质预报的方法 ······························ 017
  2.4 超前地质预报在隧道施工中的应用案例 ························· 029

第3章 富水岩溶隧道施工中突水突泥风险分析 ······················ 043
  3.1 岩溶产生的条件 ·· 043
  3.2 沪昆高铁贵州段岩溶发育影响因素 ······························ 044
  3.3 富水岩溶隧道突水特征及规律性 ································· 049
  3.4 隧道与溶洞间岩墙的安全厚度分析 ······························ 052
  3.5 岩墙中存在裂隙时对隧道施工安全性的影响 ·················· 057

第4章 隧道岩溶处置技术 ·· 062
  4.1 岩溶分类 ··· 062
  4.2 岩溶处置的基本原则 ·· 063
  4.3 大型岩溶处置典型案例 ··· 067

第5章 岩溶高水压地层隧道注浆堵水技术 ···························· 093
  5.1 适于动水条件下的浆液配方确定 ································· 093
  5.2 动水条件下平面裂隙注浆模拟试验 ······························ 101
  5.3 动水条件下帷幕注浆模拟试验 ···································· 113
  5.4 帷幕注浆加固在高水压围岩中的应用 ··························· 126

第6章 单斜互层围岩隧道变形控制技术 ································ 135
6.1 工程概况 ·· 135
6.2 单斜互层围岩隧道失稳机理分析 ································· 138
6.3 单斜互层围岩不同倾角时隧道力学特征分析 ·················· 144
6.4 单斜互层围岩隧道施工现场监测 ································· 151

第7章 富水岩溶隧道突水风险评估分析 ································ 158
7.1 富水岩溶隧道突水风险评估概述 ································· 158
7.2 富水岩溶隧道施工风险等级 ······································· 159
7.3 富水隧道施工风险评估方法原理 ································· 162
7.4 富水岩溶隧道施工过程中的风险评估实例 ····················· 171
7.5 隧道施工开挖揭示岩溶情况 ······································· 186
7.6 富水岩溶隧道安全措施体系 ······································· 190

参考文献 ·· 198

第1章 绪 论

1.1 我国铁路隧道发展现状[1]

1.1.1 我国铁路隧道建设基本情况

据统计,截至 2022 年年底,我国铁路营业里程已达 15.5 万千米,其中,投入运营的铁路隧道共 17 873 座,总长约 21 978 km。我国已投入运营的高速铁路总长超过 4.2 万千米,建成高速铁路隧道 4 178 座,总长 7 032 km,其中,长度大于 10 km 的高速铁路特长隧道 105 座,长约 1 339 km。

截至 2022 年年底,我国已投入运营的特长铁路隧道共 259 座,总长约 3 498 km,其中,长度在 20 km 以上的特长铁路隧道有 12 座,长约 283 km。2022 年新增运营铁路隧道 341 座,总长约 923 km,其中 10 km 以上的特长隧道 25 座,总长约 362 km。2022 年新增运营隧道 207 座,长约 559 km,其中,10 km 以上的特长隧道 14 座,长约 199 km。其中,广惠城际铁路松山湖隧道是国内投入运营的最长铁路隧道,全长 38.81 km。2020 年 12 月 30 日开通运营的北京—张家口高速铁路八达岭车站两端的渡线隧道开挖跨度达 32.7 m,是国内单拱跨度最大的暗挖铁路隧道。我国已投入运营的长度在 20 km 以上的特长铁路隧道 13 座,总长 322.26 km,见表 1.1-1。

表 1.1-1 我国已投入运营的长度在 20 km 以上的特长铁路隧道

隧道名称	隧道长度/m	线别	单洞/双洞	建成时间	设计速度/($km \cdot h^{-1}$)
松山湖隧道	38 813	广惠城际线	单线双洞	2017 年	200
新关角隧道	32 690	西格线	单线双洞	2014 年	160
西秦岭隧道	28 236	兰渝先	双线单洞	2016 年	200
乌鞘岭隧道	20 050	兰武线	单线双洞	2006 年	160

续表

隧道名称	隧道长度/m	线别	单洞/双洞	建成时间	设计速度/(km·h^{-1})
太行山隧道	27 839	石太客专	双线单洞	2009年	250
南吕梁山隧道	23 443	瓦日线	双线单洞	2014年	120
崤山隧道	22 751	浩吉线	双线单洞	2019年	120
中天山隧道	22 449	南疆铁路	单线双洞	2015年	160
青云山隧道	22 175	向莆线	双线单洞	2013年	200
小相岭隧道	21 775	成昆线	双线单洞	2022年	160
吕梁山隧道	20 785	太中银铁路	双线单洞	2011年	160（预留200）
当金山隧道	20 100	敦格线	双线单洞	2019年	120
燕山隧道	21 153	张唐线	双线单洞	2015年	120

在建铁路隧道3 025座，总长约7 704 km。在建特长铁路隧道172座，总长2 656 km；其中，长度在20 km以上的特长铁路隧道26座，总长约692 km，见表1.1-2。

表1.1-2　我国在建长度在20 km以上的部分特长铁路隧道

隧道名称	隧道长度/m	线别	单洞/双洞	速度目标值/(km·h^{-1})
色季拉山隧道	37 956	川藏线（雅安至林芝段）	单线双洞	200
甘青隧道	22 380	西成线（先期工程）	单线双洞	200
康定二号隧道	20 793	川藏线（雅安至林芝段）	单线双洞	200
高黎贡山隧道	34 538	大瑞线（先期工程）	双线单洞	140
跃龙门隧道	20 042	成兰线（成都至川主寺段）	双线单洞	200
平安隧道	28 426	成兰线（成都至川主寺段）	双线单洞	200
云屯堡隧道	22 943	成兰线（成都至川主寺段）	双线单洞	200
东环隧道	45 042	珠三角城际广佛环线（广州南至白云机场段）	双线单洞	160
前皇隧道	22 218	穗莞深城际（前海—皇岗口岸段线）	双线单洞	160

规划铁路隧道 5 376 座，总长约 13 221 km；规划特长铁路隧道 263 座，总长 3 620 km。其中，长度在 20 km 以上的特长铁路隧道 14 座，总长 339 km。长度达 42 486 m 的四川至西藏铁路雅安至林芝段的易贡隧道已经开工建设。

1.1.2　我国高速铁路隧道建设规划情况

截至 2022 年底，我国已投入运营的高速铁路总长约 4.2 万千米，投入运营的高速铁路隧道共 4 178 座，总长约 7 032 km，其中特长隧道 105 座，总长约 1 339 km。从 2008 年第一条有隧道的高速铁路合宁铁路（南京南至合肥南）起至 2020 年年底，我国每年建成投入运营的高速铁路隧道长度柱状图如图 1.1-1 所示。

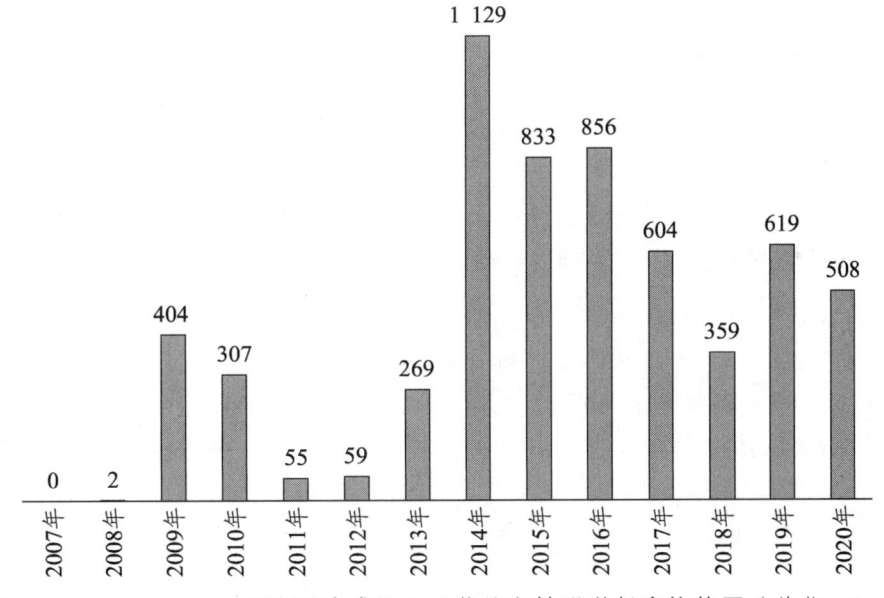

图 1.1-1　2008—2022 年我国建成投入运营的高铁隧道长度柱状图（单位：km）

1. 新增运营隧道

2022 年，我国新增运营有隧道工程项目的高速铁路共 7 条，总长 1 429 km，共有隧道 207 座，总长约 559 km。其中，10 km 以上的特长隧道 14 座，总长约 199 km，见表 1.1-3。

表 1.1-3　2022 年我国新增运营的高速铁路特长隧道

隧道名称	隧道长度/m	线别	单洞/双洞	速度目标值/(km·h^{-1})
小三峡隧道	18 964	郑万铁路	单洞双线	350
新华隧道	18 790	郑万铁路	单洞双线	350
东茗隧道	18 226	杭绍台铁路	单洞双线	350
香山隧道	17 763	中兰铁路	单洞双线	250
巫山隧道	16 571	郑万铁路	单洞双线	350
香炉坪隧道	15 161	郑万铁路	单洞双线	350
保康隧道	14 597	郑万铁路	双洞单线	350
巴东隧道	13 248	郑万铁路	单洞双线	350
香树湾隧道	12 475	郑万铁路	单洞双线	350
干溪沟隧道	11 883	郑万铁路	单洞双线	250
罗家山隧道	10 640	郑万铁路	单洞双线	250
太阳湾隧道	10 118	郑万铁路	单洞双线	250
兴山隧道	10 118	郑万铁路	单洞双线	250
白罗山隧道	11 540	杭绍台铁路	双洞单线	250

2. 在建隧道

至 2022 年底，我国正在建设的高速铁路隧道有 1 804 座，长约 4 033 km。其中，长度大于 10 km 的特长隧道有 83 座，长约 1 142 km。其中，长 10~15 km 的高速铁路隧道有 60 座，15~20 km 的高速铁路隧道有 19 座，20 km 以上的高速铁路隧道有 4 座。在建的高速铁路隧道中，速度目标值为 300~350 km/h 的高速铁路隧道共 1 554 座，长约 3 587 km；速度目标值为 250 km/h 的高速铁路隧道共 250 座，长约 446 km。长度在 20 km 以上的在建特长隧道见表 1.1-4。

表 1.1-4　我国在建长度在 20 km 以上的高速铁路隧道

隧道名称	隧道长度/m	线别	单洞/双洞	速度目标值/(km·h^{-1})
坪山东隧道	27 885	深汕铁路	单洞双线	350
彝良隧道	24 833	渝昆铁路	单洞双线	250
秦岭马白山隧道	22 918	西十高铁	单洞双线	350
炳辉隧道	21 170	渝昆铁路	单洞双线	350

3. 规划隧道

至2022年年底，我国规划高速铁路项目中有隧道2 345座，长约5 232 km。其中，长度大于10 km的特长隧道有83座，长1 112 km。规划的高速铁路隧道中，速度目标值为300～350 km/h的高速铁路隧道共1 857座，长约4 386 km；速度目标值为250 km/h的高速铁路隧道共488座，长约846 km。

1.2 富水岩溶隧道施工技术现状

我国是世界上岩溶分布面积最广、发育类型最多的国家。岩溶主要集中在我国长江以南和西南地区。我国岩溶区总面积约344万平方千米，占陆地国土面积的35.8%，其中裸露面积约90.7万平方千米，占陆地国土面积的9.5%。随着西部交通建设的快速充分发展，岩溶区隧道数量越来越多。各种类型的岩溶现象给隧道建设带来了极大的困难和挑战。贵州是我国岩溶极其发育的省份之一，因而贵州省内建成的公路和铁路隧道数量也越来越多。

1.2.1 富水岩溶隧道建设成就

在富水岩溶地区修建隧道面临的最典型也是最重要的施工风险就是施工过程中的突水突泥问题[2]。西南地区交通网的逐步加密使得岩溶隧道数量剧增，仅宜万铁路就有隧道159座，其中：洞身穿越岩溶地层的隧道达95座，总长度占全线隧道总长度的70%以上；隧道洞身位于岩溶地层中的长度约占全线隧道总长度的58%。在宜万铁路建设过程中，发生1 000 m³以上方量突水突泥事故多达60次。除宜万铁路外，渝利铁路、贵广客专及黔张常铁路等均穿越富水岩溶区，均建成了穿越各种类型溶洞的隧道工程。

作为国家公路主干线网重要组成部分的湖北沪蓉西高速公路全长约320 km，共有隧道44座，总长155 712 m。其中：中短隧道20座，总长25 992 m；长隧道14座，总长37 586 m；特长隧道10座，总长92 134 m。沪蓉西高速穿越区域属于典型的岩溶发育区，地下水丰富。典型岩溶长隧道有当时国内在建的第二长公路隧道龙潭隧道（长 8 693 m，最大埋深 800 m）、乌池坝隧道[3]（长 6 708 m，最大埋深 488 m）和野三关隧道[4]（长 3 690 m，最大埋深 247 m），由于其长度长和地质条件复杂等，均被列为全线的重点控制工程。由于隧道处于富水岩溶发育区，地下暗河、各种发育形态及类型的充填溶洞极其普遍，隧道施工风险极其突出。

大量富水岩溶区隧道的建成投入使用，尽管在工程施工过程中出现了一些工程事故，但也取得了明显的技术进步，积累了丰富的岩溶隧道勘察、设计及施工经验。

1.2.2 富水岩溶隧道超前地质预报技术

隧道施工中涌水突泥地质灾害预报是有效减少或消除富水岩溶隧道施工安全事故的重要技术手段[5-7]。目前已普遍用于隧道施工过程中的超前地质预报方法有多种，也各有特点，但隧道围岩毕竟是一个复杂的地质综合体，岩溶的成因、发育规模、充填类型以及与隧道的空间相对位置关系等存在差异；所以，必须根据不同预报方法的优缺点，进行综合预测预报，才能更好地为工程施工服务。

在隧道施工中，常常采用多种方法和手段进行预报，以达到取长补短、相互印证、提高预报精度的目的。目前，隧道施工中均采用综合方法进行超前地质预报工作。

1. 隧道工程区踏勘及开挖面地质素描

地质工程师在隧道工程区进行现场踏勘，记录典型岩溶出露情况及可溶岩的类型、出露岩层的产状及构造情况。每次爆破开挖后，对开挖面出露的岩层产状信息、节理裂隙发育情况及地下水发育情况等进行地质素描，从宏观上推断岩溶发育特征及其对隧道可能产生的影响。

2. 物探方法预报

采用物探方法（如 TSP）探测开挖面前方一定范围内（100～150 m）不良地质体的属性及可能对施工的影响，结合地质学的地质构造分析法进行预报；然后再利用其他短距离预报方法（如地质雷达法）进一步探测开挖面前方约 30 m 范围内及隧道断面周边岩体中不良地质体的空间位置与分布特征，以进一步提高探测预报精度。

3. 开挖面超前地质钻孔

向开挖面前方实施超前取芯钻孔进行探测，钻孔长度一般为 30～40 m，数量为 3～5 个。

4. 综合分析

根据以上分析结果，结合隧道施工中的监控量测信息，得出综合超前地质预报结论。

1.2.3 大型岩溶处置技术

1. 大型无充填溶洞

当隧道穿越大型溶洞时，若拱顶溶腔发育高度很高，则应采取有针对性的拱部处理方案，以防止拱顶落石对隧道结构产生不利影响。宜万铁路下村坝隧道[8,9]2 号大型溶洞沿线路纵向由 DK232+086 发育至 DK232+107，长 21 m，横向向隧道左边墙外发育 28 m，向右边墙外发育 22 m，在隧道范围内发育至拱顶以上 10～20 m，在隧道右边墙外向上发育最大高度约 58 m；隧底以下发育 10～20 m，斜向右边墙外侧发育一直径大于 20 m 的落水洞，落水洞深度大于 200 m。溶洞平面示意如图 1.2-1 所示，溶洞典型横断面如图 1.2-2 所示。

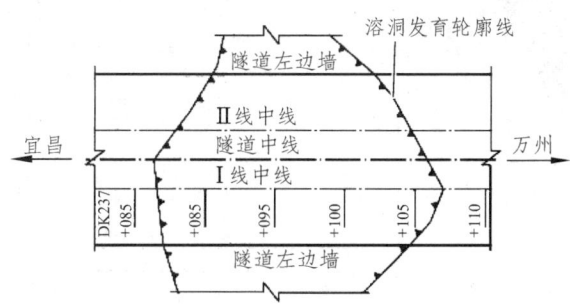

图 1.2-1　下村坝隧道 2 号大型溶洞平面示意

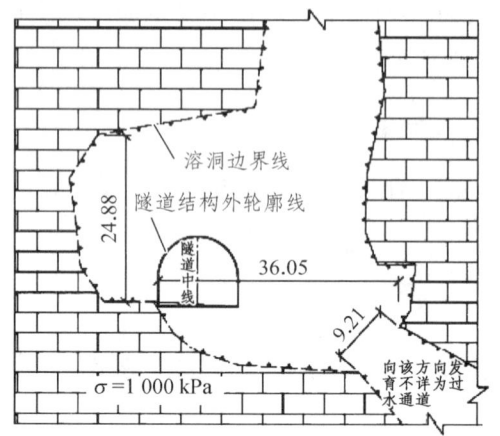

图 1.2-2 DK237+100 横断面示意（单位：m）

2号大型溶洞纵向发育20 m，向上最高发育至拱顶外20 m，在隧道范围内向下最深发育至隧底20 m范围外，斜向右边墙外侧发育深度大于200 m，形状为"深窄"型溶洞，考虑到溶洞顶板发育较高，完全清除危石难度较大，溶洞段隧道结构外应设置一定厚度（图 1.2-3）的护拱以规避落石在施工或运营中可能对隧道主体结构的破坏，采用拱桥方案跨越溶洞（图 1.2-4）。

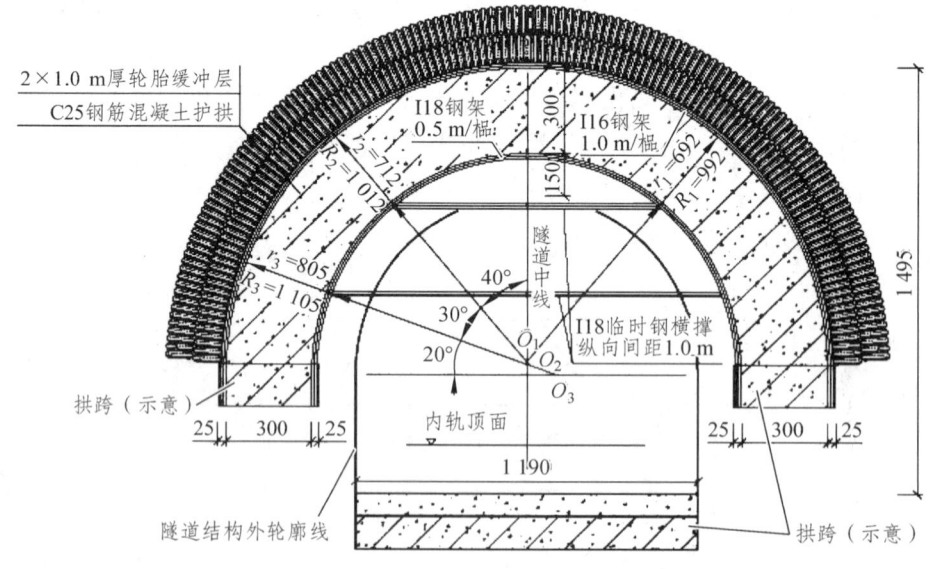

图 1.2-3 溶洞段护拱支护示意（单位：cm）

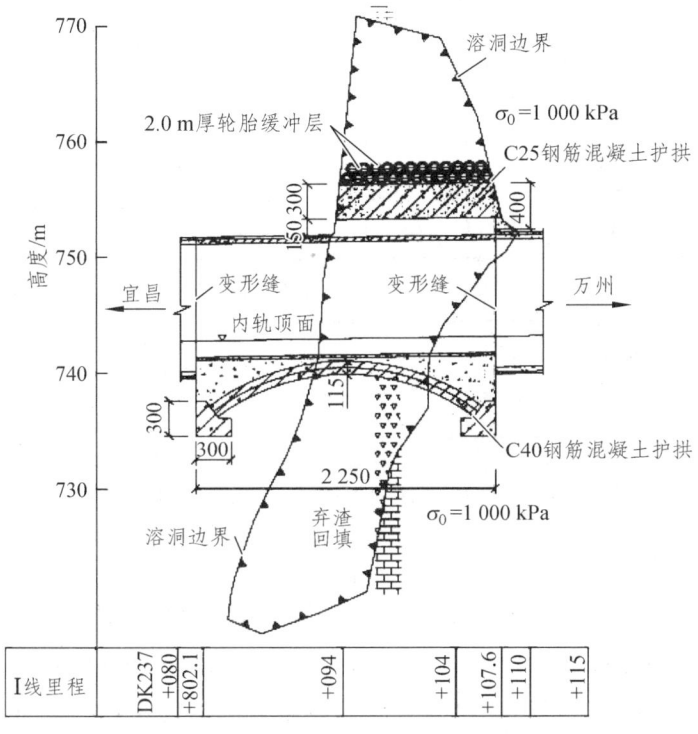

图 1.2-4　隧道中线结构及其下部拱桥示意（单位：cm）

2. 大型充填型溶洞

大型充填型溶洞的处理应依据溶腔大小、充填物的物理力学特性及溶腔范围与隧道断面的相互空间位置关系，遵循"因势利导、因地制宜，技术可靠、经济可行"的原则，采用安全可靠的技术措施，保证运营后隧道的长期安全。

云雾山隧道[10]在隧道出口工区 DK247+562 处揭示出一个大型充填型溶洞，充填物主要为块石土、黏土夹孤石。溶洞发育范围在Ⅰ线方向上长 118 m，在Ⅱ线方向上长 138 m，向线路左侧方向发育宽约 60 m，基底以下发育最大深度超过 80 m。其轨顶标高平面形态如图 1.2-5 所示。

溶洞发育段隧道围岩为灰岩与白云岩互层，局部含灰质白云岩，节理裂隙发育。DK247+445～+563 隧道仰拱以下填充物深度约 40 m，局部深达 80 m。迂回导坑处发育有岩溶竖井，为地表水汇集排泄的主要通道之一，有淤积。

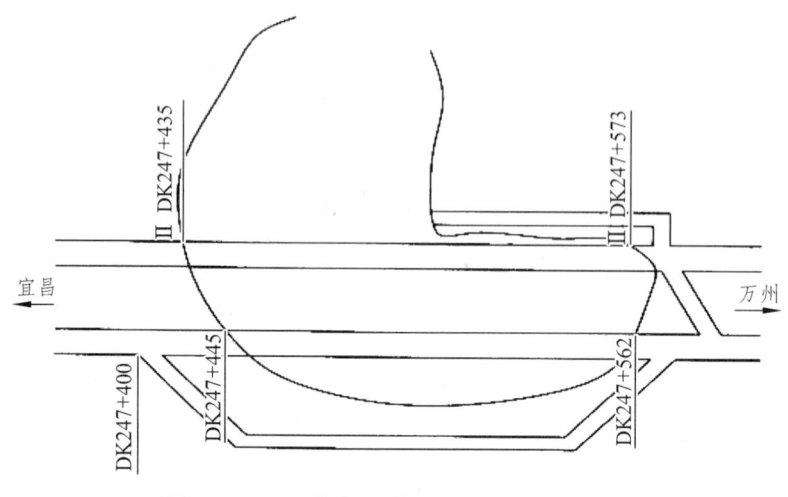

图 1.2-5　云雾山隧道 DK247+562 溶腔平面图

根据溶腔内充填物力学特性，对 DK247+445～+475、DK247+482～+526 段进行帷幕注浆，帷幕厚度为 5 m；对 DK247+526～+556 段进行厚度为 8 m 的帷幕注浆，并对掌子面前方地层进行注浆加固，同时进行 φ108 大管棚超前支护。对于隧道仰拱下方溶腔内较大范围的充填物进行钢花管注浆加固。对于注浆加固仍无法满足无砟轨道运营安全的软塑状充填物，采用桩基础跨越。为避免暴雨期间岩溶竖井向外涌水影响运营安全，在迂回导坑岩溶竖井口处向既有排水洞增加排水支洞。

1.2.4　地下暗河处理

宜万铁路野三关隧道在施工过程中遭遇了响水坪暗河系统[4,11]。暗河发育呈树枝状，位于支井河左侧，小角度横穿Ⅰ线、Ⅱ线隧道。该暗河系统总体发育方向为 210°～240°，呈树枝状，总体水力坡度为 7%～10%，长度约 10 539 m。暗河系统上跨Ⅱ线隧道，暗河底部距离隧道顶部厚度约 10 m；在Ⅰ线隧道 DK129+813.5 处，地下暗河开始侵入Ⅰ线隧道正线，并沿Ⅰ线隧道前进方向发育；在 DK129+813.5 处时，地下暗河距离隧道拱顶以上 2.8 m；至 DK129+900 处时，地下暗河已处于隧道左边墙外，此后地下暗河与Ⅰ线隧道约呈 45°向隧道左边墙外发育。

根据响水坪暗河系统的平面展布、汇水面积、可能出现的最大排量、主要出水口及与Ⅰ、Ⅱ线隧道的空间关系等，遵照"确保安全、排堵结合、综合治理"的原则，施工单位采用了增设排水洞、加深水沟和局部封堵的处置方案。图 1.2-6 为处置方案平面布置图。

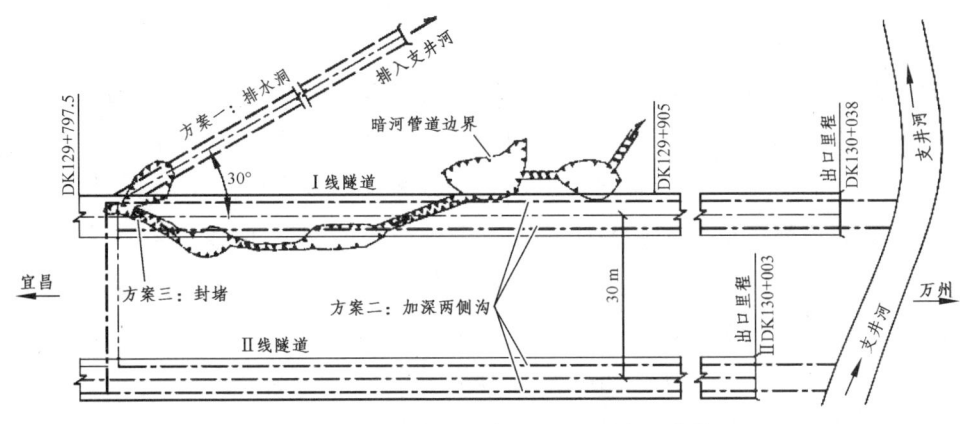

图 1.2-6　野三关隧道溶洞暗河分布及处置方案平面图

在Ⅰ线隧道左侧 DK129+813.5 处增设长 285 m 的排水洞，引排暗河岩溶水至支井河。排水洞底部高于Ⅰ线隧道顶部 2.8 m，坡度为 3%，沿支井河方向下坡。扩大 DK129+812～DK129+814 段隧道断面，在隧道结构外形成宽 2 m 的排水廊道引排暗河水至隧道底部，再通过设置隧底的横向排水沟将暗河水引排至Ⅰ线、Ⅱ线隧道排水沟，通过加深的隧道排水沟引排至支井河。在 DK129+813.5 隧道开挖轮廓线外 3～5 m 的暗河管道处设置混凝土封堵墙，废弃该管道，迫使暗河水通过系统的其他支管道流向支井河。

1.3　富水岩溶高速铁路隧道目前存在的问题

1.3.1　富水岩溶隧道施工风险突出

高速铁路运行速度高（最大设计运行速度达 350 km/h）、隧道断面面积大（断面内部净空面积达到 100 m²）、建筑技术标准高（主要建筑物基准寿命为 100 年）、投资大。由于隧道断面面积大，在岩溶区修建高速铁路隧道更加容易揭露各种类型的溶洞，发生突水突泥的施工风险程度将更为突出[12]。

1. 突水突泥

近十多年来，富水岩溶区隧道建设成就突出，特别是宜万铁路的建成通车，标志着我国在富水岩溶隧道的施工技术方面达到了新的阶段。然而，由于富水岩溶隧道施工过程中围岩性质及溶洞发育的复杂性，岩溶隧道施工中的风险仍很突出，施工中突水突泥的工程地质事故仍然层出不穷。据公开文献报道，在岩溶区修建的岩溶隧道中有160多座隧道发生过不同类型的岩溶灾害。宜万铁路马鹿箐隧道发生突水突泥地质灾害就达19次，其中2006年遭遇5次罕见特大突水灾害，1人失踪，11人遇难，2人被冲出洞口；最近的一起比较严重的岩溶隧道突水灾害发生于2018年6月10日上午，贵州至南宁高铁12 734 m长的朝阳隧道，该突水事故造成3名作业人员死亡。

由此可见，在富水岩溶区修建隧道过程中，突水突泥仍是隧道施工中最突出的风险。特别是隧道周边存在与地表有水力联系的隐伏压力溶洞时，超前地质预报工作在施工过程中也不易发现。当隧道与溶洞之间的岩墙不足以抵抗溶腔内的压力时，就会发生突水突泥的地质灾害，严重威胁着洞内施工人员及施工设备的安全。因而，在岩溶隧道施工中对开挖面前方进行综合超前地质预测预报及对隧道周边进行隐伏溶洞的探测成为一项重要的降低施工风险的工作。

2. 隧道失稳

由于超前地质预报方法的局限性，隧道开挖面前方及断面周边的隐伏溶洞不可能全部被探测出来。当隧道断面周边存在隐伏有压溶腔时，隧道结构将承受非对称荷载，从而降低了支护结构的承载能力；另外，溶腔与隧道间岩墙的节理裂隙往往比较发育，围岩岩墙的自稳能力较差，隧道开挖爆破将进一步使其稳定性恶化，因而在隧道施工过程中易发生隧道失稳的风险。

富水岩溶区常常发育大型充填型溶洞。当隧道穿越大型充填型溶洞时，由于填充物含水量较大，就需要采用帷幕注浆的方式对溶洞内的充填物先进行注浆加固，再进行大刚度及高强度的超前支护，然后进行开挖及支护。溶洞充填物注浆加固效果的好坏，直接关系到隧道支护结构的变形和受力大小。如果注浆加固区没有形成完整的帷幕，或局部注浆加固效果较差，若不能及时补充注浆或加强支护，则可能导致隧道支护产生过大变形，甚至使隧道失稳坍塌。

1.3.2 富水岩溶隧道施工风险预测问题

隧道超前地质预报技术经过20余年的工程实践，从单一预报手段发展到目前的多种方法和手段相结合的综合预报方法，取得了很大进步[13]。然而，总体来说，岩溶隧道施工超前预测预报仍然可靠性不高，预测精度难以保证，不能将对隧道安全性有影响的各种溶洞全部探测出来。传统的岩溶涌突水灾害发生概率的宏观判断主要基于地质分析和隧道施工涌突水量及水压的超前预测预报结果。由于地质岩体的复杂性及不确定性、探测设备本身的局限性和受工期限制、深部勘探资料缺乏等，对隧道掌子面前方围岩特征、地下水富集程度、水压及涌水量的预测预报精度始终是隧道工程建设中的技术攻关难题，施工期的岩溶地质预报在某种程度上基本还处于"挖开来看"的状况。根据对我国部分铁路隧道预测涌水量与实际涌水量的统计，预测值与实测值相差小于20%的仅占统计总数的15%；误差超过50%的占75%以上，这势必给隧道工程的可行性论证、设计以及施工安全和经济性带来安全隐患。

因而，仍需针对岩溶隧道施工过程中的超前地质预测预报，进行更深入的研究和改进，以期发现隧道周边隐伏岩溶，并采取一定方法预测涌水量，从而制定有针对性的技术应对措施，保证隧道施工人员与施工设备的安全。

1.4 沪昆高铁贵州段隧道工程特征

沪昆高铁贵州段东起贵州省的玉屏县，向西经贵州省三穗、凯里、贵定、贵阳、平坝、安顺、关岭、普安、盘州后，至滇黔省界的壁板坡隧道，在贵州省境内正线长度为 559.5 km。本书内容是对沪昆高铁贵州段长大岩溶隧道研究成果的总结和提高。

1. 地形地貌

沪昆高铁贵州段地处云贵高原腹地，地势北西高东南低，地形起伏较大。工程区具有山高、坡陡、谷深、岩溶地貌特征突出等特点。西部受罗秧河切割形成陡斜坡河流沟谷地貌，坡麓自然斜坡陡峻，工程区碳酸盐岩广布，岩溶强烈发育。工程区内地表岩溶洼地、岩溶漏斗、岩溶塌陷、地下暗河、岩溶管道及溶蚀裂隙普遍发育。由于受高速铁路线路纵坡坡度限制，隧道工程数量众多。以 9 标段为例，标段线路全长 63.745 km，隧道数量多达 19 座，隧道总长度为 43 587 m，其中岗乌隧道全长达 13 174 m。

2. 气象特征

沪昆高铁贵州段所处地区属亚热带湿润季风气候区，冬无严寒，夏无酷暑，气候温和，雨量充沛，阴雨天多，四季不甚分明。年平均气温在 14～16 ℃，极端最高气温一般为 34～37 ℃，极端最低气温一般为 -7～-10 ℃。年平均降雨量为 1 200～1 500 mm，雨季为 5—10 月，占全年降雨量的 80%。

3. 地层主要岩性

沪昆高铁贵州段沿线地层出露较为完全，自前震旦系（早埃迪卡拉纪）至第四系地层皆有分布。岩性以灰岩、白云岩类可溶岩为主，相间分布板岩、泥岩、砂岩、页岩及煤系地层，局部地段有玄武岩分布。岩溶地貌特征显著。

工程区域内基岩大多裸露，为三叠系中统杨柳井、关岭组一段、关岭组二段，下统永宁镇组三、四、二段、一段及下统夜郎组地层，隧道进出口及缓坡地带有少量覆土。

4. 主要地质构造

区域范围内地质构造运动强烈，构造复杂，构造线密集，断层发育，以近南北和南东向断层为主。区域构造上位于扬子准地台黔北台隆六盘水断层普安旋扭构造变形区，区域上为法郎向斜北东翼和新场-九头坡向斜南西翼。受褶曲挤压作用，工程区断裂发育；受断层影响，节理裂隙发育。

5. 水文地质特征

沪昆高铁贵州段主要通过长江和珠江两大水系上游交错地带，位于安顺以西，属珠江流域。线路通过的主要河流有雨窝河、白沙河、洛溪河、白岩河、坝陵河、北盘江等。大独山和岗乌隧道区域地表水通过地表沟谷和地下暗河直接汇入北盘江，地下水类型主要为第四系松散土层孔隙水、基岩裂隙水、岩溶水。

由于工程区内石灰岩、白云岩等可溶岩广布，区内雨水充沛，岩溶强烈发育。受上述复杂水文地质和工程地质条件的影响，线路隧道工程施工期岩溶突水灾害以及地质灾害预警防治等问题十分突出。

第 2 章　富水岩溶高铁隧道超前地质预报

2.1　隧道超前地质预报概述

由于隧道工程是线形建筑物，要想把线路沿线所有的地质情况在设计阶段就完全勘察清楚几乎是不可能的，因而隧道工程采用"动态设计，动态施工"信息化施工的理念[14]。实际上，一些随机分散的不良地质往往会在隧道施工中形成较大的安全隐患。这些安全隐患主要表现为不同类型的地质灾害。由于这些灾害给隧道施工带来了难以预料的危害和困难，甚至造成人员伤亡；因此，超前地质预报是隧道施工中必不可少的环节，对隧道信息化施工、灾害防治和安全保障具有重要作用。

为了更加有效地掌握隧道施工期间掌子面前方的地质情况，实现减少或杜绝施工期地质灾害、保障生产安全的目的，从 20 世纪 70 年代开始，人们便注重隧道施工过程中超前地质探测理论、技术研究及工程实践工作。超前导洞、超前钻探等物理钻探的方法最先被用来勘探掌子面前方的地质情况，但由于其经济和时间成本都很高，人们逐步研发了采用无损地球物理理论的超前探测技术，包括地震发射类、电磁类、直流电法类等，并将其大量应用于工程实践，取得了一些成果。

自 2005 年起，铁道部、交通部、水利部等开始在全国主要新建铁路、高速公路、大型水工隧道中普遍开展以 TSP、地质雷达等为主的超前地质预报工作，并制定了相关的工作指南，这些都为隧道开展超前预报预测工作创造了有利的条件。

对于隧道工程施工期的地质灾害，尽管国内外对超前地质预报方法已有较多研究，但现有的隧道超前预报方法仍存在一些问题，如物探结果具有多解性及预报结果过多地依赖于经验等。此外，由于隧道工程突水突泥地质灾害影响的环境因素复杂，形成岩溶突水突泥地质灾害涉及的因素较多，所以隧道工程突水突泥地质灾害的特征规律的定量分析存在一定的困难。

研究成果显示，探测溶腔内水量和富水溶腔的位置是岩溶探水的主要内容[14]。宜万铁路建设初期，相关单位通过各种超前地质预测预报方法进行综合分析评价来查找溶腔，制定了地质素描、TSP203、地质雷达、开挖面超前地质钻孔和风钻加深 5 m 潜孔钻探共 5 种探测方法。长期的实践证明：地质素描为确定前方宏观地质条件起到了宏观指导作用；TSP203 对岩溶探测准确率不断提高；地质雷达对岩溶及岩溶水难以起到应有的超前探测预报定量分析作用；开挖面超前地质钻孔和风钻钻设炮眼时加深 5 m 潜孔钻探预报准确率较高。

沪昆客专贵州段隧道工程施工过程中的探水工作主要采用地质雷达、TRT、瞬变电磁等方法进行岩溶探测与超前地质预报，其中瞬变电磁方法以前应用较少。

2.2　岩溶隧道超前地质预报的内容

在富水岩溶区隧道施工中超前地质预报的主要内容[15]有：

（1）预报开挖面前方地层的完整性，根据岩体反射波的纵波波速预报岩体的围岩级别及其变化范围。

（2）预报断层及其影响带的位置、规模、走向、倾角、性质及其与隧道的位置关系，若充填地下水，则需估算可能的最大涌水量。

（3）预报岩溶发育位置、规模及形态，判断溶洞的充填物性质，若充填地下水，则估算可能的最大储水量，判断溶洞水的补给情况。

（4）预报不同岩类间接触界面尤其是可溶岩与非可溶岩接触面的位置及其产状形态。

（5）判断地质灾害发生的可能性及可能发生的位置和规模。

2.3　富水岩溶隧道超前地质预报的方法

在富水岩溶区修建隧道，超前地质预报的主要任务[16,17]是预报开挖面前方及断面周边围岩中发育溶洞的位置、规模和形态，判断其充填类型，并进行风险评价。

在建设宜万铁路的过程中，相关单位逐渐摸索出了一套行之有效的超前地质预报模式。在超前预测预报方案中，为有效规避风险，可采取以地质分析法和TSP203先行、以钻孔为主的超前预测预报模式。

在沪昆客专贵州段的岩溶隧道施工中，超前地质预报[18-20]则主要运用了地质调查法、超前钻孔、TSP、TRT等地震波探测法及地质雷达现场测试法。

2.3.1 地质调查法

地质调查法是专业工程师通过在隧道现场踏勘地表地形地貌及岩层出露情况获得各种出露岩层的岩性及产状信息，以及根据洞内开挖后揭露出的新鲜岩石情况，观察记录岩层的岩性及其产状参数、节理裂隙发育情况、地下水渗流情况、软弱夹层等信息，从而利用地质学理论，进行类比、论证、推断和预报隧道开挖面前方的断层破碎带、褶皱、软弱夹层、岩溶发育及充填情况、地下水发育情况等地质信息的方法。

地质调查法是隧道超前地质预报最基本的方法，其他预报方法的解释应用都是在地质资料分析判断的基础上进行的。通过收集分析地质资料，进行地表详细调查，隧道内地质编录、素描、数码照相、超前炮孔、涌水量预测等方法，可了解隧道所处地段的工程地质和水文地质情况。

通过地质调查法可对工程区域地质情况进行判断，划分风险等级，辨识重点高风险区域，为超前地质预报方案的制订提供指导。地质分析法是隧道超前预报中使用最早的方法，主要分为地表地质体投射法和掌子面编录预测法。它通过地表和隧道内的工程地质调查与分析，了解隧道所处地段的地质结构特征，推断前方的地质情况。其调查的内容包括地层的产出特征，断裂构造与节理的发育规律，岩溶带发育的部位、走向、形态等，通过调查预测隧道掌子面前方的不良地质现象可能的类型、部位、规模，以便在隧道施工中采取合理的工艺与措施，避免事故。在隧道埋深较浅、地形及构造简单的情况下，这种预报方法有很高的准确性；但在构造比较复杂地区和深埋隧道情况下，该方法工作难度较大，准确性难于保证。

在富水岩溶区修建隧道工程，地质调查法的主要目标是通过隧道专业工程师的洞内外观察和测试，分析推断溶洞的发育规模、形态及可能的填充性质，推断富水断层破碎带的规模、走向及与隧道的空间位置关系，推断可溶岩与非可溶岩接触带的位置，以及上述不良地质可能对隧道施工的不利影响。

2.3.2 TSP 法

1. TSP 法的探测原理

TSP（Tunnel Seismic Prediction），即隧道地震探测法[21,22]，是一种利用地震波在岩体介质中传播遇到界面发生反射的特性来对隧道前方地质情况进行探测预报的物探方法。TSP 法超前地质预报的基本原理是：在靠近隧道掌子面附近的隧道单侧壁或两侧设置多个人工激发的震源，震源发出的地震波在岩体中传播，遇到地层界面、节理面，特别是断层破碎带、溶洞、暗河、岩溶陷落柱、淤泥带等不良地质界面时，将产生反射波；反射波的传播速度、延迟时间、波形、强度和方向等均与相关界面的性质和产状密切相关，并通过不同数据表现出来；采用高灵敏度的拾振器接收震源激发的地震波在岩体中的传播及反射特性，并由电脑专用分析软件解译反射界面的位置，依据地震波在岩体中的传播速度，结合已知的工程地质情况，来推测开挖面前方地层中不良地质体的位置、产状及范围，以及岩体的破碎程度等地质信息（图 2.3-1）。

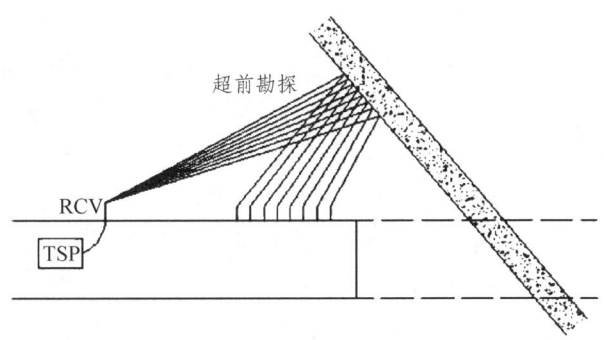

图 2.3-1 TSP 预报原理示意

TSP 法主要用于探测隧道开挖面前方 100～180 m 范围内的地质情况，有效预报距离一般为 120 m 左右；围岩条件好时，预报距离可以适当延长。由于 TSP 预报距离较长，一方面可以为短距离预报方法（如地质雷达法）提供重点预报段落，另一方面可以为施工单位制订相对长期的施工计划提供科学的依据。TSP 超前地质预报技术最早由瑞士的安伯格（Amberg）公司提出，国内最早由石家庄铁道学院和中铁隧道集团引进，在渝怀铁路武隆隧道和歌乐山隧道中应用，积累了初步经验。

通过专用软件对采集数据进行处理，可以获得隧道掌子面前方的 P 波、SH 波和 SV 波的时间剖面、深度偏移剖面、岩石的反射层位、物理力学参数、各反射层能量大小等中间成果资料，同时还可得到反射层的二维和三维空间分布。根据上述资料可预报隧道掌子面前方的地质情况，如溶洞、软弱岩层、断层、裂隙及富水情况等不良地质体。

2. TSP 测量理论基础

（1）传播速度 v_P 与传播时间 T_2 的确定。

TSP 地震波数据处理首先根据测得的从震源直接到达传感器的纵波传播时间，由式（2.3-1）换算出地震波的传播速度，然后通过测得的反射波传播时间来推导出反射界面与接收传感器的距离以及与隧道端面的距离，整个推导过程见式（2.3-2）：

$$v_P = \frac{L_1}{T_1} \quad (2.3\text{-}1)$$

$$T_2 = \frac{L_2 + L_3}{v_P} = \frac{L_1 + 2L_2}{v_P} \quad (2.3\text{-}2)$$

式中：T_1 为直达纵波的传播时间（s）；T_2 为反射波的传播时间（s）；L_1 为爆破孔至传感器的距离（m）；L_2 为爆破孔至反射面的距离（m）；L_3 为传感器至反射面的距离（m）。

值得注意的是，TSP 方法作为反射波类方法，是用波速来计算距反射面的距离的，波速的误差决定了预报距离的误差。TSP 系统是在假设反射面垂直于测线的前提下计算波速的，而大多数反射面与隧道轴线斜交，这样计算的波速将产生较大误差，从而使得预报的不连续体界面的位置比实际位置或远或近，存在一种不确定的误差。

（2）地震波振幅的确定。

反射系数由反射界面两侧的弹性阻抗差决定，弹性阻抗是岩石密度与速度的乘积。反射界面两侧岩石的弹性阻抗差越大，反射系数就越大，反射回来的信号也越强。反射界面的反射系数以及反射波振幅和透射波振幅可由式（2.3-3）、式（2.3-4）计算得出：

$$\frac{A_r}{A_i} = \frac{\rho_2 v_2 - \rho_1 v_1}{\rho_2 v_2 + \rho_1 v_1} = r \quad (2.3\text{-}3)$$

$$\frac{A_\text{t}}{A_\text{i}} = \frac{2\rho_1 v_1}{\rho_2 v_2 + \rho_1 v_1} = 1 - r \qquad (2.3\text{-}4)$$

式中：r 为界面反射系数；A_i 为地震入射波的振幅；A_r 为反射波振幅；A_t 为透射波振幅；ρ_1、ρ_2 为反射界面两侧介质的密度；v_1、v_2 为界面两侧介质的地震波速度。

由式（2.3-3）和式（2.3-4）知：反射界面两侧介质的弹性阻抗差绝对值越大，反射系数 r 就越大，反射波的能量就越大，反射波振幅就越大。当形成正反射时，即 $r>0$ 时，地震波由相对疏松介质传播至相对致密介质，此时反射波与入射波具有相同的极性；当形成负反射时，即 $r<0$ 时，地震波由相对致密介质传播至相对疏松介质，此时反射波与入射波极性相反。TSP 系统根据反射系数的正负可清楚地判断地质体性质的变化。

（3）富水岩层地震波反射特性。

TSP 地震波对断层破碎带、溶洞、含水岩体及水体等不良地质现象具有相应的反射特性。其中，含水岩体及水体的 TSP 判识准则为：深度偏移图中 P 波反射较 S 波弱，且 S 波负反射能量较正反射强；速度图中 P 波处于高速区，S 波处于低速区；反射层提取图中 S 波出现较明显负反射面；岩性图中 S 波曲线明显下降，纵横波波速比 v_P/v_S 和泊松比 μ 显著增大，岩体密度 ρ 和动杨氏模量 E_d 明显下降；则可判定为含水岩体、水体、夹泥带或富水填充溶洞。

3. TSP 法现场实施

TSP 超前地质预报的相邻两次重叠长度应不少于 10 m。在采用 TSP 法进行隧道超前地质预报时，需满足以下要求：

（1）布置震源孔。

在隧道侧壁上打设 20~24 个炮孔（震源孔），如图 2.3-2 所示。炮孔布置在隧道断面内，向下倾斜约 15°，孔深 1.5 m，孔直径为 40~42 mm，孔间距为 1.5 m。孔口距底板高度约 1 m，保证所有孔口在一条平行于隧道轴的水平线上。靠近掌子面的 1 号孔距掌子面距离控制在 1~3 m。

（2）传感器钻孔。

传感器钻孔布置在与炮孔同侧隧道壁、同高度的延长线上，距离最外一个震源炮孔 16~20 m 处。传感器钻孔与震源孔相同，孔深 2.0 m，直径为 50~60 mm。

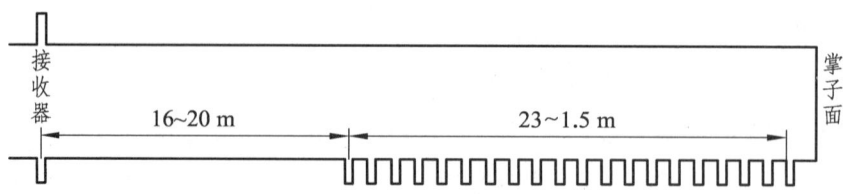

（a）震源炮孔布置平面图

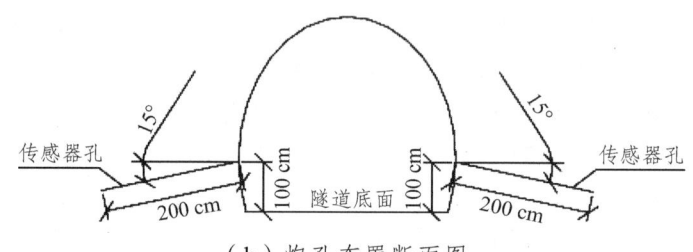

（b）炮孔布置断面图

图 2.3-2　震源炮孔布置示意

（3）炸药及雷管的选择。

炸药选用岩石乳化防水炸药，每孔使用 150 g 或 200 g，雷管选用瞬发电雷管。

（4）炮孔耦合。

为了保证炸药在爆炸时产生的地震波能量能够尽可能地向地层中传播，需要在孔内灌满水作为耦合剂，排出孔内空气。

（5）TSP 法数据处理与解释。

依次起爆各震源孔中炸药，采集地震波数据并传输至计算机，利用 TSPWin 软件对其进行处理。TSPWin 软件主要由数据库、处理、计算反射界面三部分组成。

在波形处理后，从地震波形记录中拾取纵波波至和横波波至，根据爆炸点与检波器的距离可分别计算各段围岩的纵波速度 v_p 和横波速度 v_s。

v_p 和 v_s 值的大小综合反映了围岩的物理力学性质，根据 v_p 和 v_s 值可直接计算动力学参数，即计算动弹性模量 E_d、动剪切模量 G_d 和泊松比 μ_d 计算式如下：

$$E_d = \frac{\rho v_s^2 (3v_p^2 - 4v_s^2)}{v_p^2 - v_s^2} \quad (2.3\text{-}5)$$

$$G_d = \rho v_s^2 \quad (2.3\text{-}6)$$

$$\mu_{\mathrm{d}} = \frac{v_{\mathrm{p}}^2 - 2v_{\mathrm{s}}^2}{2(v_{\mathrm{p}}^2 - v_{\mathrm{s}}^2)} \tag{2.3-7}$$

式中：ρ 为围岩的密度。

根据绕射重叠法原理（与常规地震反射资料处理中偏移流程的原理类似）计算反射界面与隧道的相对位置，即可得到与隧道轴线的交角或至开挖面的距离。

2.3.3　TRT 法

1. 基本原理

TRT（True Reflection TomoGraphy）是隧道地震波反射层析成像技术的简称，意为"真正的反射层析成像"，是由美国 NSA 工程公司在 20 世纪末 21 世纪初开发的。TRT 检测系统的原理与 TSP 法类似，只不过 TRT 法是利用锤击方式激发地震波，利用波在介质中的传播特性来对开挖面前方地质情况进行预报。

2. TRT 的特点

TRT 是基于弹性波理论的一种长距离隧道预报系统[23]。与其他弹性波理论预报技术相比，TRT 的主要优点在于：采用锤击震源，可重复使用，成本低，操作简单；锤击震源可有效避免产生杂波，降低信号干扰，且能在同一震源点重复锤击，使信号叠加，增加反射信号强度；传感器灵敏度高，最大限度地保留了高频信号，提高了精度及探测距离；传感器灵敏轴平行于隧道轴向布置，提高了对隧道前方岩体异常探测的灵敏度，可有效地避免其他方向回波的干扰；采用空间观测方式，能获得可靠的速度分布结果，提高地质体的定位精度和岩体工程级别划分的可靠性；采用层析扫描图像处理方式，便于判别隧道灾害类型，同时结合分段波速信息，与成果图像一起对隧道进行分析，有利于提高隧道判读水平与预报精度。

TRT 超前地质预报系统所使用的仪器构造复杂，采集数据前的准备工作需要较长的时间；采集的数据容易受到一些外来因素的干扰，如锤击的力度不均匀、边墙混凝土的强度不均匀、测点位置不妥当等，都会影响数据的采集质量，自然会影响成果的分析；由于锤击的能量比较小，引起的地震波比较轻微,在传导的过程中很容易被破碎带等不良地质体吸收,导致预报距离较短。

3. TRT 法现场实施

(1)震源布置。

现场布点时,震源点布置在开挖面附近边墙的裸露岩体或具有一定强度的初期支护上,如图 2.3-3 所示。两侧各布置两组,每组沿竖向(高程方向)布置 3 个震源点,每个震源点相差约 1 m,两组间隔约 2 m(历程方向)。

(2)传感器安装。

传感器在掌子面后方呈空间立体分布(图 2.3-3),一般情况下,在距离最后一个震源点 10 m 处开始布置传感器,左右边墙各 4 个,每间隔 5 m 布置 1 个,隧道中心线拱顶处布置 2 个。

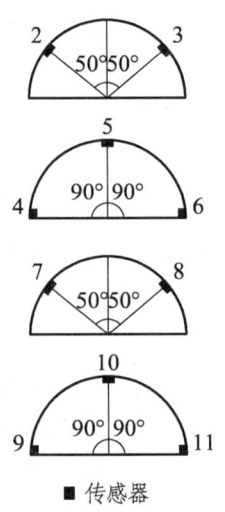
(a)传感器空间布置

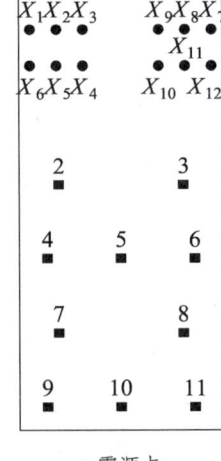
(b)震源点与传感器平面布置

图 2.3-3 震源及传感器布置示意

(3)信号采集。

锤击震源点采集信号时,接收器与孔壁的耦合必须紧密,且在隧道中应避免其他震源的干扰。

(4)数据处理与判读。

利用 TRT 专用软件对采集的数据进行处理。成像图采用的是相对解释原理,即确定一个背景场,所有解释相对背景值进行,异常区域会偏离背景区域值,根据偏离值的大小与分布情况结合地质资料解释隧道开挖面前方的围岩地质情况。

TRT 法的探测范围长度约为 140 m,宽度为中心线左右各 20 m,高度为 40 m,主要预报掌子面前方约 100 m 范围内的岩溶、断层、破碎带及节理裂隙发育等情况,推测地质异常体的位置、形态及规模。

2.3.4 地质雷达法

1. 基本原理

地质雷达(Ground Penetrating Radar,GPR),也叫探地雷达,是利用岩土介质对电磁波的不同响应特性来推断介质分布特征的[24]。电磁波在介质中传播时仍然遵从波的传播和反射规律。地质雷达的发射天线向地下岩体介质内发射宽频带的高频电磁波,当高频电磁波传至两种不同岩体的分界面时,由于两种介质的介电常数不同而使电磁波发生反射、折射。入射波、反射波和折射波的传播遵循反射定律和折射定律,反射波反射回被检测岩体的表面,并由地质雷达的接收天线所接收,形成雷达图像。地质雷达在发射、接收电磁波的过程中向前移动,就可以接收到地质体的空间信息,对雷达图像进行解译分析,实现对被探测地质构造体的预测。地质雷达的探测原理如图 2.3-4 所示。地质雷达的应用范围很广,涉及铁路、公路、输水洞、煤矿巷道、矿产资源普查及考古等。在岩溶区修建隧道时,需要在隧道周边,特别是仰拱底部探测隐伏溶洞时,常采用地质雷达法。

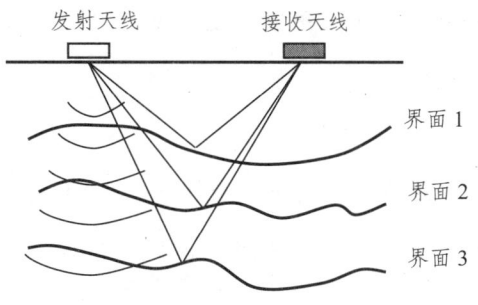

图 2.3-4 地质雷达法探测原理

不同材料物体的物理性质不同,地质雷达法即根据波的传播时间和波速来确定前方不同材料物体的具体位置,相邻物体性质差异越大,反射界面越明显。

雷达图像包含了被检测体的丰富信息,根据雷达图像特征可对被检测体(如不密实带、空洞、反射界面等)进行定性判释。根据测得的电磁波在岩体中的单程传播时间及传播速度等信息,可以利用下式确定地质构造体的界面位置:

$$h = v \times \frac{t}{2} \quad (2.3\text{-}8)$$

$$v = \frac{c}{\sqrt{\varepsilon}} \quad (2.3\text{-}9)$$

式中:h 为构造体表面(或不同介质分界面)深度;v 为电磁波在介质中的传播速度;t 为电磁波从岩体表面传播至检测构造体界面(或不同介质分界面)后反射回表面的双程时间;c 为电磁波在空气中的传播速度;ε 为岩体的介电常数。

电磁波在传播过程中穿透不同介质时,会在界面处产生反射波和透射波,反射波能量由反射系数 r 决定,反射系数用下式表示:

$$r = \frac{\sqrt{\varepsilon_1} - \sqrt{\varepsilon_2}}{\sqrt{\varepsilon_1} + \sqrt{\varepsilon_2}} \quad (2.3\text{-}10)$$

式中:ε_1 和 ε_2 分别为界面两侧介质的相对介电常数。介电差异越大,界面反射系数越大,振幅也随之增强。由于空气、水与岩石的介电常数存在差异,因此探地雷达对溶蚀空洞等不良地质有极高的敏感性。

反射系数常用来描述入射波与反射波相位与幅度的关系。在地质界面上,如果相位与发射脉冲相同则反射系数为正;反之,反射系数为负。

2. 地质雷达法现场实施

(1)测线布置。

由于地质雷达的分辨率为电磁波的半波长(也即最小垂直层的厚度),因而,探测地层中的地质构造体时,需要采用波长较大的电磁波。在隧道超前地质探测中,一般采用100 MHz屏蔽天线对掌子面前方的地质情况进行探测。探测时,需要在隧道开挖面上水平布置一条或两条测线。

（2）数据处理与解释。

采用专业软件对地质雷达原始数据进行处理。专业软件的增益调整、叠加去噪、背景去除、频谱分析、一维垂直滤波、反褶积、希尔伯特变换等步骤的处理，可进一步提高探地雷达图像的质量和可辨识度。最终将软件输出的雷达深度剖面图作为资料解释的基本图件。

根据雷达深度剖面图上的反射波组、强能量团块分布和曲线等特征对资料进行判释。

2.3.5 瞬变电磁法

1. 瞬变电磁法原理

瞬变电磁法（Transient Electromagnetic Methods，TEM）是一种时间域电磁法，它利用阶跃波形电磁脉冲激发，用不接地回线向前方发射一次场，在一次场的激励下在地质体内产生涡流，其大小取决于该地质体的导电能力，导电能力强则感应涡流强。一次场消失后，涡流不能立即消失，有一个过渡过程（衰减过程），该过渡过程又产生一个衰减的二次场向地下传播。用接收线圈接收二次场，该二次场的变化将反映地下介质的电性情况。在接收机中按不同的延迟时间测量二次感应电动势，得到二次场随时间的衰减特性（即磁场变化率 dB/dT），从而达到探测各种不良地质的目标[25,26]。

在隧道内进行瞬变电磁探测属于全空间环境探测，目前等效导电平面法（又称视纵向电导解释法）是比较合适的解释方法，视纵向电导对低阻导电薄层反应灵敏，有利于解释低阻充水的不良地质体。

2. TEM 现场实施

在现场采用瞬变电磁仪对前方地层含水特性进行预报时，一般采用发射线圈和接收线圈共轴布置，即接收线圈布设在开挖面或隧道边墙壁上，发射线圈布置在开挖面后方，相距 10 m，两线圈共轴，接收线圈贴在岩壁上。

根据隧道开挖面的基本情况，为了精细探测，铺设 5 m 的线框，可采用重叠回线装置，发射回线边长为 5 m×5 m，接收回线的面积为 5 m^2，点距为 10 m，发射电流为 15.6 A，发射频率为 25 Hz，关断时间为 34 μs。

2.3.6　富水岩溶隧道超前地质综合预报方法

富水岩溶区隧道溶洞强烈发育，一些溶洞或岩溶管道与地表大气降雨或地下暗河具有很好的水力联系，因而在施工中需要加强超前地质预报工作。如前所述，隧道超前地质预报方法有多种，各种方法都有自己的优势和不足，仅靠单一的预报方法很难达到理想效果。因而，为了有效提高超前地质预报精度，将多种预报方法同时使用，相互补充、发挥各自优势，形成了富水岩溶区隧道超前地质综合预报方法。

在岩溶区隧道施工前，应根据设计资料并结合现场施工情况，采用综合超前地质预报，探明溶洞的分布范围、类型、规模、发育程度、填充物、地下水情况及岩层的稳定程度等。岩溶预报按照以下步骤进行：

（1）利用地质调查法研究隧址区岩溶发育规律。

由地质专业工程师收集、分析、利用区域地质和工程地质资料，辅以工程地质补充调绘，结合隧道开挖面地质素描，查明工程区地形地貌特征、可溶岩分布及地表暗河出露情况等，分析岩溶发育规律，宏观掌握区域地质条件及岩溶水分带情况，指导超前地质预报工作。着重查明和分析地层岩性、断层及褶皱等地质构造、地下水、岩溶垂直分布部位、岩溶发育层数、溶洞暗河水流量和岩溶洞穴形态及可能填充情况等。

（2）综合物探探测。

根据工程实际情况，可采用弹性波反射法（首选地震波反射法，如 TRT 法探测距离为 100~150 m，HSP 声波反射法探测距离为 50~100 m）进行长、中、短距离探测，可定性分析岩溶水可能分布；采用地质雷达法进行短距离探测，查明岩溶位置、规模和形态。

（3）开挖面前方地质钻孔。

根据隧道围岩地质复杂程度、地质调查法分析结果、物探重大异常带进行超前地质预报和验证（水平钻孔超前探测：采用超前水平钻孔探测，钻孔长 30 m 以上，搭接长度为 5 m，每断面每循环钻孔数量可以根据断面大小及地质情况确定）。对富水岩溶发育地段，超前地质钻探必须连续重叠式进行。超前钻探揭示岩溶后，要适当加密。

（4）加深炮孔探测。

为保证开挖施工安全，在钻炮孔时，在开挖面不同部位钻 3~5 个加深炮孔。加深炮孔深度比正常炮孔（或循环进尺）深 3 m 以上。在钻孔过程中，发现异常情况及时反馈信息,严禁盲目装药放炮;当钻孔揭示到溶洞和岩溶水时,进一步查明情况,保证施工安全,为变更设计提供依据;揭示异常情况的钻孔资料作为技术资料保存。

(5)综合分析判断。

专业地质工程师根据所得综合信息进行综合分析,提交地质综合分析成果报告。

2.4 超前地质预报在隧道施工中的应用案例

2.4.1 丫口寨隧道超前地质预报

1. 隧址区地质调查

丫口寨隧道位于关岭布依族苗族自治县境内,隧道全长 4 497 m,最大埋深 355 m。隧道沿线穿越的地层主要为灰岩、白云岩、泥质灰岩及白云质灰岩等。对隧道有影响的主要地质构造有 3 处断层破碎带和 2 处向斜褶皱,并下穿 1 条小河。隧道工程区碳酸盐岩广布,地表岩溶形态特征突出,隧道线路两侧山脚处发现有两条暗河的出口。洞内揭示出的灰岩质较纯,已经揭露出的溶洞内常常可见黄泥及有机物,说明溶洞与地表大气降雨有较好的水力联系。

2. TSP 预报

采用目前较为先进的 TSP203Plus 仪器对丫口寨隧道施工过程中正洞上海方向进行超前地质预报,以探测隧道开挖面前方地层的地质情况,重点探测有无溶洞、溶洞的充填情况及其形态规模特征,为施工安全服务。

在隧道出口施工过程中,揭露出多处各种类型和规模的溶洞及岩溶管道,验证了超前地质预报结果的必要性。下面以隧道出口工区在隧道开挖至 D1K848+068 进行 TSP 预报得到的结果说明 TSP 在隧道施工中的应用。采集到的数据经过专用软件 TSPWin 进行处理后得到预报成果如图 2.4-1 所示。

从 TSP 预测结果图可以看出,D1K848+969~D1K848+942 的岩体参数变化明显:岩体纵波速度从 5 242 m/s 变化至 5 782 m/s,横波速度从 3 342 m/s 变化至 3 915 m/s;泊松比由 0.09 变化至 0.27;密度从 2.67 g/cm^3 变化至 2.76 g/cm^3,

动态杨氏模量从 71.2 GPa 变化至 92.8 GPa。在区段 D1K848+942～D1K848+969 m，压缩波速、密度和杨氏模量显著降低。根据 TSP 测试结果，推测该段可能存在溶洞或溶蚀带及岩溶水。

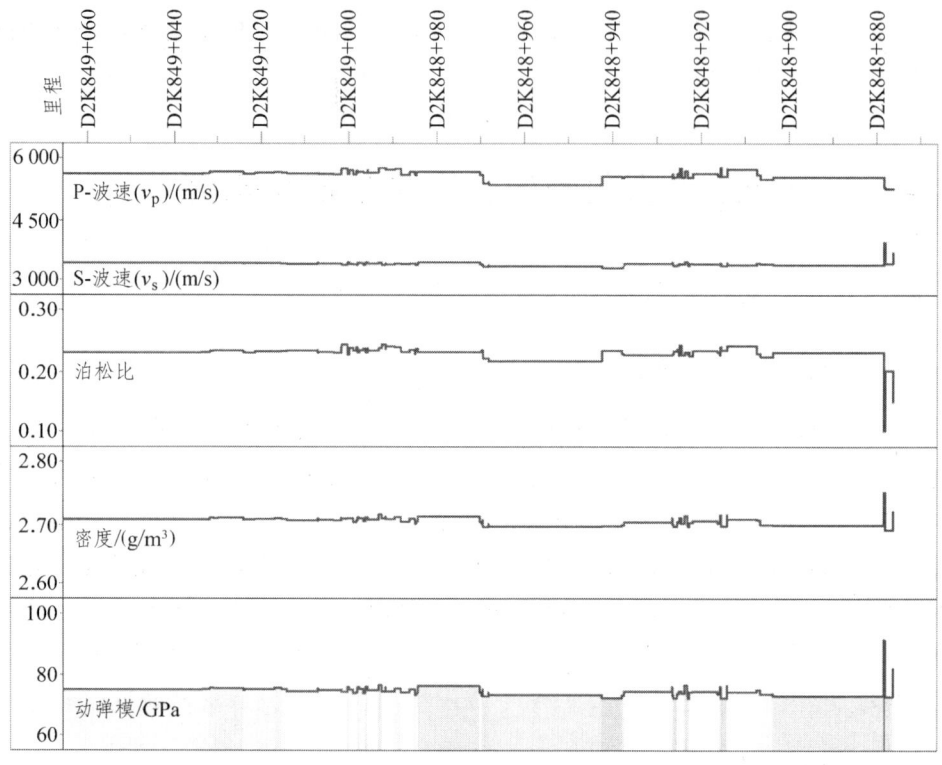

图 2.4-1　TSP 预报成果

3. 地质雷达和超前钻孔预报

TSP 预报结果表明丫口寨隧道在 D1K848+942～D1K848+969 处地层出现岩体物理力学性质异常。因而在隧道开挖面到达 D1K848+975 后，采用探地雷达和地质钻孔进一步探测开挖面前方的溶洞发育特征。地质雷达天线的中心频率为 100 MHz。在开挖面布置 3 个超前钻孔，地质雷达测线和钻孔位置如图 2.4-2 所示。利用 RADAN 软件对采集数据进行处理后，得到本次地质雷达的测量结果，如图 2.4-3 所示。图中用粗虚线圈所围出的异常范围为 D1K848+965～D1K848+995。据此可再次推测隧道开挖面前方可能存在溶蚀带、岩溶洞或岩溶管道。

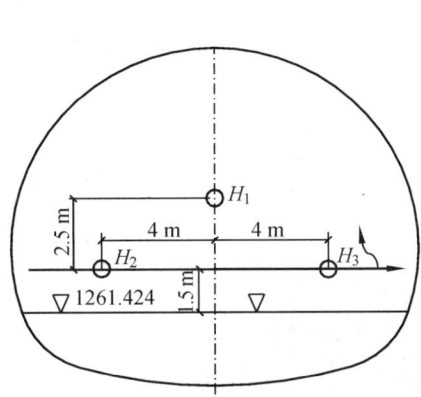

图 2.4-2 地质雷达测线及钻孔位置（面向开挖面）

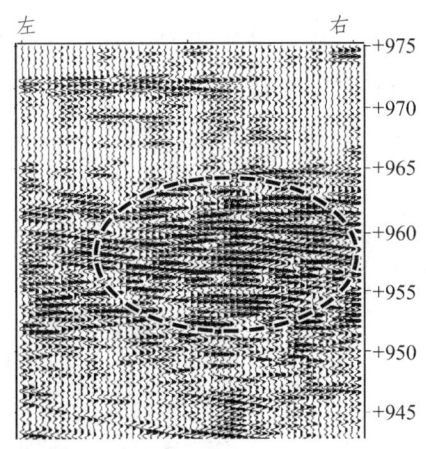

图 2.4-3 D1K848+975 地质雷达探测结果

4. 地质钻孔探测

为避免后续隧道开挖过程中可能出现的突水突泥风险，在开挖面向前方钻 3 个超前地质探孔以进一步验证预测的前方异常区岩溶的存在，并在当溶洞有压力泥水充填时及时释放岩溶压力。超前地质钻孔深度为 30 m，H_1 孔向上偏斜 8°~10°，H_2 和 H_3 分别向左右偏斜约 2°。超前地质钻孔所揭示的开挖面前方的地质情况如图 2.4-4 所示。

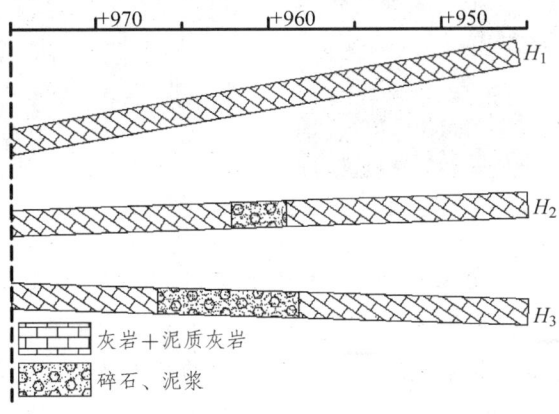

图 2.4-4 D1K848+975 钻孔所揭示的地质情况

5. 开挖所揭示的情况

本段隧道围岩主要为Ⅳ级，采用台阶法施工。当开挖面到达 D1K848＋966 m 时，在隧道左侧揭示出一溶洞小口，并有黄色泥水流出，如图 2.4-5 所示。随后开挖发现这是一个大型溶洞，溶洞底部有碎石及泥水。溶洞向隧道进口方向延伸。当隧道继续向前施工时，又在 D1K848＋943 断面的拱肩处出现一溶洞口，如图 2.4-6 所示。溶洞与一暗河支流相连接，暗河如图 2.4-7 所示。

图 2.4-5　D1K848＋966 处的溶洞口

图 2.4-6　D1K848＋943 处的溶洞（在洞内）　　图 2.4-7　暗河河道

支流与主河道的交叉点距隧道中心线约 25 m。地下暗河起点大致在 D1K848＋850 断面左侧约 35 m 处，暗河水从上方岩溶管道近似垂直落下，落差约为 10～15 m，水流逐渐靠近隧道，并在 D1K848＋910 进入隧道拱顶上方，然后又流向远离隧道左侧方向，在距 D1K848＋940 断面左侧边墙约

15 m 处分为左右两条支流。暗河主河道长度约 165 m，宽约 3~12 m，高度约 1.5~15 m。地下暗河的左侧支流流向离隧道线越来越远；右侧支流方向几乎与隧道线路垂直延伸，并与溶洞相连。左侧支流末端有一个消水洞，周围散有小树枝、草、黄泥及小石子等沉积物，说明此消水洞排水不良。整个暗河的平面分布呈"半月形"，如图 2.4-8 所示。

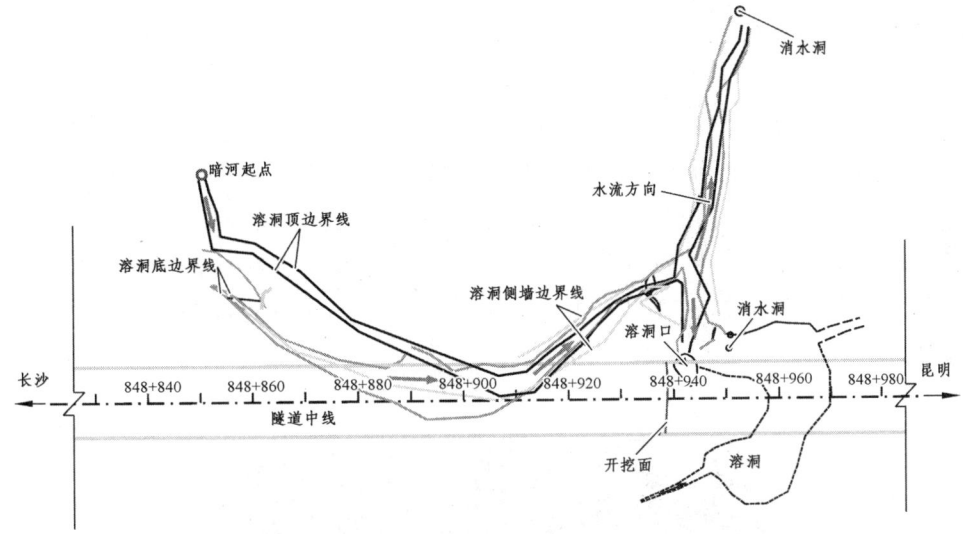

图 2.4-8　暗河发育平面

采用地质调查、TSP、地质雷达和超前地质探孔等多种探测方法相结合，最终成功揭示与大型溶洞相连的地下暗河，避免了爆破开挖盲目揭露，从而有效避免了盲目揭露地下暗河可能产生的涌水涌泥灾害，保证了隧道施工安全。

2.4.2　斗磨隧道超前地质预报

1. 地质调查分析

斗磨隧道地处云贵高原东部脊状斜坡南侧向广西丘陵倾斜的斜坡地带。地势北西高、南东低，区内山脉呈北西—南东走向，其走向与构造线走向基本一致，山脊高程一般约 1 300~1 450 m，最高峰位于石家苗寨北东侧山顶，高程为 1 501 m，属条形中山。沿山脊两侧的沟谷高程一般约 1 100~1 200 m。

隧道穿越区域以碳酸盐、含煤地层分布为主要特征，具有剥蚀～溶蚀槽谷地貌特点。地表分布有溶沟、溶槽、溶蚀洼地、落水洞等岩溶地貌景观。斗磨隧址区内地下水类型主要为第四系松散土层孔隙水、基岩裂隙水、岩溶水。

2. GPR 法

在斗磨隧道出口工区开挖至里程 D1K842+697 时，进行了掌子面前方地质雷达法超前地质预报。在掌子面上水平布置一条测线，采用 100 MHz 屏蔽天线对掌子面前方的地质情况进行探测。探测结果如图 2.4-9 所示。探测图像显示隧道里程 D1K842+697～D1K842+682 段电磁波反射信号局部较强，同相轴连续，有断续，信号有振荡现象，初步判断此区段 D1K842+695 左右存在溶腔，含充填物，掌子面右侧有泥；D1K842+682～D1K842+667 段电磁波反射信号局部较强，同相轴连续，有断续，存在低频成分，初步判断此区段节理裂隙较发育，有夹层夹泥，D1K842+677 处夹泥现象较严重，含水。

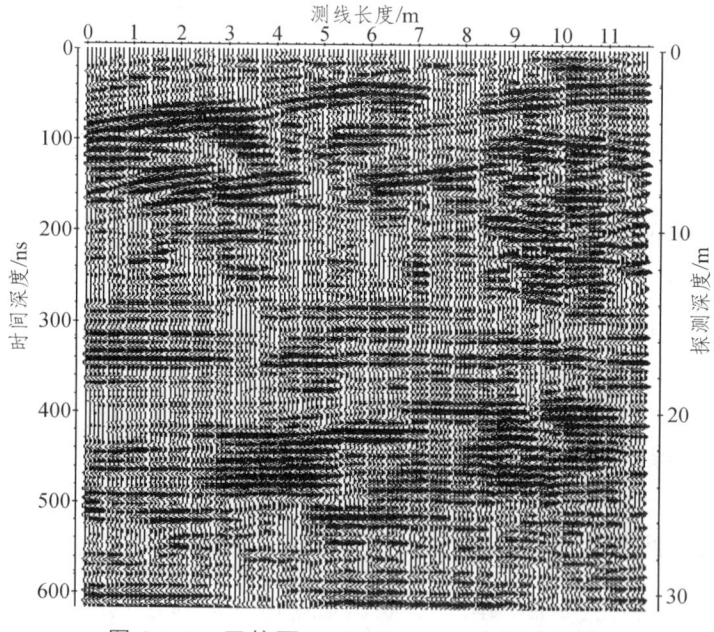

图 2.4-9　开挖面 D1K842+697 处雷达图像

施工开挖显示，斗磨隧道出口 D1K842+705～D1K842+697 上台阶底板 3～5 m 以下为溶腔，富水，夹泥较多。

3. TRT 法

斗磨隧道出口开挖面里程 D1K842+735，开挖面地层岩性为三叠系下统夜郎组灰色中厚层状灰岩、泥质灰岩，岩层产状为 N35°W/48°S，岩层走向与隧道交角约 67°，石质坚硬，完整性较好，地表 D1K842+200～D1K842+350 右侧 30～142 m 发育 1 处较大的洼地，其间有落水洞发育，D1K842+736～D1K842+765 左侧发育 1 处较大的洼地。

本次探测得到的斗磨隧道里程 D1K842+735 掌子面前方 150 m 内的地质体 TRT6000 地震波三维层析图像显示如图 2.4-10 所示，预报范围为 150 m，宽度为中心线左右各 20 m，高度为 40 m，掌子面在图中的位置为 40 m（图中每格代表 10 m）。

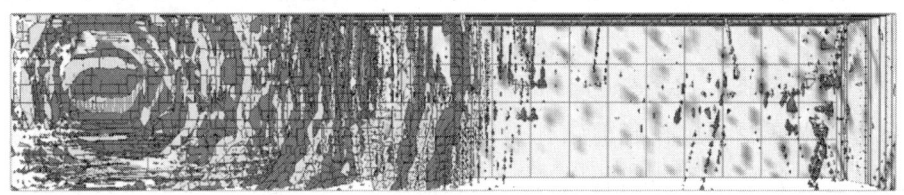

（a）TRT6000 地震波成像俯视图

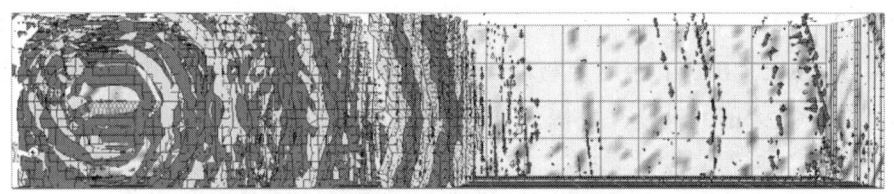

（b）TRT6000 地震波成像侧视图

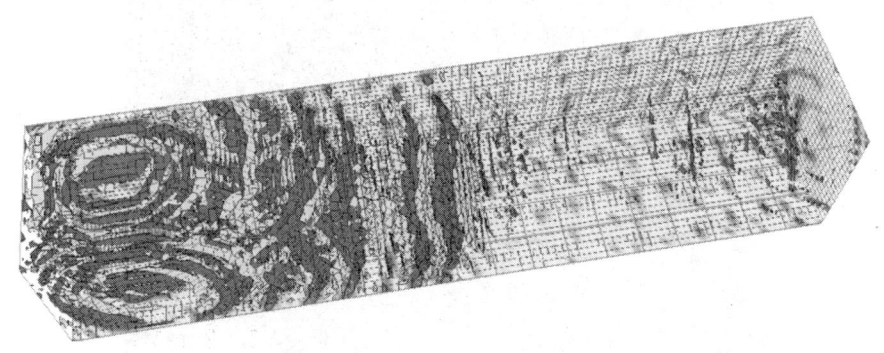

（c）TRT6000 地震波成像三维视图

图 2.4-10　TRT6000 探测成果

根据图 2.4-10 所示探测成果，可以对开挖面前方地层预报如下：

（1）D1K842+735~D1K842+695 段（40 m）：围岩基本分级为 V~Ⅳ级（设计基本分级为 V~Ⅳ级）。该段范围内围岩破碎，围岩完整性和稳定性差，节理裂隙较发育，存在软弱岩层或渗水点，其中 D1K842+710~D1K842+695 范围存在明显低速异常区，推测为富水溶腔或破碎带。

（2）D1K842+695~D1K842+655 段（40 m）：围岩基本分级为Ⅳ级（设计基本分级为Ⅳ级）。该段范围内围岩破碎，围岩稳定性和完整性差，节理和裂隙发育，裂隙含水，可能存在与隧道轴线斜交的断裂面。

（3）D1K842+655~D1K842+585 段（70 m）：围岩基本分级为Ⅳ级（设计基本分级为Ⅳ级）。该段范围内围岩破碎，围岩完整性差，节理裂隙弱发育，局部存在含水裂隙。

经开挖验证，斗磨隧道出口上台阶掌子面施工至 D1K842+697 时，掌子面开始涌水涌泥，施作超前钻孔过程中钻杆多次被泥水从钻孔中顶出，钻杆拔出后有泥浆喷出，喷出物为流塑状黏性土，有臭味。从超前钻孔中喷出的泥浆喷射距离最远约 15 m，根据喷射压力分析溶腔高度及规模较大。再次对 D1K842+727~D1K842+697 上台阶使用探地雷达探测显示：D1K842+705~D1K842+697 上台阶底板 3~5 m 以下为溶腔，富水，其间夹泥较多，溶腔深度约 24 m，后续开挖揭示情况分别如图 2.4-11 和图 2.4-12 所示。

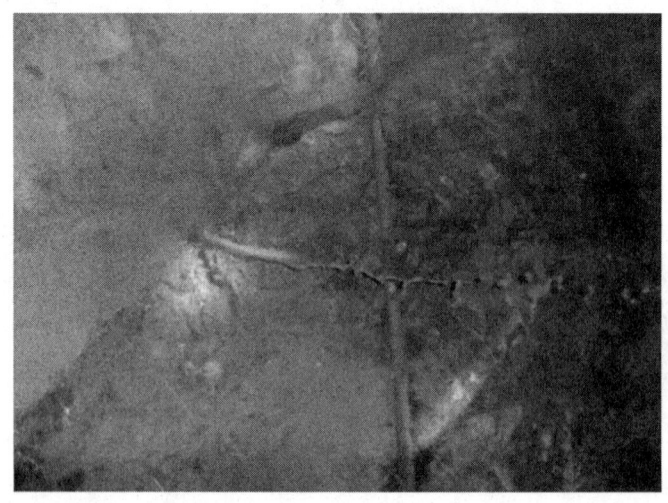

图 2.4-11　钻孔涌出泥浆

图 2.4-12　上台阶底部涌泥

2.4.3　大独山隧道超前地质预报

1. 地质调查法

隧址区地下水类型主要为第四系松散土层孔隙水、基岩裂隙水及岩溶水。第四系松散层孔隙水含水岩层为第四系松散土层，地下水量小，富水性差，水量贫乏。碳酸盐岩裂隙溶洞水含水岩组为永宁镇组、关岭组二段、杨柳井组和竹杆坡组的灰岩、白云质灰岩、白云岩、泥质白云岩、泥质灰岩，富水性中等至强。含水岩组岩溶发育，溶蚀现象以地表岩溶槽谷和串珠状分布的溶蚀洼地、落水洞等垂直溶蚀现象为特征。在深部则以网络状岩溶裂隙、岩溶管道以及巨大的溶蚀~侵蚀洞穴为主。地下水十分丰富，径流复杂，常以岩溶大泉、暗河出露于深切地段。碎屑岩夹碳酸盐岩岩溶裂隙水赋存于三叠系下统夜郎组、永宁镇组二段，三叠系中统关岭组一段等灰岩、白云岩及泥质白云岩等组成的含水岩组中。该含水岩组地下水接受降雨渗入式补给，沿溶蚀裂隙运移，地下水露头数量较少，含水岩组的富水性一般属弱~中等富水。

2. GPR 法

在邻近不良地质体时，实施近距离探地雷达探测试验，以确定不良岩溶地质体的具体位置,如图 2.4-13 ~ 图 2.4-16 所示为大独山隧道进口里程段雷达探测成果图。

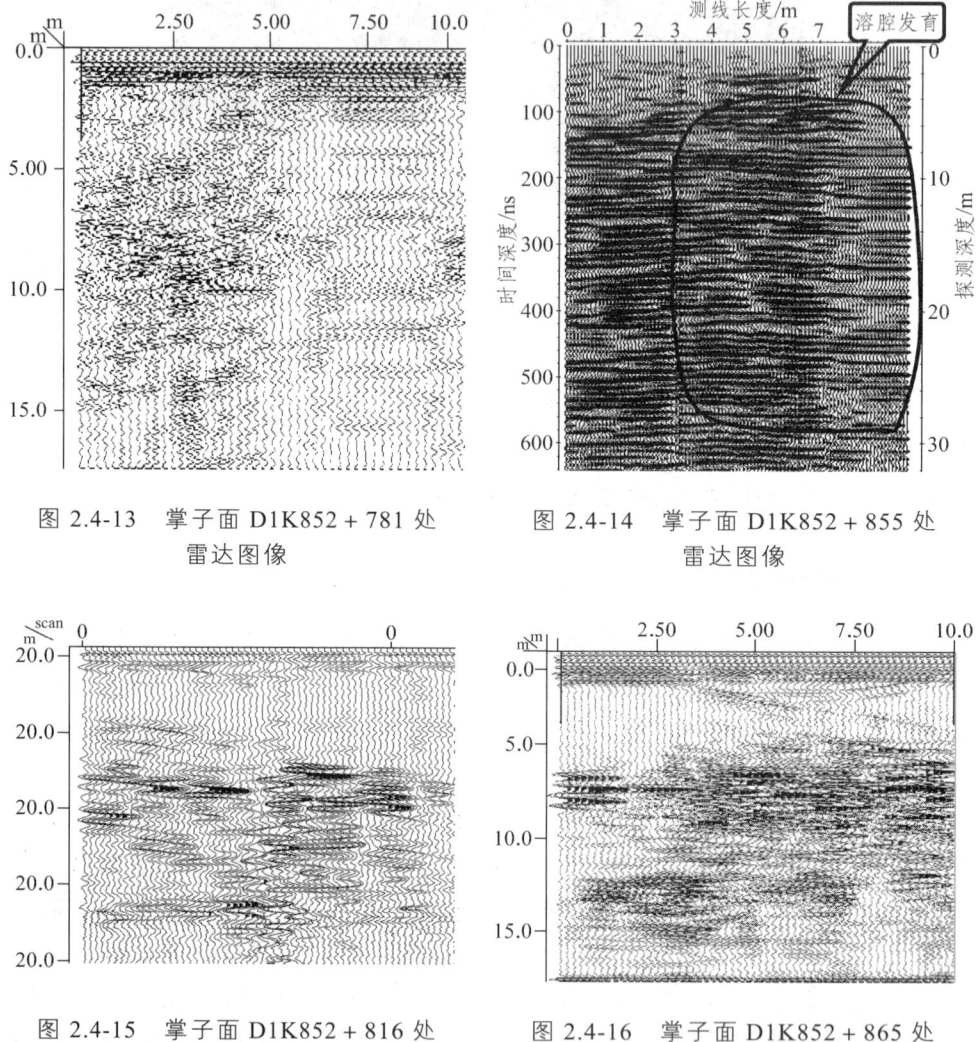

图 2.4-13　掌子面 D1K852+781 处雷达图像

图 2.4-14　掌子面 D1K852+855 处雷达图像

图 2.4-15　掌子面 D1K852+816 处雷达图像

图 2.4-16　掌子面 D1K852+865 处雷达图像

由图 2.4-13 可知,隧道里程 D1K852+786 ~ D1K852+796 段雷达波弱反射,低幅、高频,波形细密杂乱,无明显同相轴,推测该段围岩破碎,裂隙发育,局部夹泥,围岩稳定性和完整性较差;由图 2.4-14 可知,隧道里程 D1K852+862 ~ D1K852+887 段雷达波反射信号较强,同相轴连续,有断续,局部较错乱，初步判断此区段存在溶腔，底部被充填，潮湿含水；由图2.4-15可知，隧道里程D1K852+826～D1K852+841段雷达波局部反射信号强烈，波形杂乱，同相轴错段，初步判断该段围岩破碎，裂隙发育明显，局部夹泥或含裂隙水，围岩稳定性和完整性较差；由图2.4-16可知，隧道里程D1K852+870～D1K852+880段雷达波强反射，无明显同相轴，波形杂乱，底部信号衰减较大，初步判断该段围岩非常破碎，溶蚀裂隙发育强烈且裂隙富水，围岩稳定性和完整性较差。

施工开挖显示：隧道里程D1K852+786～D1K852+796段围岩破碎，节理裂隙发育；D1K852+862附近围岩强风化，隧道左侧拱脚处揭示1处溶槽，溶槽内填充物较多；同时洞身D1K852+826～D1K852+880围岩破碎，节理裂隙极发育，局部洞身出现渗水。雷达探测结论和实际基本一致。

3. TRT法

利用TRT探测法在大独山隧道施工中的以下3个段落DK856+595～DK856+640、DK856+640～DK856+670和DK856+670～DK856+720进行了超前地质预报。

这里列举大独山隧道1号横洞工区隧道正洞DK856+595掌子面前方140 m内的地质体地震波三维全息图像如图2.4-17所示。

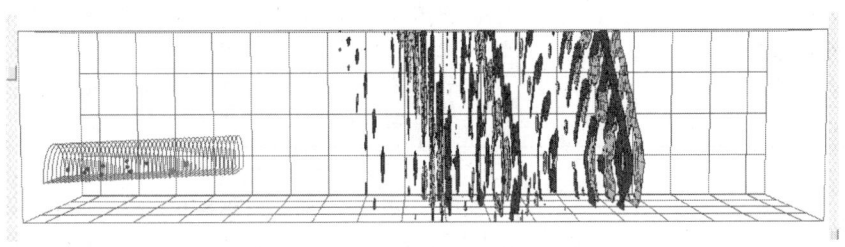

（a）开挖面处探测的右视图

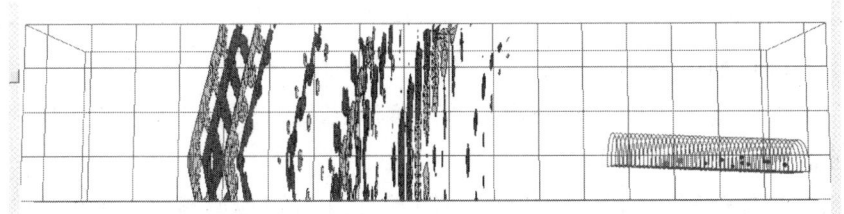

（b）开挖面处探测的左视图

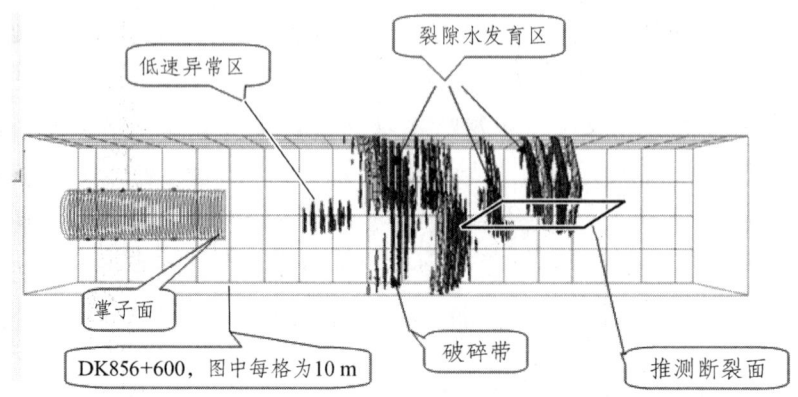

（c）开挖面处探测的正视图

图 2.4-17　DK856＋595 开挖面处 TRT600 探测成果

3 个探测段落的探测结果见表 2.4-1。

表 2.4-1　TRT 探测判释结果

里程	长度/m	围岩级别	探测结果推断
DK856＋595～DK856＋640	45	Ⅳ	该段岩体较为破碎，围岩稳定性和完整性较差，岩溶裂隙较发育，裂隙水发育。其中，里程 DK856＋620～DK856＋640 段存在一低速异常区，疑为溶蚀裂隙或溶洞，存在渗水的可能
DK856＋640～DK856＋670	30	Ⅴ	该段岩体较为破碎，岩溶裂隙发育，围岩稳定性和完整性较差，里程 DK856＋640～DK856＋670 段掌子面左前方裂隙水发育明显，疑似存在溶蚀裂隙或溶洞
DK856＋670～DK856＋720	50	Ⅴ	该段围岩岩体破碎，溶蚀裂隙较发育，裂隙水较发育。其中，里程 DK856＋670～710 段在图 2.4-17（c）中平行四边形粗线标示位置两侧岩性差别明显，存在错断现象，疑似存在一断裂面或断层走向线

由上可作如下分析：

（1）探测范围内围岩较破碎，节理裂隙较发育，在施工过程中应加强监护，注意渗水，防止垮塌。

（2）在 DK856＋620～DK856＋670 段建议采用地质雷达、超前钻孔等近距离探测方法对掌子面前方地质异常体和地下水分布情况进行进一步探测。

经现场掘进施工验证，大独山 1 号横洞 TRT 超前地质预报基本准确，仅有小的裂隙水未准确确定位置。

经开挖验证，隧道上台阶施工至掌子面里程 D1K852+862 处时，岩性为薄层状砂泥质灰岩，强风化，岩层视倾角约 45°，节理裂隙极发育，岩体稳定性差，遇水易泥化。在隧道左侧拱脚处揭示半径约为 2.8 m 的溶槽，溶槽斜向上发展，溶槽内填充物较多，均为地表粉质黏土，含水量高，初步判断揭示溶槽位置为溶槽与洞身的起始交点，同时洞身出现了不同程度的渗水，如图 2.4-18 所示。

图 2.4-18　施工开挖揭露的溶槽

4. TEM 法

采用 MDTEM63 瞬变电磁仪在大独山隧道进行了瞬变电磁法超前地质预报。为了精细探测，铺设 5 m 的线框，采用了重叠回线装置，发射回线边长为 5 m×5 m，接收回线的面积为 5 m²，点距为 10 m，发射电流为 15.6 A，发射频率为 25 Hz，关断时间为 34 μs。下面以 D1K855+998～D1K855+968 段为例说明瞬变电磁法在大独山隧道岩溶探测中的应用，其视电阻率分布如图 2.4-19 所示。

瞬变电磁法最具体最直观的解释图件是视电阻率等值线纵深剖面图。它是以测点为横轴、以掌子面内部与掌子面的距离为纵轴、以视电阻率为记录值绘制出的。

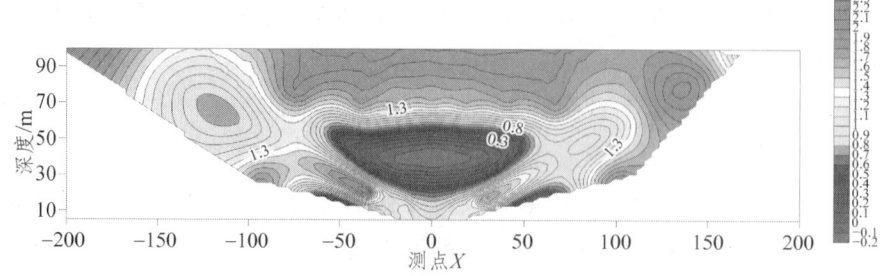

图 2.4-19　大独山隧道 D1K855+998 视电阻率等值线图

瞬变电磁探测结果表明主洞掌子面前方存在一个电阻率异常区，位于掌子面前方 10~60 m（D1K855+988~D1K855+938），推测可能为岩溶，并有向左前方延伸趋势。该段掌子面前方地下水丰富，前方可能存在岩溶区，辅以其他手段验证。施工前应做好防排水和注浆工作，确保施工安全。

采用瞬变电磁法对大独山隧道两段围岩探测之后进行开挖施工，开挖过程中分别在 D1K855+850 左侧边墙处发现一充填有黄泥的小型溶洞（图 2.4-20）和在 D1K855+946 处拱部发现一小型溶洞（图 2.4-21）。

图 2.4-20　D1K855+850 左边墙处小溶洞

图 2.4-21　D1K855+946 拱右拱腰处小型溶洞

第 3 章　富水岩溶隧道施工中突水突泥风险分析

贮存、运移在岩溶化岩层中的岩溶水，在岩溶含水体结构中多以层流为主，并兼具有压以及补给充沛等特点，因此在富水岩溶地区修建地下工程容易遭受岩溶水的不良影响，易产生大量的突水/涌水的地质灾害。随着我国交通隧道建设迅猛发展，岩溶突水突泥作为要规避的一种重要的地质灾害形式，成为急需解决的问题。由于突水的产生条件和影响因素十分多样复杂，造成了对防治岩溶突水的工作很难获得实质性的突破。针对这一问题，主要从岩溶的发育条件、隧道突水突泥特征及规律等方面进行探讨分析。

3.1　岩溶产生的条件

岩溶是水（包括地表水和地下水）对可溶岩（碳酸岩类、硫酸岩类、卤盐类等）进行化学侵蚀、崩解作用和机械破坏、搬运、沉积作用的各种地表及地下溶蚀现象的总称。根据目前的已有研究成果，岩溶发育需要具备以下三个方面的条件：

1. 可溶性岩石是岩溶产生的物质基础

隧道穿越石灰岩、白云岩、泥灰岩等可溶岩地层时，受地下水侵蚀作用就会出现溶蚀现象，石灰岩以溶解作用为主，白云岩则以渗透-溶蚀-分解-淋滤-崩解作用为主。

2. 水的存在则是岩溶发育的必要条件

地表水和地下水补给、径流、渗透和循环构成了岩溶发育的必要条件。地表水容易经过山谷、山间洼地、岩溶盆地、岩溶漏斗及落水洞等汇集、下渗，在可溶岩地层中形成水平径流带、垂直渗流带和深部混流带，从而形成地下水补给和循环，为岩溶发育提供了另一物质条件。当入渗的地表水中溶解携带有丰富的侵蚀性的碳酸根和硫酸根离子时，岩溶发育作用增强。

3. 地质构造与地层结构构成岩溶发育的充分条件

岩体结构、构造及岩层产状、接触关系，岩层厚度、断裂、褶皱、节理、裂隙、软弱夹层，风化程度，可溶岩与非可溶岩接触带等地质特征决定了岩溶发育程度和规模特征。一般来说，向斜构造比背斜构造的岩体岩溶发育强烈，向斜构造的核部岩溶比两翼更发育，背斜两翼的岩溶比核部更发育。隧道穿越可溶岩地层的节理、裂隙、断层等不连续面，为地下水提供了渗流通道，更容易遇到溶洞、溶腔及地下暗河、溶管、溶槽及溶隙。

3.2 沪昆高铁贵州段岩溶发育影响因素

我们知道，岩溶是地下水对可溶岩的化学溶解作用和机械破坏作用以及由于这些作用所引起的各种现象与形态的总称。岩溶发育必须具备一定的条件，虽然这些条件是多方面的，但最主要的是具有裂隙的可溶性岩石和具有侵蚀性的地下水及其流通性。前者与岩石的岩性及地质构造有关，后者则主要取决于水文地质及地貌条件。

3.2.1 岩石岩性对岩溶发育的影响

贵州地区的可溶岩，主要为碳酸盐岩系。从下部古生界到中生界，各种不同地层的碳酸盐岩系均发育有不同程度的岩溶现象。碳酸盐岩区域岩溶发育的程度会受到碳酸盐岩的层位、矿物、化学成分及出露条件的影响和控制。岩性对岩溶发育的影响分为以下几个方面：一般来说，若碳酸盐分布区内的碳酸盐质地纯正、厚度较大，则岩溶地貌特点以溶蚀作用为主；若分布区地岩层较薄、不溶物含量较高，或者是由可溶岩与非可溶岩相间分布，则易形成溶蚀-侵蚀地貌[27]。

岩溶地质的形成通常是温带气候地区 pH 较低的酸性雨和石灰岩层所造成的。地表下的可溶岩层不断与水反应，使不溶于水的碳酸盐在二氧化碳和水的共同作用下不断生成可溶但不稳定的碳酸氢盐,在排水较好的地下岩层中就能形成一个大的溶洞。

影响岩溶发育的因素有很多,比如碳酸盐岩的化学成分组成、地层岩性、当地气候条件、水文条件、土壤因子及人类活动等。

碳酸盐岩的化学成分主要为 CaO、MgO,其次是 SiO_2、Al_2O_3 等。在不同岩石类型中,化学成分常因形成条件和成岩后生作用的差异而不同。贵州典型碳酸盐岩化学成分为:石灰岩层组和白云岩层组,石灰岩与白云岩各自的主量化学成分含量都较高,但是仍然存在较大差异。

贵州典型碳酸盐岩化学成分为(质量百分数):石灰岩层组 CaO 为 43.47%~54.47%,MgO 为 0.60%~4.29%,($SiO_2 + Al_2O_3 + Fe_2O_3$)为 0.62%~5.80%,$CaO/MgO$ 比值为 10.7~89.62;白云岩层组 CaO 为 1.14%~37.92%,MgO 为 11.21%~22.25%,($SiO_2 + Al_2O_3 + Fe_2O_3$)等杂质为 3.85%~25.17%,$CaO/MgO$ 比值为 1.23~2.17。白云质灰岩、泥质灰岩(白云岩)中 CaO 含量为 33.8%~48.53%,MgO 含量为 1.71%~10.67%,($SiO_2 + Al_2O_3 + Fe_2O_3$)含量为 6.79%~16.04%。石灰岩与白云岩各自的主量化学成分含量都较高。正是这种主量元素的明显差异,导致石灰岩组与白云岩组岩溶作用机理与发育程度不同,石灰岩层组多形成大型溶蚀洞穴与管道,白云岩层组则主要形成溶蚀孔洞与洞隙。

根据碳酸盐岩的岩性类型、化学成分、CaO/MgO 比值、比溶解度及岩溶形态特征等指标将贵州省碳酸盐岩层组的溶蚀强度分为 3 类。

1. **强岩溶化层组**

岩溶地貌形态典型,地表个体形态发育,主要由厚层至块状质纯的石灰岩构成,岩溶现象在地表及地下均很发育,一般规模较大,趋向大型化,正负地形高差大,岩溶洼地密度通常大于 15 个/km^2,岩石富水性强,地下岩溶较为发育,常形成规模较大的岩溶管道、溶洞大厅及地下暗河系统。在此类层组岩体中进行隧道施工,极易发生突水突泥地质灾害。

2. **中等岩溶化层组**

中等岩溶化层组主要由较纯的碳酸盐岩组构成,包括白云岩、云灰岩岩组、碳酸盐岩夹碎屑岩等,其中除白云岩岩组外,其他岩石的均一性都较差。其岩溶负形态相对强岩溶化层组减少,发育密度常在 5~15 个/km^2,正负地形高差也相对较小，负地形地貌多为不平坦谷地及碟状浅洼地；岩石以关岭组白云岩为代表，富水性中等；深部岩溶有小规模的溶洞、岩溶管道及地下河。在此类层组岩体中进行隧道施工有突水突泥较大风险。

3. 弱岩溶化层组

弱岩溶化层组主要构造为碎屑岩与碳酸盐岩互层及夹层组合或含泥、硅质高的不纯碳酸盐岩层。地表有小规模溶洞、落水洞发育，个体负形态密度为 5 个/km^2，局部有裂隙状地下河发育，地貌形态由溶蚀向侵蚀类型过渡，岩组富水程度弱。在此类层组岩体中进行隧道施工突水突泥风险较小。

3.2.2 地质构造对岩溶发育的影响

地质构造对岩溶发育的方向、规模和大小均有显著影响。

1. 断层对岩溶发育的影响

断裂构造使得岩层产生大量的裂隙，为地下水的入渗及流动提供了极为有利的条件。野外调查及工程实践表明，岩溶沿着断裂破碎带显著发育。另外，断裂的性质不同，对岩溶的发育也有不同的影响。

（1）张性断裂破碎带岩溶发育强烈。

张性断裂因受张拉应力作用而形成，裂隙具有较好的张开性，断裂面粗糙不平，断层角砾岩的角砾棱角尖锐，大小混杂，结构疏松，裂隙率高，为岩溶水提供了极为有利的渗流通道，岩溶水对可溶岩的溶解、冲蚀作用明显，所以岩溶发育强烈。沿断裂带发育的溶洞数量多，规模往往也较大。

（2）扭性断裂带岩溶发育深度较大。

由于扭性断裂带是承受剪切应力作用而形成的，既有岩石糜棱化，也存在次一级的构造裂隙。断裂面多陡倾或直立，延伸深度较大，有利于岩溶水向岩体断裂带深部活动，故岩溶发育深度较大。

（3）压性断裂带的岩溶一般发育不强烈。

因压性断裂带受挤压应力作用而形成，其宽度一般较大，特别是区域性压性断裂，有的可以达到几百米。压性断裂带多由压碎岩、糜棱岩和断层泥组成，一般呈致密胶结状态，孔隙率较低，不利于岩溶水的流通，相对于其他类型的断层破碎带而言，岩溶发育较弱。

压性断层在地层受力形成断层的过程中,若其上盘或下盘产生剧烈错开,产生大量扭性或张性裂隙,并使裂隙进一步扩大,也会有利于岩溶发育。

2. 褶皱构造对岩溶发育的影响

背斜核部产生张拉应力的地方,节理裂隙发育,在地形上往往处于山区分水岭地段,地表水易沿着这些裂隙垂直入渗,向两翼或沿地质构造线方向渗流,故容易发育落水洞、岩溶漏斗、洼地等。

向斜轴部在岩溶水运动系统中属聚水区或排泄区,岩溶水往往富集于轴部或循构造轴向流动,或向地表河流排泄。一般在向斜谷中,常发育有暗河,同时由于轴部发育的垂直裂隙的岩溶化,形成了一系列与暗河相连通的漏斗、落水洞、竖井等垂直形态。

褶皱的翼部在岩溶水运动系统中居于径流部位,流速大,水动力作用活跃,岩溶化程度最强烈,尤以邻近向斜轴部或河谷边远地区更深。在这一部位既发育有水平岩溶形态,也发育有与地表相联系的垂直岩溶形态。

3. 可溶岩与非可溶岩的接触带对岩溶发育的影响

可溶岩与非可溶岩接触带在空间位置关系上影响着岩溶水的渗流通道,决定着岩溶发育规律。产状平缓且灰岩上覆有非可溶岩时,因受隔水层的影响,下部灰岩不能从垂直方向得到大气降水的直接补给,只能从水平方向得到地下水的补给,因此岩溶不甚发育。当产状平缓且灰岩下伏有非可溶岩,二者的接触面高于邻近的河水位时,由于岩溶水受到非可溶岩的阻隔,灰岩在与非可溶岩的接触面上常以悬挂岩溶泉形式出露在河谷斜坡之上。灰岩与非可溶岩接触面为陡倾角时,接触带岩溶水活动显著,因而岩溶发育强烈,常在这些接触带附近形成一系列的落水洞、漏斗及岩溶泉等。

3.2.3 水文条件对岩溶发育的影响

从岩溶发育主要受降水影响的角度来看,可以将水文条件看作降水因子的派生因素。但由于水文因子不仅是影响可溶岩溶蚀的最直接、最活跃的因素,是二氧化碳的载体,同时也是生物能和太阳能的载体,具有双重作用,因此在岩溶地貌的发育过程中水文因子会对其产生巨大影响。降水在到达地表以后,会将其中的能量释放出来,伴随着地质、地形、植被等因素的综合影响，能量产生了重新调配和聚集，造成了更大的溶蚀作用。因此，水文条件有必要作为一个重要因素在研究岩溶地貌发育时进行单独讨论。

水文因子可分为很多类型，这里仅从两方面进行研究：一是按其动力系统作用原因，可分为外源型、褶皱及夹层控制型和高原型三种；二是按照与地表覆盖层的关系，可分为地表水和地下水两种。以下分别进行讨论：

（1）从非岩溶地区流入岩溶地区的水流称为外源水，其对岩溶地貌发育的作用主要体现在两方面：一是外源水来自非岩溶地区，碳酸盐饱和度一般比较低，因此侵蚀性更强，对岩溶区的可溶岩的侧向侵蚀作用就更大；二是起到了增强降水的作用，水流垂向溶蚀的影响增大。

由可溶性岩与非可溶性岩的地层组合关系、地质构造以及地形条件三个因素综合作用而构成的可溶岩空间配置格局称作褶皱及夹层控制型水文条件。这类水文条件对岩溶地区地下水和地表水的运动方式具有控制作用，从而导致了不同的岩溶特征和水文条件。如紧密褶皱区以峰林洼地为主的岩溶地貌，是可溶岩与非可溶岩的相间分布致使紧密褶皱区的岩溶地貌呈现相间的条状分布、岩层倾角大、地下水水位深等因素共同作用而成；而平缓褶皱区的地貌主要以峰林平原为主，是岩层产状平缓、地下水水位较浅从而水流的侧向侵蚀能力较强造成的。

高原型水文条件是指地层中存在大量的大型溶洞、岩溶竖井及地下暗河等岩溶特征的地貌类型。这种类型的水文条件主要产生在碳酸盐岩连续地层区，由于地形高差巨大，使得水力梯度增加，导致水动力增大，形成了高原型水文条件。

（2）地表水对岩溶地貌发育的影响主要是通过河网系统与构造带的地理位置关系来实现的。地表水产生的影响通常分为两种情况：一是河流流向与构造带垂直或者斜交，河道会由于河流的下切作用和可溶岩的地层厚度影响而变窄，同时使得河流两岸陡峭；二是河流流向与构造带相平行或大体一致，这种情况多发育在丘陵和山间谷地中，此时长度较长、水量较大、侵蚀力较强的河流通常发育为岩溶槽谷地貌，而水量较小、侵蚀力较弱的河流则发育成岩溶洼地地貌。

地下水对岩溶地貌的发育与其运动方式密切相关，但由于地下水的运动受多种因素影响，例如地形地貌、水文发育特点以及地质构造等，因此，岩溶地貌类型在不同条件的相互配合下具有多样性的特点，一个因素的改变就会造成不同的岩溶地貌。如若地形和水文条件相同、地质构造不同，会形成岩溶峡谷或溶沟等形态迥异的岩溶地貌；若地质构造和地形条件相同，而水文状况不同，则会形成溶洞或者地下河流系统等不同程度和形态的岩溶地貌；若地质构造和水文条件相同、地形要素不同，则会形成岩溶洼地或峰林地貌等不同的岩溶地貌。

3.2.4 岩溶层组类型对岩溶发育的影响

由于不同岩溶层组类型的岩溶水动力条件不同，表现出的岩溶地貌形态、发育程度及其规律特征也不同。从工程地质观点出发，按下列条件划分岩溶层组类型：

（1）碳酸盐岩的岩石成分。岩石中 CaO 与 MgO 含量的比值越大，岩溶越发育。

（2）碳酸盐岩的岩层组合——单层、互层或夹层。碳酸盐岩中夹有非可溶岩层时岩溶发育不利影响。

（3）碳酸盐岩的成层构造条件——岩层层厚。纯的碳酸盐岩的层厚越大，越容易发育大型溶洞。

3.3 富水岩溶隧道突水特征及规律性

3.3.1 岩溶突水发生的水力特征

我国岩溶隧道修建过程中，曾出现过多次的突水突泥地质灾害，这些地质灾害的共同特征就是突水突泥具有突发性、高压力和富水性特征[28]。

1. 突发性

突发性是因为在隧道施工过程中，没有通过超前地质预报把隧道周边富水高压充填型溶洞辨识出来，没有采取相应的应对技术措施，溶洞揭露或隧道与溶洞间的岩墙失稳发生在短暂时间内，发生之前也没有明显的征兆。

2. 高压力

由于溶洞体积大，与地表具有较好的水力联系，容易接受地表大气降雨的补给，溶洞内充填大量的泥水及碎石，同时由于充填物自由面与溶洞底高差较大而形成较大压力，且与隧道轨顶面高差较大，从而形成巨大势能。当在隧道施工过程中揭露溶洞时，由于溶洞内具有高压力，溶洞内的充填物突然涌出，造成突水突泥事故。

3. 富水性

地下水是岩溶发育的必要条件。如果溶洞内充填物为碎石及泥土，在隧道开挖揭露后由于碎石及泥土的流动性较差，涌泥就不具突然性。实际上，具有突发性的突水突泥的溶洞都具有很好的水力补给条件，因而溶洞往往储存有大量的岩溶水，特别是在雨季大雨过后更是如此。富水和高压力是隧道发生突水突泥的重要前提条件。

3.3.2 岩溶突水发生的条件

在富水岩溶区，岩体中常存在隐伏含水构造，在隧道施工中常会遇到。当隧道与含水构造接近时，隧道施工会使导水通道与开挖临界面进入准连通状态，进一步扰动则会使二者相连通，从而导致与导水通道或地下水有水力联系的水体（地表水、溶潭或地下暗河等）突然涌入开挖区，发生突水现象。总体来看，只有在满足一定的水力条件，即岩溶水具有足够的动力性能、含水构造中储存着一定的能量以及围岩的稳定性较差等时，岩溶才会发生突水现象。

1. 含水构造的能量储存

若岩体中含水构造地下水水头较高，则其具有较大运动势能；同时，岩溶管道、各种破碎带和向斜构造盆地等部位因易产生大范围的溶蚀而具有良好的储水性能和富水性，因此，这些部位的地下水体常具有高水压、大水量的特点。所以，形成大型含水构造是发生岩溶突水的能量储存条件，从能量突变的角度来看，在隧道施工过程中，地下水向开挖面高速涌出而形成突水现象。

2. 岩溶水动力性能与能量释放

当含水构造储存了大量的突水能量时，突水现象的发生条件包含两个因素：一是岩溶的水动力性能；二是溶洞与隧道间岩墙的稳定特性。若岩墙中不存在明显的地质缺陷，那么对于岩墙防突厚度的探讨则应主要探讨物理力学性质的影响。岩墙的厚度和破碎度与其所能承受的压力成正相关关系，即厚度小、破碎的岩体所能承受的水压力很小，岩墙稳定性差，其抗突水能力较低；反之，厚度大、完整性好的岩体往往能承受较大的水压力，其防突性良好。实际上，由于围岩受构造运动的影响，岩墙中存在节理裂隙是很普遍的情况。

3.3.3 隧道发生突水地质灾害的规律

1. 隧道突水与其所处水文地质单元区段的关系

在溶蚀作用下，岩溶构造不断发展扩大，表现为构造裂隙—溶蚀裂隙—岩溶管道—溶洞的发育过程。不同规模的岩溶构造会出现不同的水文地质灾害，而不同类型的水文地质灾害对地下工程所产生的危害也是大小不一的。将不同类型水文地质灾害的产生规律及危害大小进行汇总，见表3.3-1。

表 3.3-1　不同的水文地质突水产生的规律和危害大小

水文地质类型	突水突泥规律	危害大小
溶隙型	由构造裂隙经溶蚀作用形成，宽度很小，延续性良好，岩溶充填物从底层中缓慢渗出或流出，突水量较小	小
脉管型	由溶隙型经进一步溶蚀作用形成，呈脉管状，连通性好，宽度较大，充填物在围岩中呈股状流出，产生的流量和压力均较小	小
管道型	脉管进一步延长、扩大，形成管道，宽度加大，连通性增强，破坏方式呈涌出或喷出状，且喷出的水和泥沙流量和水压较大，运动方式复杂，具有突发性，对工程的施工和运营都有很大影响	大
溶洞型	形状不规则，空间体积大，较常见的是充填性溶洞，一般溶腔压力很高，会大量揭露而喷出或者涌出，运动状态复杂，对施工安全影响较大	大
暗河型	空间体积大，水量丰富，水源有稳定的补给，经常与外界有水力联系，受大气降雨影响较大，对隧道施工安全有极大影响，不慎揭露地下暗河，往往会造成突水突泥的地质灾害，甚至造成人员伤亡及机械设备的损毁	极大

2. 隧道突水与岩体构造的关系

大量的工程实例和野外地质勘查表明，岩层构造对岩溶发育的影响作用显著。构造强烈区，溶洞多发育在灰岩薄层与厚层的交界处，同时由于岩层层面构造强烈，其张开程度较之节理裂隙面更大，便于填充物和地下水的渗流，为含水、填充构造的形成提供了便利的条件。另外，岩溶的发育条件和富水性也会受到岩体构造的影响，如褶皱不同部位的岩体破碎程度不同，岩溶在褶皱中翼部的发育程度往往要比在核部的发育程度弱。岩体破碎较严重的部位，岩溶的发育更加充分。

突水灾害事故发生后的调查表明，岩溶在断层破碎带、节理密集带、可溶岩与不可溶岩接触带以及岩性接触带等地质条件中较为发育，且均以揭露充填型为主，而在大断裂带和区域性断层带，产生突水灾害的概率更多，且更为严重，危害也更大。

3. 隧道突水与岩溶形态特征的关系

岩溶隧道在开挖过程中产生的突水现象大致可分为突发型和延迟型。

（1）突发型。

这种类型突水在隧道施工过程中正向揭露，使得充填物直接向隧道中涌出。充填物的具体特点表现为突然型，突出物流速快、自重压力大等，主要的储水储泥构造表现为充填型溶腔、暗河、垂直岩溶管道或倾斜岩溶管道。

（2）延迟型。

延迟型突水是指在隧道穿过一段时间之后，岩溶构造才发生突水或突泥，而滞后的时间主要受隧道与溶洞间岩墙稳定性的影响，储水构造多呈现为台阶形状或树枝形状。

由以上可知，突水突泥的特征受多种不同因素的影响，即使是在同一溶洞中，也可能有不同的表现形式。因此，根据储水、储泥构造的多样性，在岩溶隧道的施工中，不能以局部岩溶形态或突水部位进行判断，应进行详尽、细致的观测分析，以确保隧道在岩溶地区施工的安全性。

3.4 隧道与溶洞间岩墙的安全厚度分析

超前地质预报技术的局限性，致使隧道周边存在的隐伏溶洞不可能被全部探测出来，或者不能确定探测出来的隐伏溶洞是否需要处理以保证隧道安全，因而有必要研究隧道周边隐伏溶洞与隧道之间岩墙的安全厚度。为简化研究，在进行数值模拟岩溶隧道稳定性时，把溶洞和隧道均看作在初始地应力平衡状态下岩体中开挖的两个孔洞，且只研究在平面状态下溶洞对隧道稳定性的影响。

为减少计算工作量，在数值模拟过程中，采用正交设计理论，采用 FLAC^{3D} 数值模拟方法分析不同溶洞大小、溶洞压力、岩墙物理力学参数等条件下岩墙的安全厚度。

3.4.1 确定影响因素

利用有限差分软件 FLAC^{3D}，在分析溶洞与隧道间岩墙安全厚度时考虑溶洞与隧道不同相对位置 M、围岩物理力学参数 A（弹性模量 E、内摩擦角 φ、黏聚力 c、泊松比 μ、容重 γ）、溶洞直径 D 和溶洞内部压力 P。共 4 种影响因素，因素水平均为 4 个水平，见表 3.4-1。

在研究每一种因素时，设其他因子为固定值，单独改变该因子的取值，观察该因子的变化对围岩塑性区发展范围大小的影响，得出相应的结论。

表 3.4-1 影响因子 4 水平的取值

影响因子水平	围岩物理力学参数					溶洞相对隧道位置	溶洞直径 D/m	溶洞内部压力 P/MPa
	容重 γ /(kN·m^{-3})	弹性模量 E /GPa	泊松比 μ	内摩擦角 φ /(°)	黏聚力 c /MPa			
1	21	2	0.32	33	0.45	拱顶	5	0
2	23	4	0.3	39	0.7	右侧 45°	10	0.5
3	23	6	0.28	42	0.8	右侧水平	15	1
4	24	8	0.27	45	1.1	仰拱底部	20	1.5

3.4.2 数值计算模型

为简单起见，采用二维计算模型，模型 Y 方向为隧道纵向，长 1 m；模型的水平（X 方向）宽度为 90 m；隧道埋深 150 m，因此，在 Z 轴（垂直方向上，围岩底部边界距离隧道底部 50 m，模型顶部距离隧道拱顶 60 m，余下上方的围岩体换算成均布荷载施加到围岩上表面。模型的前后、左右及底部施加位移约束，顶部为自由边界。

将隧道围岩视为理想弹塑性的莫尔-库仑（Mohr-Coulumb）介质，初期支护结构为线弹性介质。各材料物理力学参数均参考铁路隧道规范中的参数选择。若隧道与溶洞间岩体的塑性区贯通，则认为岩墙不安全，反之则视为安全。反复调试模型中的溶洞与隧道之间的距离，直至找到临界安全距离。

3.4.3 岩墙临界安全厚度的判断过程

寻求临界安全距离的方法步骤：

（1）估计一个距离 s（本次设定为 5 m），先计算 $s = 5$ m 时岩墙中的塑性区。

（2）若第（1）步贯通，则继续增大 s，每 0.25 m 算一个等级，依次增加，直到找到塑性区不贯通的厚度为止，此时临界安全距离 $S = (2s - 0.25)/2$。

（3）若第（1）步不贯通，则减小 s，以 0.25 m 为一个等级，直到找到塑性区贯通的间距为止，此时临界安全距离 $S = (2s + 0.25)/2$。

3.4.4 正交试验结果分析

将 4 个影响因子分别安排在 $L_{16}(4^4)$ 正交表的第 2~5 列，第 6 列作为试验结果。正交试验方案及结果见表 3.4-2，各影响因素的试验数据极差见表 3.4-3。

表 3.4-2　岩墙临界安全厚度试验方案及结果

试验号	溶洞位置	围岩级别 A	溶洞直径 D/m	溶洞内压 P/MPa	临界厚度 S
1	拱顶	1	5	0	6.875
2	拱顶	2	10	0.5	7.875
3	拱顶	3	15	1	9.125
4	拱顶	4	20	1.5	7.375
5	右侧 45°	1	10	1	9.125
6	右侧 45°	2	5	1.5	6.875
7	右侧 45°	3	20	0	9.625

续表

试验号	溶洞位置	围岩级别 A	溶洞直径 D/m	溶洞内压 P/MPa	临界厚度 S
8	右侧45°	4	15	0.5	5.375
9	右侧水平	1	15	1.5	6.875
10	右侧水平	2	20	1	4.625
11	右侧水平	3	5	0.5	3.125
12	右侧水平	4	10	0	2.875
13	仰拱底部	1	20	0.5	7.875
14	仰拱底部	2	15	0	9.125
15	仰拱底部	3	10	1.5	7.875
16	仰拱底部	4	5	1	6.875

表 3.4-3 各影响因素的试验数据极差

影响因子	溶洞位置 M	围岩级别 A	溶洞直径 D/m	溶洞内压 P/MPa	试验结果均值
K_1	31.25	30.75	23.75	24.25	
K_2	31	29.75	27.75	28.5	$X = 6.969$
K_3	30.75	28.5	29.5	29	
K_4	31.75	21.5	30.5	29.75	
极差 R	14.25	9.25	6.75	5.5	—

极差越大,说明该因素在试验中水平变化对指标值影响越大,本试验根据各因素极差的大小顺序,可确定各影响因子的主次顺序为:$M>A>D>P$。

极差分析法精度相对较低,为了提高试验精度,将表 3.4-2 及表 3.4-3 中数值进一步采用方差分析方法,结果汇总于表 3.4-4。

表 3.4-4 岩墙临界安全厚度计算结果方差分析

差异来源	偏差平方和 S	自由度 f	均方 M	$F_\text{比}$	显著性
溶洞位置 M	35.85	3	11.95	38.14	★
围岩级别 A	13.17	3	4.39	14.01	★
溶洞直径 D	7.66	3	2.55	8.15	—
溶洞内压 P	5.61	3	1.87	5.97	—
误差 E	0.94	3	0.31	—	—
误差 ΔE	—	—	—	—	—
$F_{0.05}(3,3) = 9.28$					

采用方差分析方法时,在 4 个影响因素中,无影响因素可归入误差中;由于 $F_M>F_A>F_{0.05}(3,3)$,则对于给定的显著水平 $\alpha=0.05$,溶洞位置 M 和围岩级别 A 对结果的影响具有显著性;而 $F_P<F_D<F_{0.05}(3,3)$,则溶洞直径 D 和溶洞内压 P 对试验结果的影响无显著性。

根据表 3.4-3,可以绘制出岩墙临界安全厚度随各个影响因素水平的变化曲线如图 3.4-1 所示,可更为直观地看出各种影响因素对临界安全厚度的影响趋势和影响程度。

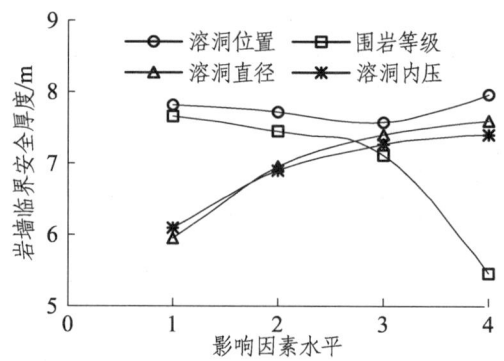

图 3.4-1 岩墙临界安全厚度随影响因素的变化曲线

从图 3.4-1 中可以得到以下结论:

(1)溶洞与隧道间岩墙临界厚度平均值分别为 7.81 m、7.75 m、7.58 m、7.94 m。在相同条件下,仰拱底部溶洞对隧道影响最大,水平右侧溶洞对临界安全厚度影响最小。

(2)在相同条件下,稳定性较好的围岩,溶洞对隧道安全影响较小。随着围岩参数级别的升高,围岩抗剪强度提高,围岩稳定性增强,临界安全厚度随之减小。

(3)在相同条件下,溶洞尺寸越大,溶洞对隧道安全性影响越大。随着溶洞直径的增大,岩墙临界安全厚度随之增大。

(4)在相同条件下,溶洞内水压力越大,对隧道安全性影响越大。因而,随溶洞内压力的增大,岩墙临界安全厚度也随之增大。

3.5 岩墙中存在裂隙时对隧道施工安全性的影响

3.4 节分析了溶洞位于隧道周边不同位置时对隧道安全性的影响，确定了岩墙临界安全厚度。需要说明的是，前述分析是建立在假设围岩为均质连续体基础上的，但实际岩体是由岩块和裂隙及其充填物组成的，特别是在爆破作用下，岩墙中存在裂隙及其充填物是非常普遍的现象，而岩墙中的裂隙处也恰恰是薄弱部位。在隧道施工中，一般在隧道开挖支护后才对断面外侧的隐伏溶洞进行探测。限于超前地质预报技术的局限性，断面外侧的隐伏溶洞不易被探测出来，突水突泥风险往往由岩墙中的松散充填裂隙引发，对隧道的危害较大。由于隧道后续爆破震动等影响，隧道在开挖过程中更易因岩墙失稳而诱发突水突泥等地质灾害问题。

因此本节将进一步讨论在有压充填溶洞岩墙中存在贯穿裂隙情况下隧道施工过程的安全性。这里仅讨论溶洞在隧道断面跨度最大水平处的情形，其他情况类似。

3.5.1 计算模型及计算参数

1. 计算模型

模拟假设隧道围岩为理想弹塑性介质，屈服准则采用莫尔-库仑准则；初期支护为厚度 18 cm 的 C20 喷射混凝土层，并将喷射混凝土视为弹性介质。模型中隧道所处围岩级别为Ⅳ级。模型在 X 方向上模拟宽度为 90 m；隧道埋深 150 m，在 Z 方向上（竖直向上），围岩底部边界距离隧道底部 50 m，并施加竖直位移约束边界条件，围岩顶部距离隧道顶部 60 m，剩下上方的围岩高度换算成平面荷载施加到模型上表面。Y 方向（隧道走向）隧道延伸 60 m，模型左右前后竖直面施加水平法向位移约束，底部加竖直位移约束。

模型模拟了隧道断面右侧水平位置与隧道净距为 4 m 的情况，隐伏溶洞形状为直径 16 m、长 16 m 的圆柱体，溶洞内部有泥质充填存在，溶腔内水压力为 1 MPa。溶洞位置在模型中部，即模型存在 $X = 0$ m 和 $Y = 30$ m 两个对称面。裂隙位于隧道断面与溶洞之间的岩墙之中，用 interface 接触单元进行模拟，裂隙厚度为 40 cm，充填裂隙厚度方向分两层单元，并且纵向长度为 4 m，如图 3.5-1 所示。

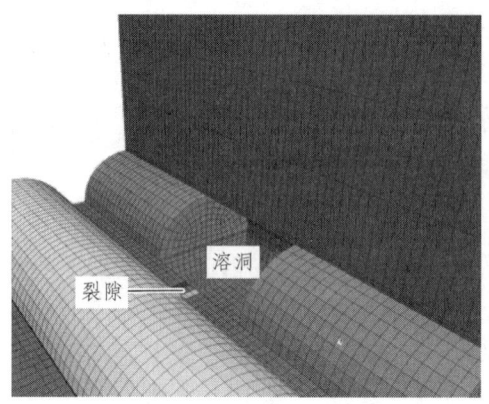

图 3.5-1 隧道断面右侧溶洞与裂隙示意

2. 计算参数

隧道经过的地质围岩级别为Ⅳ级围岩。在模拟过程中,隧道围岩级别和支护条件参数见表 3.5-1 和表 3.5-2。

表 3.5-1 模型中围岩及初期支护参数

围岩	容重 /(kN·m^{-3})	弹性模量/GPa	泊松比 μ	内摩擦角 /(°)	黏聚力/kPa
Ⅳ级	22	4	0.32	30	700
C25 喷射混凝土	23	24	0.2	—	—

表 3.5-2 接触单元参数

接触单元	法向刚度/MPa	切向刚度/MPa	内摩擦角/(°)	黏聚力/kPa
interface	500	100	10	5

施工方法采用台阶法,工况的模拟尽可能与实际施工过程一致。隧道施工过程如下:在模拟开挖过程中,采用循环开挖,下台阶落后上台阶 6 m,仰拱落后下台阶 6 m,各台阶开挖 2 m 后便立即施作初期支护,直至完成隧道开挖支护。

3.5.2 计算结果及分析

通过数值模拟,研究在裂隙存在的情况下,隧道开挖过程中,有压溶腔对隧道研究面应力、变形及塑性区变化的影响，为施工过程中隧道安全性提供理论依据。

1. 位移分析

在有压溶洞出现在隧道断面右侧且岩墙中存在裂隙的情况下，开挖过程中 $Y = 30$ m 研究面上各点位移与开挖步关系曲线如图 3.5-2 所示，图中拱顶和仰拱位移为竖直位移，其他各点均为水平位移。

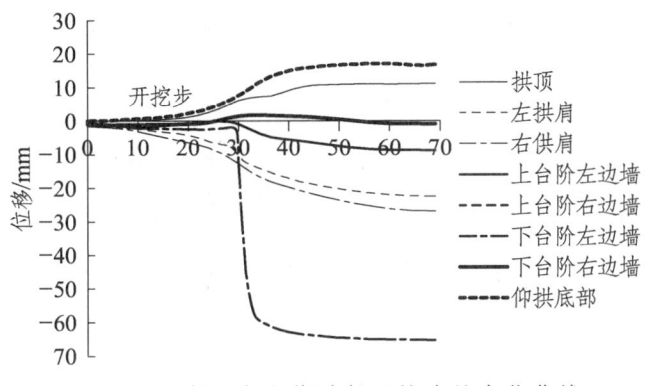

图 3.5-2　断面各点位移与开挖步的变化曲线

从图 3.5-2 可以看出，在溶洞内存在压力的情况下，在隧道开挖面通过中部研究断面过程中，隧道断面右侧靠近裂隙处的水平位移迅速增大，显著大于无溶洞情况下的变形。另外，由于有压溶洞出现在隧道断面右侧，所以隧道施工过程中的断面位移呈现显著的非对称性：在右侧溶洞内压力的作用下，断面右侧水平位移显著大于左侧对应点位的位移。

隧道断面右侧裂隙位置处的水平位移显著大于其他各点位移，为拱顶沉降位移的 2.45 倍，说明岩墙中裂隙充填物被挤压，逐渐被挤出裂隙。由于隧道开挖后，裂隙充填物失去了相应的平衡支撑阻力，出现被挤出的趋势。另外，由于岩墙中裂隙充填物在溶洞内压力作用下已经被挤密压实，而且隧道开挖后又及时施作了初期支护，因而初期支护结构为裂隙充填物提供了支撑，裂隙充填物不会很快被挤出。但由于溶洞内压力较大，特别是刚好遇到天降大雨时，溶洞内水压力将明显增大，此处喷混凝土层就会出现开裂导致支护破坏。

若此断面刚好设置了变形监测点,可及时发现变形异常情况。此时再进一步采用地质雷达等物探方法对隧道周边进行探测,就可发现溶洞,进一步采取释能降压来消除突水突泥风险。若施工过程中未及时发现变形异常及混凝土喷层的开裂情况,则当初期支护严重变形而无法继续承载时就会导致裂隙充填物被冲出,从而使溶洞内的充填物突然涌入隧道导致突水/突泥事故发生。

2. 支护结构应力

当隧道开挖揭露出岩墙中裂隙并及时施作初期支护之后,隧道初期支护的应力分布如图 3.5-3 所示。

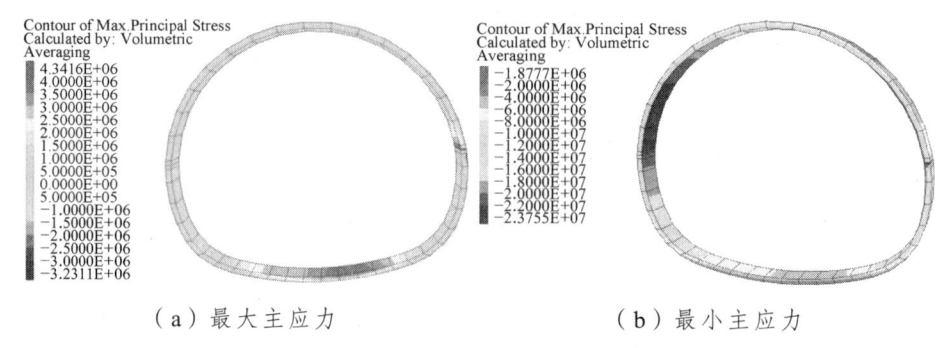

（a）最大主应力　　　　　（b）最小主应力

图 3.5-3　初期支护的主应力（单位：Pa）

从图 3.5-3 可以看出,隧道初期支护的最大拉应力和最大压应力均出现在隧道与溶洞间岩墙的裂隙处,最大拉应力达到 4.34 MPa,已经超过了喷混凝土的极限抗拉强度值,因而此处喷混凝土层产生抗拉破坏,喷层出现裂缝；裂隙处最大压应力也大于其抗压极限强度,虽然有钢拱架的存在会承受大部分应力,但此处喷混凝土层必然出现受力压溃现象,不能及时对溶洞内进行泄压,必然导致隧道突水突泥事故的发生,严重影响隧道施工技术人员和设备的安全。

3. 塑性区分布

当隧道开挖模拟施工完成后,在裂隙处断面上围岩塑性区分布如图 3.5-4 所示。

第3章 富水岩溶隧道施工中突水突泥风险分析

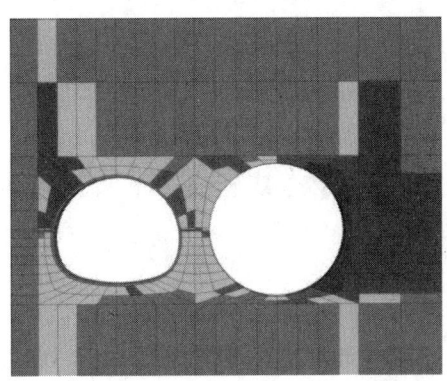

图 3.5-4 溶洞在隧道断面右侧时围岩塑性区

由图 3.5-4 可以看出，当有压溶洞出露在隧道断面右侧时，岩墙全部范围内的塑性区均贯通，并且围岩塑性区范围较大。在隧道施工过程中揭示出岩墙裂隙时，由于裂隙充填物被挤出，此处初期支护遭到破坏，岩墙出现塑性流动，最终导致岩墙失稳，引起大规模的突水突泥安全事故。

当有压溶洞出现在隧道其他部位且隧道与溶洞间的岩墙中存在贯通裂隙时，隧道断面变形及支护结构受力特征与溶洞在断面右侧时基本一致。

第4章　隧道岩溶处置技术

对岩溶隧道施工过程中遭遇到的岩溶进行合理分类，总结不同类型岩溶的特征，有利于在施工中采取合理的应对技术措施。岩溶可根据其形态大小、充填物特征及地质构造特征进行分类。

4.1　岩溶分类

4.1.1　按形态及规模大小分类

根据隧道工程施工处理措施的需要，按照溶洞发育的体积大小，将岩溶分为小型、中型、大型和特大型4个等级。岩溶规模小于10 m^3 的为小型岩溶，此类岩溶一般只需采取回填措施即可；岩溶规模在10~100 m^3 的为中型岩溶，此类岩溶一般需采取防护措施；岩溶规模在100~1 000 m^3 的为大型岩溶，这类岩溶需采取支护加强措施；岩溶规模大于1 000 m^3 的为特大型岩溶，此类岩溶应采取专门设计，进行特殊处理。

按照岩溶形态大小不同，可将岩溶分为洞穴型、裂隙型、管道型和大型溶腔4种类型。

（1）洞穴型岩溶：其发育规模小于50 m^3 的干溶洞或充填型溶洞。

（2）裂隙型岩溶：由各种构造裂隙经溶蚀形成的裂隙岩溶，其宽度一般在1~100 cm，平面延续性较好。

（3）管道型岩溶：岩溶裂隙经进一步溶蚀扩大呈汇流的管道特征的岩溶，其管道直径一般小于2 m。

（4）大型溶洞（腔）：发育规模大于50 m^3 的干溶洞或充填型溶洞（腔）。

4.1.2 按充填性质分类

根据岩溶溶腔充填性质,可将岩溶分为充填型、半充填型和无充填型三种类型。

(1)充填型岩溶:岩溶溶腔内有充填物充填的岩溶。

(2)半充填岩溶:岩溶溶腔内既有部分充填物,又有一部分空腔的岩溶。

(3)无充填型岩溶:溶腔内无充填物,为干溶腔的岩溶。

4.1.3 按地质构造特征分类

根据地质构造特征,可将岩溶分为向斜轴部高压涌水型、背斜赋水型、多个含水层同时涌水型、单一含水层暗河涌水型等。

(1)向斜轴部高压涌水型岩溶:处于向斜轴部的岩溶,其赋水往往具有较高的压力,当隧道穿过该岩溶时,若处置不当,将造成较长时间的高压突涌水,给隧道施工带来极大困难。

(2)背斜赋水型岩溶:处于背斜地层中的岩溶,在两种岩层的接触带会存在大量赋水,当隧道穿过该岩溶时,易造成突涌水。

(3)多个含水层同时涌水型岩溶:处于多个含水地层中的岩溶,当隧道穿过该岩溶时,可能多个含水层同时涌水,总涌水量较大。

(4)单一含水层暗河涌水型岩溶:处于单一含水地层中的岩溶,当隧道穿过该岩溶时,易造成突水或较为稳定的涌水。

4.2 岩溶处置的基本原则

岩溶的治理受到多方面因素的影响,需要考虑多方面的因素如岩溶洞形态、规模大小、充填情况、溶腔与隧道相对位置关系及管道型岩溶是否过水通道等。其中大规模岩溶在充填泥水状态时严重威胁隧道施工安全,尤其是高水压富水或泥水充填型的溶腔在意外揭露时对隧道施工的危害性最大。因而,较大规模的岩溶处理措施主要取决于是否有泥水充填及溶腔内压力大小。

在隧道施工中对岩溶的一切处理措施均应以施工期及运营期的安全为根

本目的和着眼点。对于雨量充沛、岩溶极其发育的贵州地区的岩溶隧道应以"疏排为主、排堵结合、因地制宜、综合治理"的原则处置。对于施工过程中揭示出的溶洞，根据其溶洞的规模大小、形态特点、是否充填及充填特征、富水特征及水压力大小等给出有针对性的技术应对措施。岩溶水处理宜采取以疏导为主的处理措施，尽量恢复或维持既有水流排泄通道，施工中不得随意将爆破开挖下来的石渣倾倒进尚不能判断是否为过水通道的管道型溶洞。对于过流型岩溶管道，根据预测水量，必要时增设排水通道；对地表生态环境有较大影响、地下水敏感区域，应采取注浆预加固措施，保护生态环境，保障隧道结构安全[29]。

对于高压富水岩溶地段，隧道衬砌结构应根据岩溶类型、排水能力等充分考虑衬砌可能承受的水、土压力，适当加强二次衬砌和仰拱。

4.2.1　裂隙型或管道型的岩溶

对于确认为干燥无水的无充填、半充填或完全充填管道型溶洞，可直接采用隧道开挖下来的洞渣填塞溶洞（石块最大边长小于 60 cm），然后用水泥砂浆灌注碎石间的孔隙。

若此管道型岩溶在大气降雨时有水流通过，则此管道型岩溶为过流型的岩溶，应综合分析富水岩溶管道的可能最大过水量、最大水压及与地表水流的水力联系等特征，充分考虑其水量季节性变化对隧道施工和运营的影响之后再行处理。富水管道型岩溶在处理前，还要查勘地面有没有明显的落水洞及汇水面积的大小，预测丰水期的岩溶流量及可能的最大水压力。另外，还可以根据隧道埋深大致估计可能出现的最大水压力。若此处隧道埋深小于 50 m 且地表汇水面积较小，则可以采取用石渣填充溶洞并用水泥砂浆灌注石渣间的孔隙。若溶洞贯穿隧道断面，则在隧道初期支护进行适当加强后，对拱顶以上 5 m 范围进行吹砂并进行注浆固结，同时对二衬考虑采用耐水压衬砌。若此溶洞处隧道埋深大于 50 m，宜采取以疏导为主的处理措施，维系其原有的过水通道，过水量较大时可考虑增设泄水洞、管涵等措施将岩溶水引离隧道断面 5 m 以外后，再设置专门的排水通道并与专门泄水洞进行连接。隧道结构还应根据岩溶管道的排水效果，充分考虑水压力作用。

对于富水岩溶裂隙，应首先对富水岩溶裂隙水压、渗透性、整体稳定性等特征进行综合分析，预测可能的最大涌水量及最大水压力。对于可能存在高水压的富水岩溶裂隙，宜采用钻孔排水减压措施；整体稳定性差的富水岩溶裂隙，宜采用超前周边注浆或超前帷幕注浆加固等措施；整体稳定性较好的富水岩溶裂隙，宜采用径向注浆或超前周边注浆等措施。隧道结构应根据排水减压、注浆加固的效果，考虑水压力作用对隧道支护及衬砌的影响。

对于半充填或充填型贫水管道型溶洞，在对充填物特性进行综合分析评价的基础上，根据充填物特性，可采用注浆加固或钢花管注浆加固影响范围内的区域。

4.2.2 洞穴型溶腔

对于无充填的洞穴型干溶腔，首先应综合分析岩溶洞壁稳定性，根据评价结论，采取清除洞壁不稳固岩块、喷锚网、挡土墙、护拱、立柱支顶、锚索等措施对岩溶洞壁进行防护。对于体积较大的溶洞，则需要将隧道边墙置于稳固的基础之上，基础形式可采用拱跨、板、梁、桩、复合地基等。

对于已经充填的贫水洞穴型溶洞，通过钻孔取芯确定填充物的物质类型，并对洞穴充填物的物理力学特性进行评价，然后确定充填物的加固范围，比选隧道超前预加固和预支护措施，基础形式可采用桩、钢花管注浆、换填、复合地基等形式通过。

对于富水的洞穴型岩溶，应采用现场实测方式确定水压力和涌水量，并保证隧道与溶洞之间岩墙厚度不小于 5 m。通过向溶腔内打设泄水孔进行释能降压，然后再揭露溶腔，进一步探明溶腔的形态、规模、岩壁稳定性、地下水补给特征等。对于存在地下水补给途径的富水洞穴型溶洞，增设泄水洞将岩溶地下水顺利排出。

4.2.3 大型溶洞或地下暗河

1. 无充填干溶洞

对于无充填无水的大型岩溶，由于其形态复杂、规模庞大，在揭露溶洞后很难短时间内查清其规模及形态特征。为保证隧道工期，宜在隧道一侧开挖一条绕洞到开挖面前方继续开挖正洞。在向前掘进的同时，测量人员进入溶腔查明溶洞的形态、三维尺寸及与隧道的相互位置关系，溶洞底部有无堆积体，并对岩壁稳定性作出评价。对于存在潜在不稳定风险的岩壁进行锚喷支护，以保证在溶洞中进行处理的施工人员的安全。

由于溶洞尺寸庞大，常产生隧道穿越溶腔的情况。若隧道仰拱以下距溶洞底部较深，则常常需要架设简支桥或采用拱桥方式跨过溶腔，两端桥台基础需落在完整基岩上。隧道结构外侧设置不少于 1.5 m 厚的混凝土护拱。如果隧道仰拱底部距溶洞底部距离较小，则可在清除溶洞底泥水后填筑片石混凝土或素混凝土，线路两侧用片石混凝土砌筑，坡率根据其稳定性确定。必要时在隧道结构两侧设置两排立柱以支顶溶洞顶板，隧道拱部上方设置护拱和缓冲层，以保证运营阶段安全。

2. 充填溶洞

如果充填溶洞富水且具有较高水压力，则需要综合分析富水充填溶洞的储量、水压力大小、岩溶水连通性、岩溶水补给情况及充填物特性等特征，充分评估可能对隧道施工和运营的影响。如果剩余岩墙安全性不足，则需要钻孔排放溶腔内积水进行释能降压，然后采用帷幕注浆加固溶洞内填充体，帷幕厚度应在考虑洞内水压力及填充体性质的基础上通过工程类比和理论分析计算确定。在帷幕加固的基础上采用大刚度的大管棚进行超前支护，开挖过程中若发现有注浆薄弱部位应进行补充注浆加固。

隧道初期支护和二次衬砌结构要永临结合，并考虑隧道建成后的水土压力作用，加强初期支护刚度和强度，根据需要，初期支护可以采用双层支护。岩溶水要有加强排泄通道，并有措施保证永久排泄通道的畅通。二次衬砌按抗水压衬砌设计，要考虑泄水不畅形成的水压。隧道底部填充体如果较为深厚，可视填充体的性质采用注浆钢花管桩加固或可选择桩梁式结构、复合地基桩基 + 承台等措施跨越溶洞。

3. 地下暗河

当隧道邻近（下穿、上跨、旁侧）暗河通过时，应综合评价隧道与暗河间剩余岩墙的稳定性，当岩盘安全厚度不满足要求时，应对其进行加固处理，以减少对隧道施工和运营的影响。当隧道穿越暗河时，须采取疏导措施，尽量保持其原有的过水通道，对河道有淤积或岩壁坍塌下来的堆积物还应该进行清理以保证河道顺畅，增设专门的泄水洞等引排地下暗河水，保障地下暗河水流通畅。隧道结构应根据与暗河的空间位置关系，充分考虑暗河及堆积物等对隧道的影响，基底宜采取桩、板、梁等工程措施，确保稳固可靠。

4.3 大型岩溶处置典型案例

4.3.1 无充填大型岩溶处置技术

4.3.1.1 工程概况

大独山隧道为双线隧道，全长 11 882 m，最大埋深 367 m。隧道洞身穿越岩层主要为灰岩、白云岩、泥岩、泥灰岩、泥岩夹砂岩等地层，其中可溶岩段长 8 753 m。隧道洞身依次穿越大兴寨断层、龙门地断层、垮岩断层、大湾断层、营盘坡断层、杨家冲断层、永宁镇断层等 7 条断层，对隧道施工安全影响较大。地表岩溶洼地、岩溶漏斗及村庄分布较多。

隧道共设 2 座横洞及 1 座贯通平导。1 号横洞位于线路 D1K856+500 左侧，长 1 043 m；2 号横洞位于线路 D1K861+500 左侧，长 1 361 m；贯通平导设置于线路左线右侧 35 m 处。

4.3.1.2 施工中溶洞揭示情况

1. D1K862+148~248 段揭示岩溶情况

大独山隧道 2 号横洞工区平导开挖施工至 PD1K862+160（对应正洞里程为 D1K862+204）处揭示一溶腔。经进入溶腔内进行测量，溶腔纵向发育 10~32 m，横向发育 25~100 m，高 12~60 m。溶腔向线路左侧延伸并与正洞贯通，洞壁较潮湿，部分附着黄色黏土，洞底有洞顶掉落的碎石。

因溶腔规模大，支洞数量多，且相互串通，现场实测困难，为确保正洞溶腔的及时处理，决定从 22 号横通道 D1K862+134 处转入正洞向前施工并进一步揭示溶腔：

（1）正洞开挖至 D1K862+148，开挖面拱部揭示一溶洞，纵向长 3.5 m，横向宽约 10 m，洞高约 15 m，并斜向前方延伸，现场采取加强支护后通过，并立即施作超前地质预报，根据预报结果确定进一步的开挖揭示方案。

（2）当开挖掘进至 D1K862+156 时，揭示一黄色黏土填充物溶洞（图 4.3-1），开挖面及拱顶滑落约 50 m³ 黄色黏土填充物，溶洞高约 7.5 m，宽约 11 m，纵向发育深度 7 m，具体延伸情况不明。

图 4.3-1　D1K862+156 开挖面溶腔充填物

（3）开挖掘进至 D1K862+172 时，在开挖面处又揭示一较大的竖向发育的空溶洞（图 4.3-2），溶洞竖向高约 30～40 m，纵向长约 15 m，横向宽约 30 m，洞底为部分开挖掉入的虚渣填充，无水，洞壁溶蚀破碎较严重。

图 4.3-2　D1K862+172 开挖面揭示溶腔

（4）开挖至 D1K862+196，又揭示出一大型溶腔（图 4.3-3），揭示的溶洞口位于线路左侧，底板上高约 3.5 m，向斜下方 7 m 后发育有一溶蚀大厅，该溶蚀大厅目测沿线路大里程方向长约 30 m、沿线路小里程方向长约 15 m，横向宽度目测约 45 m，左右两边未探明具体宽度，现场观察大厅左侧底有一溶洞分支，发育方向不明。溶腔内未见水流，洞壁溶蚀破碎严重。

图 4.3-3　D1K862+196 开挖面揭示溶洞口

（5）从 D1K862+196 揭示的溶洞口观测，该溶洞对岸大里程方向还有一支洞发育，具体形态不详。考虑到大独山隧道 D1K862+181～+244 段溶洞规模大，形态复杂，施工风险高，测量困难，为进一步落实溶洞形态，创造补勘条件，从溶腔大里程方向对其进行全面揭示，经研究确定在平导 PD1K862+190（对应正洞里程 D1K862+235）处增设一横通道，该横通道与正洞线路左中线夹角为 90°，开挖揭示正洞溶洞后进一步确认溶洞形态及范围。2014 年 11 月新增横通道在溶洞右侧将其揭开（图 4.3-4）。

图 4.3-4　新增横通道 D1K862+235 揭示溶洞

2. D1K862+248～284 段揭示岩溶情况

在大独山隧道 2 号横洞 23 号横通道转正洞小里程工区，上台阶开挖面掘进至 D1K862+275 处揭示一溶腔（图 4.3-5），溶腔揭示口部位于断面上台阶线路方向左侧边墙脚,揭示溶腔口长约 2 m,高约 1 m,溶腔纵向延伸长约 40 m,横洞宽约 15~20 m,深约 15~30 m。经过业主、设计、监理及施工四方现场核实所揭示的溶腔,经过技术人员进洞进一步勘察揭示:该溶腔向洞身方向呈倒悬发育,溶腔壁整体完整性较好,局部见溶蚀破碎较严重,溶腔内无水,整个溶腔洞底堆积有黏土,靠隧道侧有少量洞渣掉入,溶洞底表层约 2 m,下部土层呈软塑~硬塑状,未见有水流痕迹。其中溶洞壁小里程侧半腰处有一小溶洞斜向小里程方向延伸,具体情况不明。洞底黏土层挖探 2 m 未到底,在探坑底钎探 3 m 也未到底,因现场不具备补勘条件,要求现场进行洞底物探,先初步探明填充物厚度。

(a)揭示的溶腔口

(b)溶腔底部土质充填物

图 4.3-5　D1K862+275 处所揭示的岩溶

4.3.1.3 补勘揭示岩溶发育情况

1. D1K862+148～+244段补勘揭示的情况

后续补勘揭示 D1K862+148～+244 段溶洞群共由大小、规模不一的 4 个溶洞组成：

（1）D1K862+148 处溶腔。

该溶洞发育于 D1K862+148，为一竖向发育干溶洞（图 4.3-6），溶腔纵向长约 3.5 m，横向宽约 10 m，溶洞顶在隧道拱顶上约 5.5 m，底板下隧道施工开挖后多被虚渣掉落填充，洞壁溶蚀破碎严重，稳定性差，无水。

图 4.3-6　D1K862+148 拱部溶腔

（2）D1K862+156 处溶腔。

D1K862+156 溶洞为一填充溶腔，填充物为黄色可塑状黏土，开挖后填充物产生滑塌，体积约 50 m³，空溶腔高约 7.5 m，宽约 11 m，纵向发育深度为 7 m，洞壁溶蚀破碎严重，如图 4.3-7 所示。

图 4.3-7　D1K862+156 充填溶腔

（3）D1K862+158～+181处溶腔。

溶腔口揭示于D1K862+172，为一竖向发育的空溶腔（图4.3-8），估深约20 m，拱顶以上空腔高10～15 m，进洞后见一横向发育的大厅，斜向隧道小里程端延伸至D1K862+158附近，致使D1K862+158～+172段隧底局部倒悬。溶腔大厅高约30～40 m，纵向长约15 m，横向宽约30 m，洞底为部分开挖掉入的虚渣，洞壁溶蚀破碎较严重。

图4.3-8　D1K862+172竖向溶腔

（4）D1K862+183～+245处溶腔。

D1K862+183～+245处为一较大空溶腔，先自平导D1K862+160处揭示（图4.3-9），后于正洞小导洞在D1K862+196处揭开（图4.3-10）。经技术人员进入溶腔进一步测量核实：D1K862+196及+235揭示口下方倒悬，深度较深，并斜向延至D1K862+182附近为一狭长支洞向左下方发展。经多次进洞测量揭示：整个溶腔形态复杂，规模庞大，主要由D1K862+196及+235两个较大溶腔相互串通，并与多个小的支洞连通。溶腔横向宽约30～100 m，高约30～60 m，纵向延伸约60 m。两个较大的溶洞相互连通。

整个溶腔的洞壁溶蚀破碎较严重，隧道爆破施工震动后掉块及局部小坍塌较重，溶腔内无水，整个溶腔洞底堆积有碎石土及大块石（图4.3-11），未发现有水流痕迹。

第 4 章 隧道岩溶处置技术

图 4.3-9　PD1K862+160 揭示的溶腔

图 4.3-10　D1K862+196 与 D1K862+235 揭示的溶腔

（a）碎石土

（b）大块石

图 4.3-11　溶洞大厅底部坍塌碎石土和大块石

经过补勘，大致查明 D1K862+196 处溶腔规模巨大，以空溶腔为主，局部有填充，岩性以角砾状白云岩、白云岩为主，岩层产状平缓，节理裂隙较发育，溶腔壁溶蚀破碎严重，局部掉块及小坍塌较重，洞底多为堆积的碎块石土，地下水不发育，未见有水流痕迹。

从首次揭示后溶腔内未见有暗河管道水，表明该测段位于岩溶水垂直循环带，地下水贫乏；溶洞内主要为裂隙水，水量小，受降雨控制，旱季无水，雨季有少量滴渗水。通过对相同地层取水化验，对混凝土无侵蚀性。

（5）溶腔基本规模形态。

经过多次进入溶腔测量，D1K862+172~+224 段溶洞平面基本展布情况如图 4.3-12 所示。

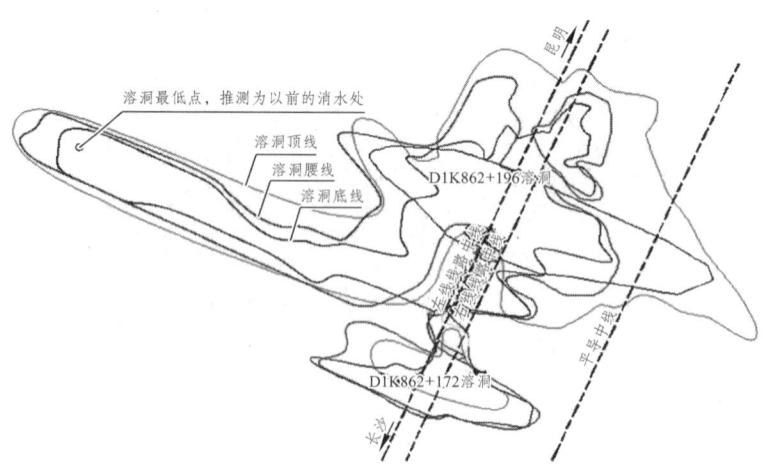

图 4.3-12　大独山隧道 D1K862+172~+224 段溶洞平面图

2. D1K862+248~+284 补勘揭示的情况

通过技术人员采用仪器测量、地质钻机钻孔、物探探测等方法进行补勘，大独山隧道 2 号横洞所揭示的溶腔范围为 D1K862+248~+284。该溶腔主要发育于隧道左侧，并切入隧道净空下方，呈倒悬状，为一较大的半填充溶洞，形态较复杂。经过多次反复进洞测量，得到的岩溶平剖面形态如图 4.3-13 所示，隧道中线处典型纵剖面如图 4.3-14 所示。该溶腔纵向长约 30~40 m，横洞宽约 15~20 m，深约 15~33 m；溶腔底部有可塑状黏土填充，厚度约 0~20 m。溶腔壁整体稳定性较好，局部见溶蚀破碎严重，在溶洞壁半腰靠小里程侧发育一支洞，直径约 1~2 m，斜向小里程方向延伸，分析与小里程侧大溶洞连通。

溶腔揭示后经历过几次大气降雨，但溶腔内未见有明显水流及暗河管道水，只有几个滴水点，水量不大，推测此溶腔位于岩溶水垂直循环带，地下水贫乏。溶腔内主要为裂隙水，水量小，受降雨控制，旱季无水，雨季有少量滴渗水。通过对相同地层取水化验，滴水对混凝土无侵蚀性。

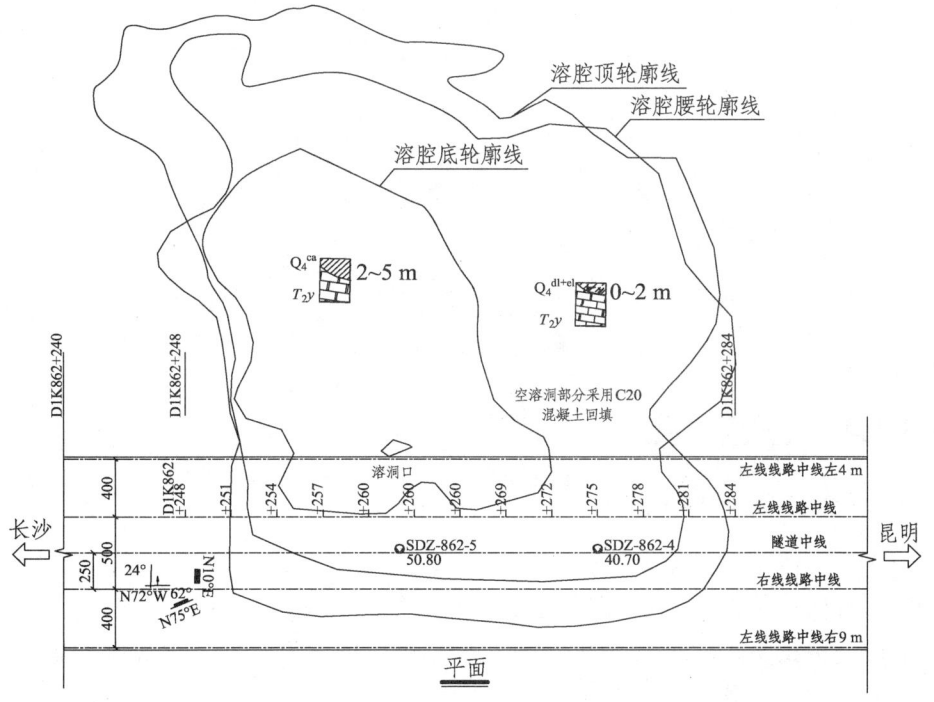

图 4.3-13　D1K862+248~+284 段岩溶平剖面形态图（标高单位：m；尺寸单位：cm）

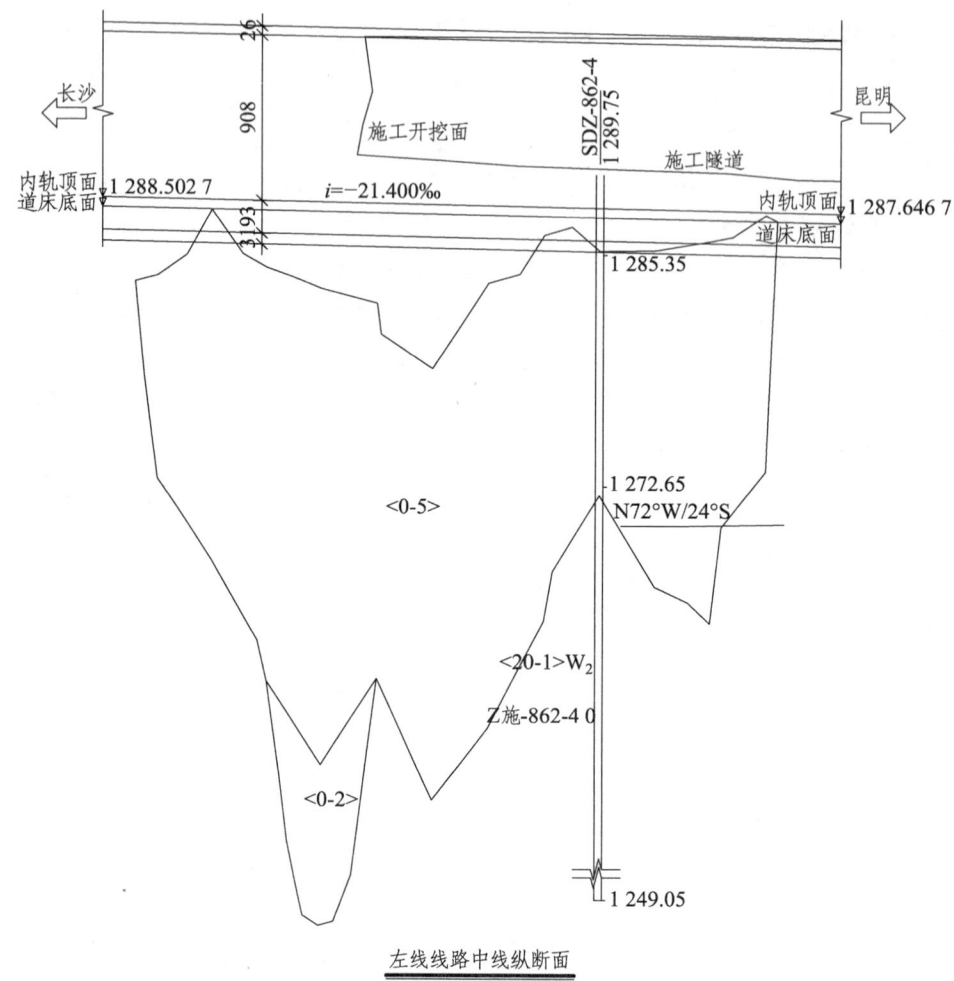

图 4.3-14　D1K862+248～+284 段隧道中线纵剖面图（标高单位：m；尺寸单位：cm）

4.3.1.4　岩溶处置

1. D1K862+148～+244

（1）总体处置方案。

隧道仰拱底以下空腔采用 C20 混凝土回填；高度大于隧道拱顶以上部分，拱部加设护拱防护。若溶腔高度较大，另在护拱上面吹砂或堆放废旧轮胎，以缓冲后期可能落石对隧道护拱的冲击作用。有充填的局部溶腔或隧道开挖弃渣部分采用钢花管注浆加固。

（2）混凝土回填。

隧道仰拱底以下溶腔 C20 混凝土回填量约 $10.5 \times 10^4 \ m^3$；回填完毕后对本段 C20 混凝土回填体进行沉降观测，并做好观测记录，如有异常，需进一步处理。D1K862+148～+244 溶腔处理总体方案如图 4.3-15 所示。

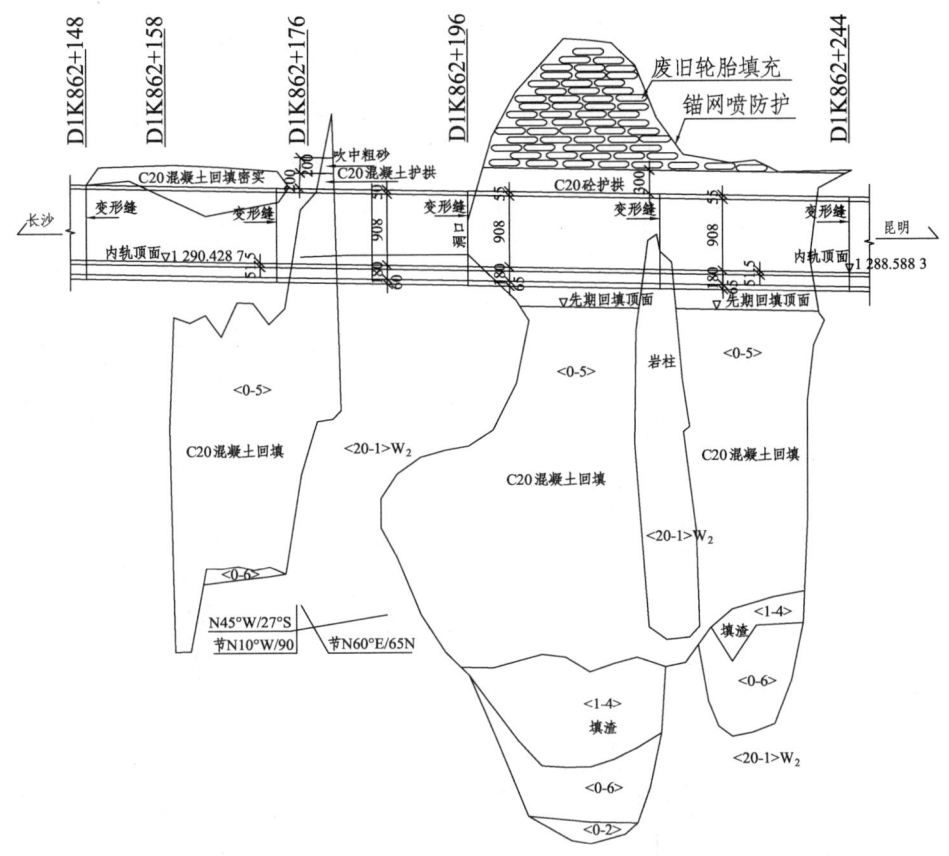

图 4.3-15　D1K862+148～+244 溶腔处理总体方案（标高单位：m；尺寸单位：cm）

（3）钢花管注浆加固。

平导 PD1K862+163～+173 段底板底以下 20 m 范围内的弃渣部分采取 $\phi75$ mm 钢花管注浆加固，钢花管间距为 1 m×1 m，交错布置。浆液采用水泥砂浆，浆液配合比及注浆压力可根据现场试验进行适当调整，如图 4.3-16 所示。

施工完成 28 d 后应采用钻孔取芯方法检查注浆是否饱满，要求注浆加固后复合地基承载力不小于 200 kPa。施工结束后应立即进行沉降观测，当监控量测出现异常情况时，应及时采取必要的加固措施。

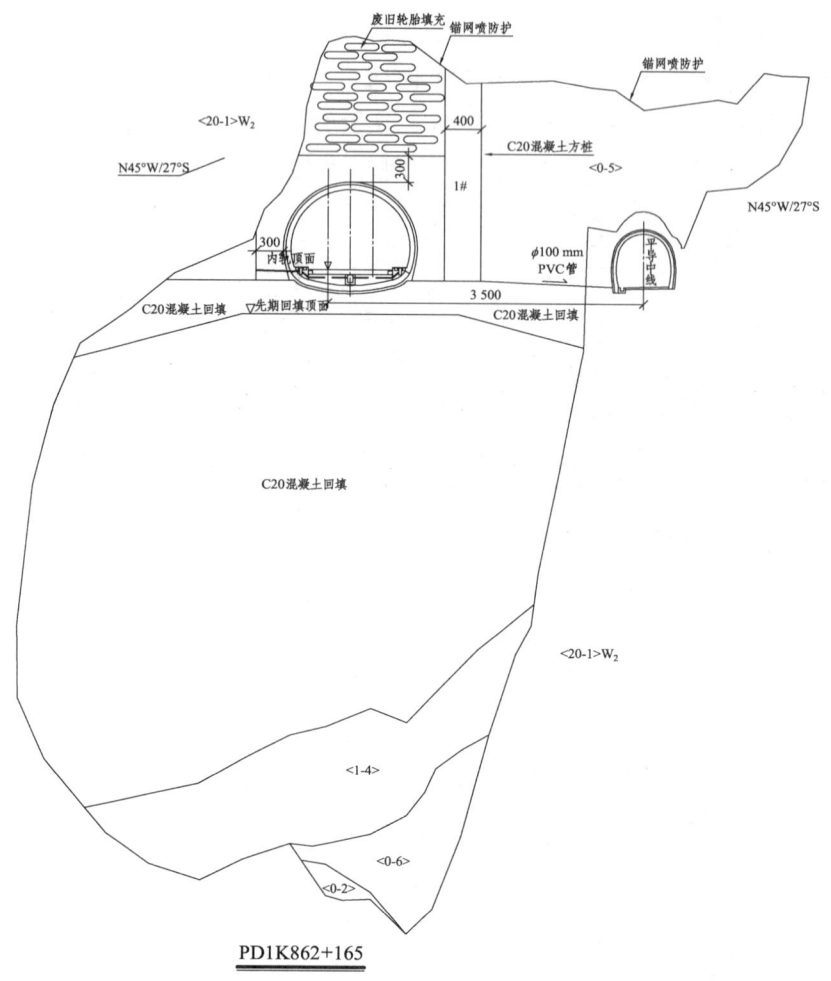

图 4.3-16　D1K862+208 典型断面空溶腔处理（标高单位：m；尺寸单位：cm）

（4）D1K862+148～+176 段隧道轮廓外空腔设置 C20 混凝土护拱。D1K862+179 处附近隧道拱顶施作 2 m 厚 C20 混凝土护拱，并在护拱上方吹 2 m 厚砂作为缓冲层，并埋设 ϕ100 mm 的 PVC 管引至隧道排水系统。

（5）PD1K862+140～+160 段溶蚀破碎严重，对该段破碎岩体采用径向注浆加固，注浆管采用 ϕ42 mm 钢花管，纵环间距 0.8 m，每根长 5 m，水泥浆水灰比为 1∶1，注浆压力控制在 0.8～1.2 MPa。

（6）D1K862+196～+244 段，拱部设 3 m 厚 C20 混凝土护拱，边墙设 3 m 厚混凝土护墙，护拱顶面至溶腔顶之间码放废旧轮胎，防止不稳定岩体掉落，影响隧道结构安全，如图 4.3-16 所示。

（7）隧道正洞 D1K862+205~+228 段线路右侧，护墙施作后还要进一步在空腔位置设置 3 根钢筋混凝土方柱对溶腔进行支顶，柱中心距线路右线 13 m。方柱中线里程分别为 D1K862+205、D1K862+218 和 D1K862+228。

（8）为防线路左侧地下裂隙水集聚过高对隧道产生偏压，与 D1K862+205~+240 段线路左侧明洞边墙脚与侧沟之间预埋 ϕ100 mm 的 PVC 管，纵向间距 10 m，将地下水引至隧道侧沟排放。

2. D1K862+248~+284

D1K862+248~+284 段溶腔上大下小，为一楔形结构，如采用局部墩式回填处理，则回填混凝土基础势必位于黏土层之上，这样就必须对基础黏土层进行加固处理。同时为确保安全，还须对溶腔顶部进行锚网喷防护，且溶洞深、施工困难。为了保证溶腔治理的长治久安，采用全圬工回填，使混凝土直接回填至溶洞外侧岩壁，逐层回填后形成一壳体结构，进而减少基础底部局部黏土层的影响，减少采用其他方案所带来的较大的施工安全风险，降低施工难度。具体如下：

（1）回填材料采用 C20 混凝土，共 25 169 m³，典型断面如图 4.3-17 所示。

（2）确保边墙基底或衬砌最外缘以外 5~10 m 按照混凝土自然塌落坡度（安息角）回填，且保证回填混凝土要接触到左侧溶洞壁一定高度，现场混凝土坍落度按 150 mm 计算，具体根据现场试验适当调整，使回填的混凝土形成楔子的形状，保证隧底混凝土结构的稳定。

（3）在施工过程中，应加强对溶腔的观测，必要时采取支顶等防护措施，确保施工安全可靠。

（4）D1K862+248~+284 段回填处理后立即实施隧底沉降观测，同时建议二衬结构结合 D1K862+148~+244 段大溶洞一同施工，为沉降观测预留时间。

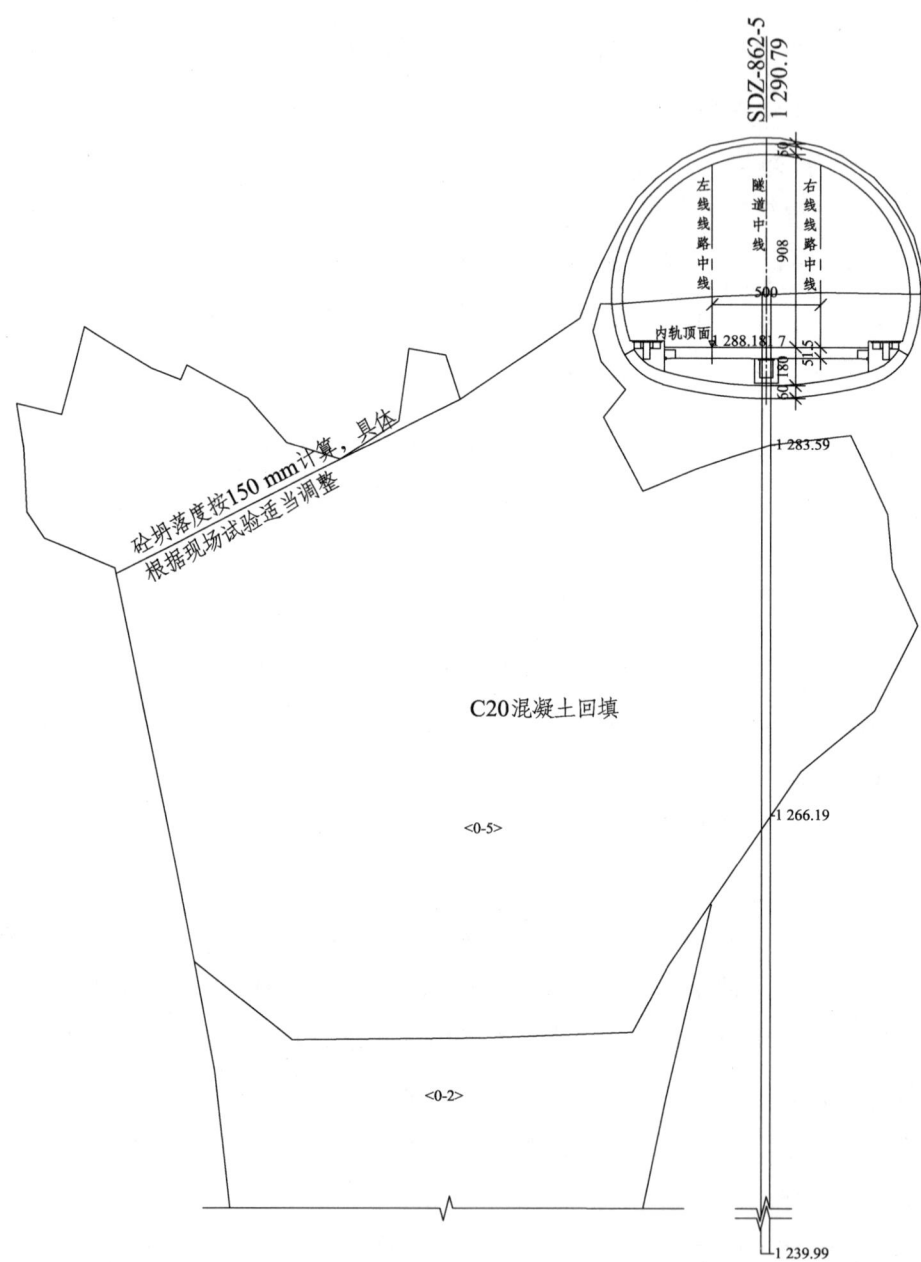

图 4.3-17　D1K862+248～+284 段溶腔处理典型断面
（标高单位：m；尺寸单位：cm）

4.3.2 充填型岩溶处理

1. 大独山隧道出口工区 D1K864+350~+563 段地质情况

在大独山出口工区的 D1K864+350~D1K864+563 揭示其围岩主要岩性为三叠系中统杨柳井组（T_2y）角砾状白云岩夹白云岩，节理裂隙发育，施工揭示有多段岩溶发育，主要为填充溶洞及半填充溶洞；岩层节理裂隙较发育，岩体溶蚀破碎较严重。

2. 溶腔揭示情况

大独山隧道出口工区 D1K864+350~+563 段施工过程中多次揭示出不同形态、不同充填程度的岩溶。在隧道开挖过程中先后揭示多处岩溶。在 D1K864+556 断面右侧沿结构面发育一竖向溶腔，长约 40 m，溶洞高约 20~35 m，宽约 10~18 m。在 D1K864+550 隧底线路左侧揭示发育有一竖向溶腔，洞深约 8.0 m，洞口直径约 1.0 m，往下直径约 2.5 m；在 D1K864+543 左边墙脚发育一竖向溶洞，长约 13 m，宽约 2~3.5 m，洞高约 5~8.0 m，溶腔底部有黏土填充，隧道爆破开挖后多被掉落虚渣填充。在 D1K864+481 上台阶开挖面揭示出一充填型溶洞，充填物为软塑状黏土，夹大孤石，岩溶沿斜向小里程方向延伸，发育深度不明。D1K864+481 上台阶拱脚处发育一岩溶，溶腔斜向外发育，深约 3~5 m，高约 2 m，纵向发育约 2~4 m，溶腔内可见少量石钟乳溶蚀现象，局部滴水。当隧道开挖面掘进至 D1K864+461 时，揭示出全充填岩溶，充填软塑~硬塑状黄褐色黏土，夹不规则状块石，横向宽度发育不明。

为摸清本段隧道断面周边隐伏岩溶及已揭露岩溶的详细情况，采用物探方法及地质钻孔对隧底围岩进行探测，同时测量技术人员进入溶腔进一步查明溶腔形态及规模、充填物性质及深度等。补勘结果表明所揭示的岩溶大小不一、形态各异、充填物性质也不尽相同。在 D1K864+369~+400 段隧底以下 3~9 m 探测到充填型岩溶；D1K864+400~+430 段隧底 0~30 m 范围内岩层溶蚀裂隙严重发育，存在夹泥层及裂隙水，其中 5~20 m 范围内存在空腔，开挖后所揭示情况如图 4.3-18 和图 4.3-19 所示。

图 4.3-18　D1K864+390 隧底填充型溶洞

图 4.3-19　D1K864+425 隧底填充型溶洞

通过进一步的补勘，在 D1K864+446～+563 段存在空溶腔、半充填及充填型溶腔。

（1）空岩溶及半充填岩溶。

此段共揭示规模大小不等的 3 个溶腔：

1#岩溶：溶腔口发育于 D1K864+543 线路左线边墙脚，溶腔沿着边墙纵向发育，洞内可见钟乳石发育，纵向延伸长约 13 m，宽约 2～3.5 m，洞高约 5～8.0 m，溶洞底部有黏土填充，洞壁溶蚀破碎严重，无水，隧道施工开挖后多被虚渣掉落填充。

2#岩溶：揭露于 D1K864+550 左线底板处，溶腔主要沿垂直向发育，深度约 8.0 m，揭露洞口直径约 1.0 m，向下最宽处直径约 2.5 m，底部有黏土填充，无水，隧道继续开挖后多被掉落洞渣充填。

3#岩溶：于 D1K864+556 右边墙脚揭开溶腔洞口，测量技术人员进入溶腔测量发现，溶洞沿右边墙外向小里程方向延伸长度约 40 m，溶腔高约 20～35 m，宽约 10～18 m。溶腔在 D1K864+538～+556 段侵入隧道断面。溶腔洞壁溶蚀较破碎，底部有崩塌碎块石及软塑状黏性土填充，厚度约 5～20 m。故该溶洞可能对隧道出口施工及开通后的运营安全有影响较大。

（2）填充岩溶。

经隧道后续开挖及综合勘探进一步揭示，D1K864+446～D1K864+563 段隧道仰拱下方围岩发育有充填型岩溶。通过钻孔取芯揭示充填物主要为硬塑状黏土夹粉细砂夹块石土，呈软塑～硬塑状，白云岩质块石含量约 25%～35%，主要分布在隧底 0～41.9 m 范围内，块石间及溶洞壁部分为空腔。溶腔内泥质充填物遇水浸泡后极易软化，力学指标较低。

揭露此段落溶腔过程中，恰逢经历一次大气强烈降雨过程，溶腔内发现在 D1K864+456～+520 段发现有渗漏，局部出现有线状淋雨，判断为地表水入渗所致。

3. 岩溶处理

根据此段围岩稳定性及溶腔充填物的力学特征，首先对该段隧道实施超前支护，并对初期支护和二次衬砌参数适当加强。

（1）隐伏岩溶处理。

针对岩溶发育特征及填充物力学特性，对 D1K864+390～D1K864+395、D1K864+417～D1K864+420、D1K864+437～D1K864+440 及 D1K864+443～D1K864+450 这 4 段共 18 m 范围内隧底隐伏岩溶采取 ϕ75 mm 钢管桩注浆加固，典型断面如图 4.3-20 所示。钢管桩纵向及横向间距为 0.8 m，梅花形布置，钢管桩长度嵌入溶洞底部完整基岩深度以不小于 0.5 m 控制。

对于隧底空溶腔或下部为泥质充填的溶腔（1#和 2#），首先将溶腔下部泥质充填挖除，然后再用 C20 混凝土回填。对于 3#溶腔，由于溶腔内没有与地表岩溶负地形的岩溶漏斗、岩溶洼地、岩溶管道等输水通道相连，采用干砌片石回填，回填面至隧道断面拱顶标高。

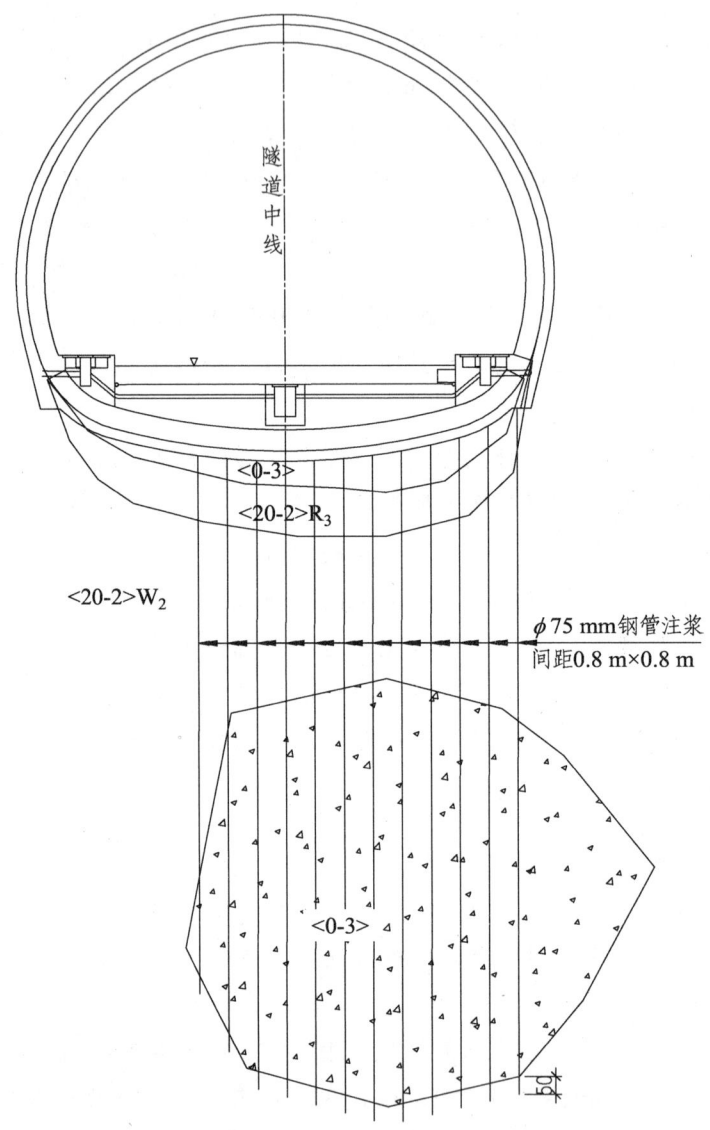

图 4.3-20　D1K864+393 断面隐伏岩溶注浆处理（单位：cm）

对于 D1K864+520~D1K864+560 段岩墙厚度较小部位，在右侧仰拱与边墙转角处及仰拱底部岩壁较薄部位打设壁厚 3.5 mm 的 $\phi 42$ mm 注浆锚管。注浆锚管纵、环向间距为 1.0 m，长 5 m，注入水灰比 1∶1 的单水泥浆，注浆压力为 0.8~1.0 MPa，如图 4.3-21 所示。另外，环向排水盲管间距加密为 3 m。

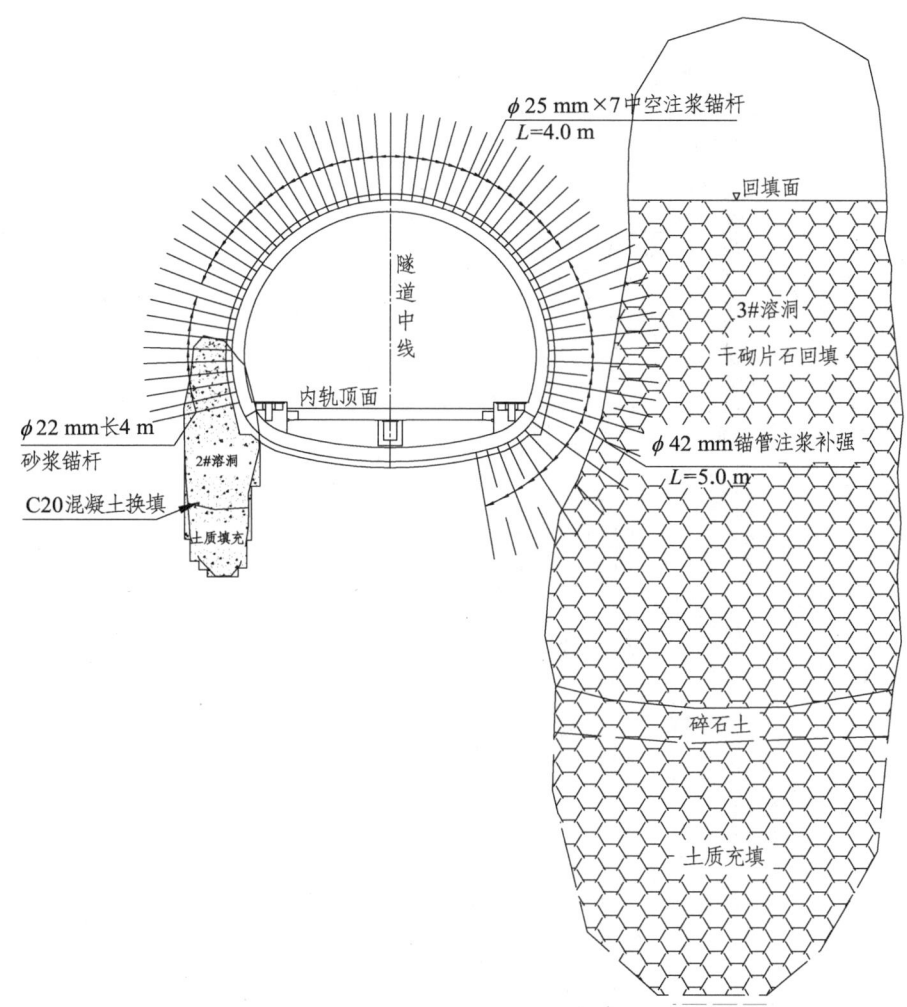

图 4.3-21　断面 D1K864+535 处 2#和 3#溶腔处理示意

（2）填充溶洞处理。

对于 D1K864+446～D1K864+563 段填充型岩溶，隧道已开挖至断面仰拱填充标高，对隧底下方充填物采用 ϕ89 mm 钢花管注浆加固。钢花管纵横向间距均为 0.6 m，梅花形布置。两侧边墙外侧部位均设置 3 排外倾角分别为 5°、10°和 15°的斜向钢花管桩，如图 4.3-22 所示。隧底岩溶填充物最大加固深度为仰拱填充面以下 25 m。钻孔直径为 108 mm，用 ϕ89 mm 的无缝管制作钢花管，钻孔达到设计深度后，注入水灰比 1∶1 的水泥浆，注浆压力控制在 1.0 MPa 左右，浆液配合比及注浆压力根据现场施工实际情况进行调整。

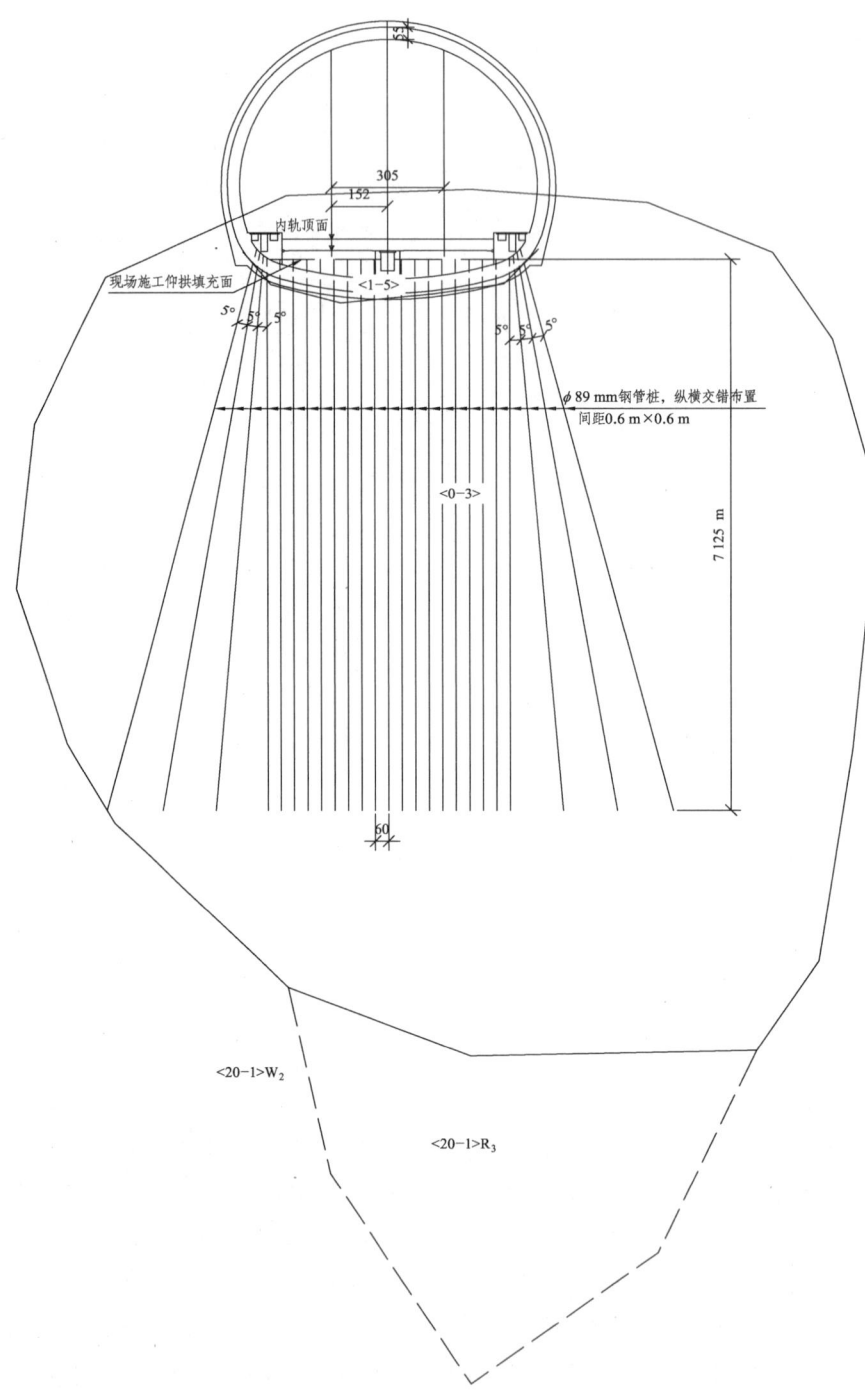

图 4.3-22　断面 D1K864+495 处充填型溶洞处理（单位：cm）

4.3.3 过水通道型岩溶处理

1. 施工过程中溶洞揭示情况

斗磨隧道出口工区上台阶施工至 D1K842+893 里程时,在线路右侧发育一较大溶洞,与右侧隧道壁距离为 2~5 m。D1K842+893 断面左侧地面下方 2~30 m 范围内,节理夹层较发育,右侧地面 6 m 以下存在含水溶腔或富水带。现场采用红外摄像头从钻眼处伸入探测溶洞情况:D1K842+893 右侧发育一暗河,暗河水位标高比上台阶拱脚低 6.0 m,摄像资料能清晰地看见暗河水面的水流情况。后遇中到大雨,在雨后 4 h,D1K842+893 右侧拱脚外的暗河水流声音响亮,水位上涨较快,并由右侧拱脚处的地质探孔中冒出,探孔内水面比没下雨时水面高 6.5 m。

经在现场对暗河进一步探测,发现该溶洞位于线路右边墙底,为一地下暗河,水面标高 1 166.5 m,较隧道基底低 1.0 m 左右,水域面积约 90 m²,宽约 6 m,长约 15 m,水深约 25 m。初步判断水流从线路小里程往大里程方向通过两条支流排出,一条支流沿隧道横断面方向与隧道呈夹角 40°左右外排,另一条直流沿隧道线路方向与线路呈夹角 30°左右外排,同时在线路小里程方向有一直径 6~8 m 斜向上发展的干溶洞,其往上逐渐变小。大气降雨之后溶洞现场图片如图 4.3-23 所示。

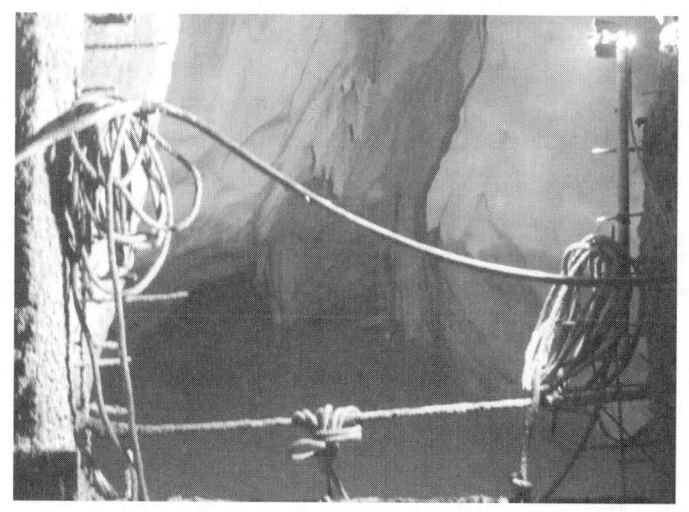

图 4.3-23 出口工区富水溶腔水位

随后采用物探和地质钻孔方法进一步在洞内进行地质补勘,具体揭示的地质情况见表4.3-1。溶洞在隧道仰拱底部的平面分布如图4.3-24所示。

表4.3-1 揭示地质情况汇总

里程	揭示地质情况
D1K842+893	右侧发育一较大溶腔,与右侧壁距离为2~5 m,线路左侧D1K842+890~+877范围内存在溶腔
	采用小型红外摄像头揭示:D1K842+893右侧发育一暗河,暗河水位标高约比上台阶拱脚低6.0 m
	本区突发中到大雨,暗河内水流上涨,并逐渐从D1K842+893右侧拱脚探测孔处流出,探测孔内水面比没下雨时高出6.5 m
	暗河溶洞位于线路右边墙底,其水面标高为1 166.5 m,较隧道基底低1 m左右,水域面积大约90 m²,宽约6 m,长约15 m,水深约25 m
	揭示D1K842+880~+894段线路右侧为一较大的富水溶腔,D1K842+878~+891段右侧边墙外侧溶腔壁发育情况不明

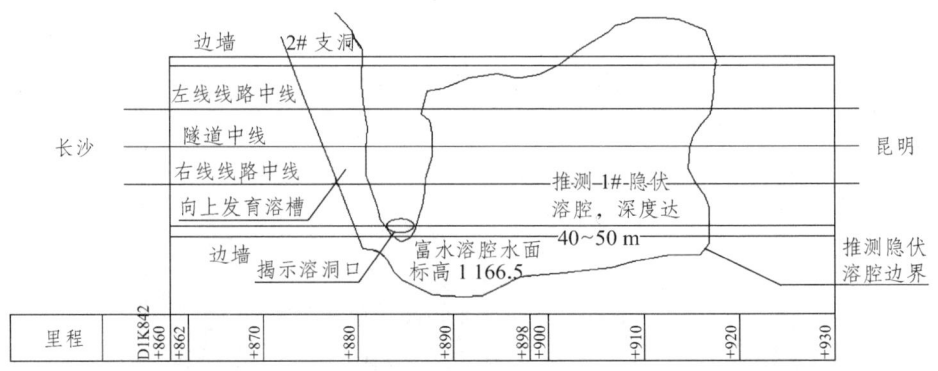

图4.3-24 斗磨D1K842+880~+920段基底溶腔平面图(标高单位:m)

D1K842+880段线路右侧为一较大的充水型溶腔,水深20~25 m,水面标高1 166.5 m,水域面积约90 m²,宽约6~8 m,长8~12 m,溶腔壁较稳定。

该暗河处地表岩溶形态较为发育,局部见岩溶洼地,未见大的岩溶泉点及暗河出口。隧道出口富水溶腔地下水主要为岩溶裂隙水,水量受降雨控制,勘探揭示水位标高与D1K842+891~+894段右侧富水溶腔水位标高一致,其中7#孔水位高出0.3 m,下小雨见有水溢出,略带承压性;旱季流量为20 m³/h。经采用大气降水入渗法按单日最大降雨量预估暗河出水量为$Q=23\ 200\ m^3/d$。为避免发生突涌水问题,采用泄水洞疏排地下水。

2. 溶腔处理方案

由于该段溶洞为过水型，在大气降雨后，地表大面积的汇水进入溶洞，需要从该溶洞通过，该溶洞成为输水通道，且水量较大。为保证隧道建成后的运营安全，宜采用疏排的方式排泄岩溶地下水，即需要开凿专门的泄水洞排泄岩溶水。

3. 泄水洞布置

泄水洞中线距左线线路距离为 30 m，泄水洞起点里程为 XDK842+920，对应正洞里程 D1K842+920，泄水洞长 328 m，泄水洞向洞外排水坡度为 0.3%，其净空断面尺寸为 3 m（宽）×3.5 m（高），满足 C6 钻机入洞要求。隧道邻近坡贡大桥，施工图中水文资料显示出口水沟百年洪水位高程为 1 143.68 m，泄水洞出口处坑底高程定为 1 145.18 m，并由泄水洞向洞外排水坡度为 0.3%，考虑施工等不确定因素，与溶腔交界处的引水横通道坑底高程为 1 146.22 m。

泄水洞采用全断面开挖，除洞口 XDK843+223～+248 段采用模筑衬砌外，其余地段均采用锚喷衬砌。当泄水洞掌子面距离暗河 15 m、5 m 时还应设超前泄水孔排水，掌子面距离暗河距离为 15 m 时，于掌子面设 3 排共 6 个直径为 127 mm 的钻孔进行超前排水（探水）。钻孔应由上而下施作，当超前泄水孔内基本无水排出时，再开始掘进施工；当掌子面距离暗河 5 m 时再于坑底以上 50 cm 距离钻设超前排水孔，确认无水后才开始掘进施工，放炮采用小炮或松动爆破，确保施工安全，如图 4.3-25 所示。

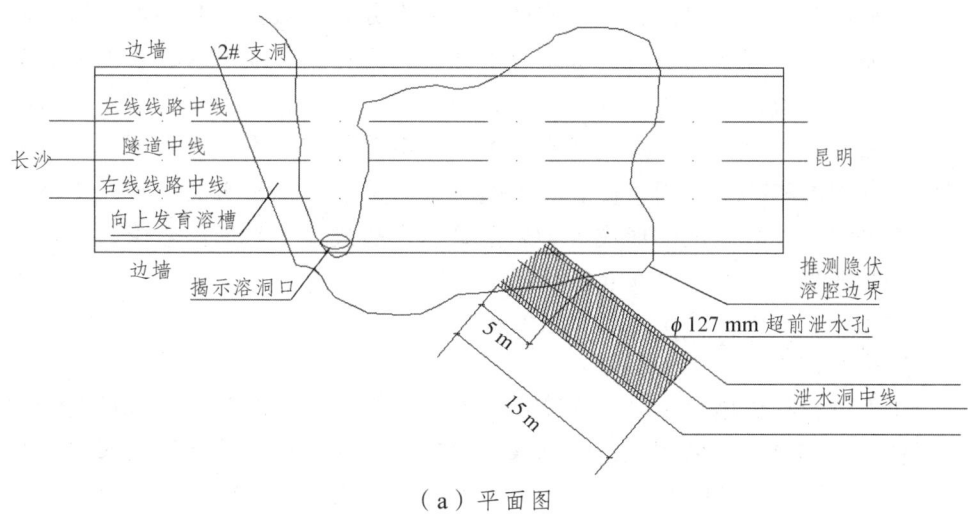

（a）平面图

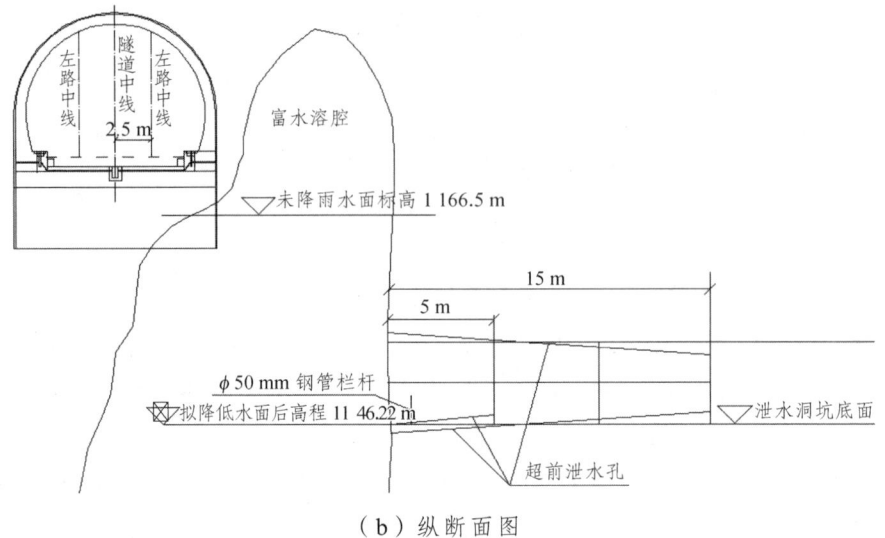

（b）纵断面图

图 4.3-25　超前泄水孔布置示意

4.3.4　地下暗河及部分充填型溶腔处理

1. 工程概况

丫口寨隧道位于安顺市关岭镇，隧道全长 4 475 m，最大埋深约 355 m，线路走向近北东—南西向。隧址区可溶岩分布广泛，岩溶形态多样，地表溶蚀洼地、落水洞普遍分布，岩溶水赋存于隧道穿越段的碳酸盐岩类含水岩组中。含水岩组岩溶化程度较高，测区岩溶大部分为覆盖型。溶蚀现象以地表岩溶溶蚀洼地、落水洞、溶洞等垂直溶蚀现象为特征。地下水具有庞大复杂的运移赋存空间，地下水十分丰富，径流复杂，常以岩溶大泉、暗河出露地表。测区通过可溶岩，使大气降水及地表水沿着可溶岩裂隙进入地下，对可溶岩进行溶蚀和冲刷作用，使裂隙不断扩大，加速了地下水的循环，使地表形成落水洞、岩溶洼地，形成各种岩溶管道，造成地下水埋深较深。在隧道施工中 D2K848 + 860 ~ + 970 段揭露暗河。

2. 暗河揭露情况

在丫口寨隧道出口工区，揭露暗河之前已经发现多处溶洞，形成溶洞群。揭露暗河的过程及采取的一些验证技术措施已经在 2.4 节中详细说明。在开挖到里程 DK848 + 948 断面时，在隧道断面左侧拱脚处揭露一溶洞口。测量人员进洞查看后发现有一段暗河发育，两侧洞壁有危岩岩块，暗河河床底部有岩壁掉落的大小不等的岩块。当时暗河中水流量较小，但从暗河两侧岩壁上黏挂有机质和黄色泥土的迹象来看，暗河中的水可以达到接近暗河洞顶，高约 2 m。暗河中的水是由地表在大气降雨时流入地下暗河的，且暗河走向离开隧道左侧发育有一消水洞。由于暗河的发育情况、雨季时暗河具体水流量大小及暗河向小里程方向延伸情况在短时间内不易查勘清楚，为了保证隧道施工顺利进行及隧道施工工期，遂在隧道中线右侧 40 m 处设置一迂回导坑，全长 149 m，采用无轨双车道运输，断面净空为 7.5 m（宽）× 6.2 m（高），绕到暗河前方（向小里程方向）隧道正洞继续向小里程方向施工。雨季时，通过大气降雨入渗式或注入式补给，暗河地下水量显著增大。暗河出口在隧道左侧，与路堑地表相接。但是，暗河离开隧道左侧的消水洞的河床坡度较缓，消水洞口有明显的滞留物，说明此消水洞水流不畅。另外暗河向隧道右侧方向发育有较大溶洞，暗河及岩溶的隧底平面图如图 4.3-26 所示。

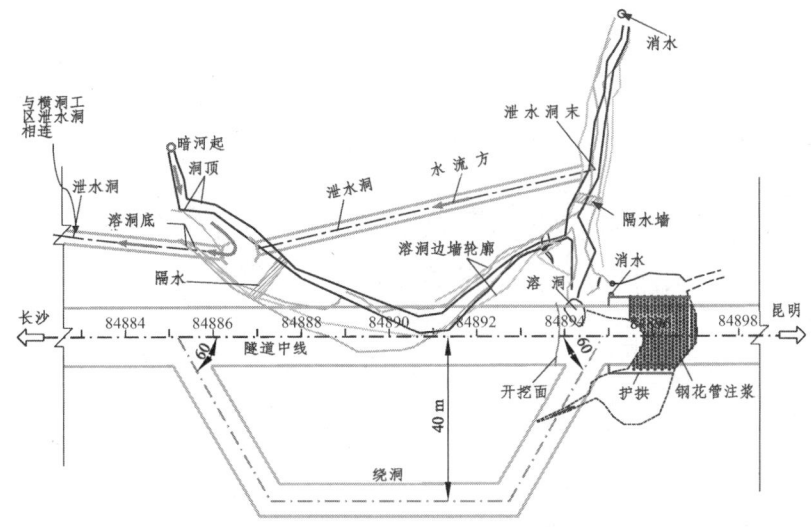

图 4.3-26　暗河形状平面图及溶腔处理

3. 岩溶处理

由于暗河河床坡度平缓，当雨季施工时，暗河内涌水量明显增大，暗河排水经消水洞排泄缓慢，有时甚至会出现倒灌进入隧道的情况，严重威胁着隧道施工的安全性。为解决隧道内排水不畅可能影响施工安全的问题，结合地形、地质条件，先清理隧道左侧消水洞口堆积物，以利于暗河水尽快由消水洞排出。由于隧道施工时正处于夏季集中降雨期，考虑到隧道出口工区施工期间的安全,先在隧道左侧修建一泄水洞将河道截弯取直,以保证暗河内水流的顺利排出。通过修建泄水洞,保证溶腔内积水及时排除,形成空腔,然后再对溶洞进行处理,保证施工安全顺利进行。为保证隧道运营安全,结合横洞工区开凿专门泄水洞,以处理隧道岩溶水。当隧道正洞贯通后,将暗河段的泄水洞向进口方向延伸,与横洞工区泄水洞贯通,并在与隧道交叉方向的河道处修建两堵挡水墙,保证岩溶水远离隧道。

泄水洞全长 154 m,纵坡坡度为 5‰,净宽为 3 m,断面为直边墙圆顶,拱部处为半径为 1.5 m 的半圆,净高 4.5 m。

另外,暗河侵入或距隧道断面较近的段落处理典型方案采用 2 m 厚的混凝土 C20 护拱,如图 4.3-27 所示,岩溶下部有碎石充填的范围采用 $\phi 75$ mm 钢花管注浆加固,如图 4.3-28 所示,钢花管注浆参数同前。

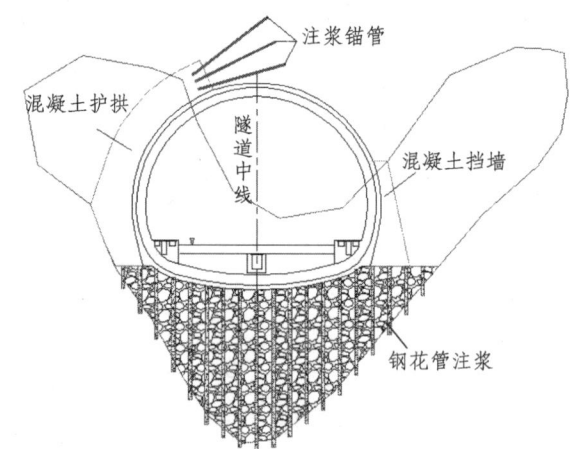

图 4.3-27　断面 D1K848+960 溶腔处理

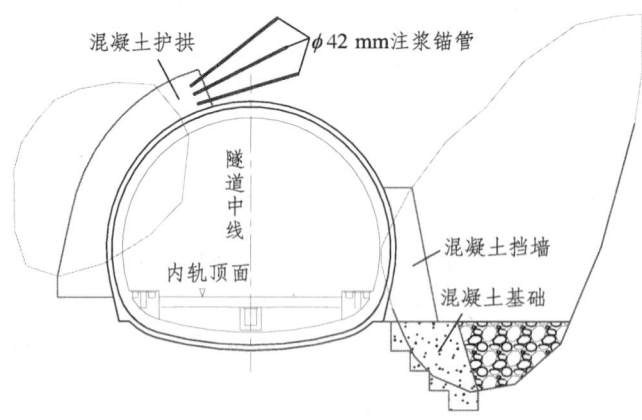

图 4.3-28　断面 D1K848+955 溶腔处理

第 5 章 岩溶高水压地层隧道注浆堵水技术

贵州省地处云贵高原向广西峰林平原和四川盆地过渡的斜坡地带，境内河谷深切、地形起伏大，碳酸盐岩广布，岩溶发育，地下水丰富。在贵州省境内修建高速铁路的过程中长隧道长度大，数量多，风险高。隧道工程与其他工程项目相比，具有环境复杂、地质条件多变、隐蔽性、复杂性及不确定性等特点，施工技术难度大，且投资风险较大，一旦发生事故就会造成不可挽回的损失。隧道施工时在岩体中进行开挖支护，必然对隧道区地下水产生一定的影响，在一些特殊条件下就必须严格控制这些不利影响。因而，必须对隧道施工过程中的地下水进行注浆堵水，不能任意排放，以防对当地环境造成过大不利影响。

5.1 适于动水条件下的浆液配方确定

5.1.1 动水条件概述

目前，国内山岭隧道修建过程中遇到岩溶水或大流量裂隙水，处理措施多是"以排为主，排堵结合"，遇水多以暗沟、管道、涵洞、泄水洞、明渠、渗沟、拱桥或甚至开凿专门的泄水洞等截流排水措施对地下水进行宣泄。对水量较小的岩体裂隙水的治理大多数采取加强衬砌及衬砌背后压浆、增设止水带等措施。近年来，随着可持续发展观念和人们对环境保护意识的加强，特别是在生态脆弱、水资源异常宝贵地区修建隧道的经验教训，工程技术人员的隧道治水理念也逐渐转化到"以堵为主，防堵结合，限量排放"上来。大量隧道施工中遇到的渗涌水需要采用注浆方法截断地下水渗流通道，隧道注浆技术得以快速推广和应用。

贵州地区岩溶发育，一部分水资源以岩溶水的形式赋存于地下，这些水资源对当地生态环境和居民生活具有重要意义，因而在贵州修建岩溶隧道须采取"以堵为主，防堵结合，限量排放"防排水原则，将高速铁路隧道建设对当地水环境的不利影响控制在最低限度。

对于预测可能有较大涌水量或具有居高水压力的隧道地段，为了防止地下水大量涌入隧道，多采用帷幕注浆方式在隧道轮廓外侧形成注浆固结帷幕，增加围岩密实度，大幅度降低渗透系数，起到堵水作用。注浆技术作为各类岩土体加固中的关键技术之一，在实际工程中得到了广泛应用。随着科技的进步，实际工程对注浆技术的要求也更加精细和苛刻。依托沪昆高速贵州段富水岩溶区的高速铁路隧道建设，我们研制出了一种稳定性好、各项性能满足工程要求的动水条件下的水泥基浆液配方。

5.1.2 室内试验

1. 试验思路

如何快速处理动水条件下的注浆加固问题是目前亟待解决的关键科学问题。尤其在富水岩体隧道注浆工程中，要根据涌水量大小、围岩破碎程度等工况适时调节注浆浆液配比，改变浆液性能，以满足在隧道涌水条件下可以速凝且胶凝时间可控、可注性好、不易被水冲散的工程要求[30]。

利用正交试验方法来指导试验设计可以实现用较少的试验因素达到科学覆盖的目标。

速凝浆液的优选采取正交试验法，根据正交性从全面试验中挑选出部分有代表性的点进行试验，这些点具备了"均匀分散，齐整可比"的特点。根据选材范围，设计3因素3水平的正交试验。从浆液各组分反应机理上分析，各外加剂相互不发生反应，可不考虑各试验因素的交互影响，按 $L_9(3^3)$ 正交表安排试验，只需做9次，大大减少了工作量；缓凝浆液考虑缓凝剂单因素对水泥浆液胶凝性质的影响。

2. 试验材料及仪器

试验材料主要包括普通硅酸盐水泥、水玻璃（波美度39°Bé，模数3.3）、促凝剂A（聚丙烯酰胺）、促凝剂B（铝酸钙粉）、缓凝剂（磷酸二氢钠）、萘系高效减水剂。

试验仪器包括维卡仪、旋转黏度仪、300 mL 烧杯、1 500 mL 量杯、100 mL 量筒、电子秤（精度 1 g）、三轴液压仪、模具（7.07 cm × 7.07 cm）及盛水容器。

5.1.3 试验内容

1. 水玻璃掺量范围的确定

分别选取水玻璃掺量为 10%、15%、20%、25%、30%的水泥-水玻璃复合浆液，测定其胶凝时间，如图 5.1-1 所示。在此基础上测定不同水玻璃掺量下复合浆液凝结后结石体强度（选取掺量为 10%、15%、20%、25%、30%水玻璃），并测得结石体强度特征如图 5.1-2 所示。

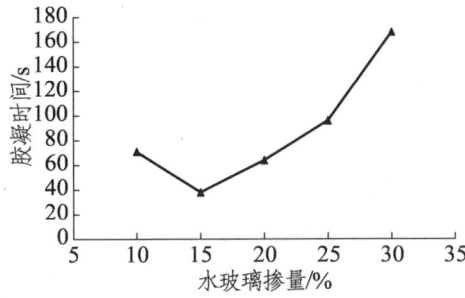

图 5.1-1 浆液胶凝时间随水玻璃掺量变化曲线　　图 5.1-2 浆液结石体抗压强度随水玻璃掺量变化曲线

由图 5.1-1 可知，水玻璃掺量从 5%到 10%变化时，胶凝时间急剧缩短 10%以后，随水玻璃掺量增多，胶凝时间进一步增长，但变化相对平缓。单从胶凝时间最短来看，15%左右的水玻璃掺量是一个比较合理的选择。

由图 5.1-2 可知，在掺量 20%时结石体抗压强度最大，所以正交试验水玻璃掺量这一因素的 3 个水平应以 20%为中心，确定为 15%、20%、25%。

实际工程中衬砌会分担相当一部分围岩压力，所以浆液速凝的工程意义更显著。与结石体强度相比，胶凝时间为更主要因素。故正交试验中水玻璃掺量这一因素的 3 个水平应以 20%为中心，确定为 15%、20%、25%。

综合浆液胶凝时间和浆液结石体强度与水玻璃掺量的关系，考虑在实际工程中，初期支护会分担相当一部分水压力，因此对于本工程，相比结石强度,浆液速凝的工程意义更显著。所以上述试验中胶凝时间较结石体强度为更主要因素。正交试验水玻璃掺量的3个水平宜为10%、15%、20%。

2. 促凝剂和减水剂掺量范围

可不考虑影响因素之间的交互影响。采取隧道注浆惯用水灰比1∶1、水玻璃掺量15%,对促凝剂A(铝酸钙)和促凝剂B(聚丙烯酰胺)分别做掺量1%、2%及3%情况下胶凝时间测试试验,测试其促凝效果,结果见表5.1-1和表5.1-2。

表 5.1-1 促凝剂 A 促凝效果

水灰比	水玻璃掺量/%	促凝剂 A 掺量/%	胶凝时间/s
1∶1	15	1	30.68
1∶1	15	2	27.10
1∶1	15	3	27.13

表 5.1-2 促凝剂 B 促凝效果

水灰比	水玻璃掺量/%	促凝剂 B 掺量/%	胶凝时间/s
1∶1	15	1	15.83
1∶1	15	2	10 以下
1∶1	15	3	10 以下

由表 5.1-1 和表 5.1-2 可见,促凝剂 A(铝酸钙)的促凝效果相比促凝剂 B(聚丙烯酰胺),差距明显,故正交试验排除促凝剂 A(铝酸钙)这一因素。

由于工程采用双液浆注浆泵工艺,水泥和添加剂一路,水玻璃一路。故需保证每一路浆液的可注性。在水灰比 1∶1 的水泥净浆基础上添加促凝剂 B(聚丙烯酰胺,掺量分别为 1%、1.5%、2%),观察混合浆液流动性,结果见表 5.1-3。

表 5.1-3 促凝剂 B 对浆液流动性的影响

水灰比	促凝剂 B 掺量/%	流动性/(mPa·s)
1∶1	1	1 200
1∶1	1.5	1 680
1∶1	2	瞬凝或不流动

由表 5.1-3 可知：促凝剂 B（聚丙烯酰胺）促凝效果显著，但随着掺量的增加，混合浆液黏度过大（大于 1 500 mPa·s），不满足稳定可注的要求，因此在充分保证促凝剂促凝效果的同时需要降低混合浆液初配黏度，掺加减水剂。从经济性方面考虑减水剂控制在 3% 以内。

由以上试验确定正交试验各因素及其水平，见表 5.1-4。

表 5.1-4 各试验因素及其水平

水平	试验因素		
	水玻璃掺量（因素 A）/%	促凝剂 B 掺量（因素 B）/%	减水剂掺量（因素 C）/%
1	10	1.00	1
2	15	1.25	2
3	20	1.50	3

5.1.4 正交试验优选分析

1. 正交配比试验

正交试验数据统计如下，各试验因素对浆液性质影响结果的极差见表 5.1-5 和表 5.1-6。

表 5.1-5 正交试验 1

试验号	试验因素			胶凝时间/s
	A	B	C	
1	1（10%）	1（1%）	1（1%）	21.28
2	1	2（1.25%）	2（2%）	25.61
3	1	3（1.5%）	3（3%）	28.72
4	2（15%）	1	2	20.48
5	2	2	3	24.30
6	2	3	1	20.93
7	3（20%）	1	3	24.74
8	3	2	1	26.67
9	3	3	2	24.14

续表

试验号	试验因素			胶凝时间/s
	A	B	C	
K_1	75.603	66.493	68.850	—
K_2	65.521	76.404	70.236	—
K_3	75.556	73.783	77.584	—
k_1	25.201	22.164	22.950	—
k_2	21.840	25.468	23.412	—
k_3	25.185	24.594	25.861	—
极差 R	3.361	3.304	2.911	—
主次		A>B>C		—
优水平	A_2	B_1	C_1	—

表 5.1-6 正交试验 2

试验号	试验因素			抗压强度/MPa		
	A	B	C	3d	7d	14d
1	1（10%）	1（1%）	1（1%）	1.39	2.00	3.25
2	1	2（1.25%）	2（2%）	1.67	2.03	3.18
3	1	3（1.5%）	3（3%）	1.62	1.82	2.53
4	2（15%）	1	2	1.89	2.11	3.25
5	2	2	3	1.65	3.16	3.99
6	2	3	1	1.69	2.79	3.00
7	3（20%）	1	3	2.39	2.68	3.60
8	3	2	1	2.71	3.64	3.76
9	3	3	2	2.15	3.47	4.15
龄期/d	3	7	14	3	7	14	3	7	14	—
K_1	4.68	5.85	8.96	5.67	6.79	10.10	4.40	8.43	10.01	—
K_2	5.23	8.06	10.24	6.03	8.83	10.93	5.71	7.61	10.58	—
K_3	7.25	9.79	11.51	5.46	8.08	9.68	5.66	7.66	10.12	—
k_1	1.56	1.95	2.98	1.89	2.26	3.37	1.47	2.81	3.34	—
k_2	1.74	2.69	3.41	2.01	2.94	3.64	1.90	2.54	3.53	—
k_3	2.42	3.26	3.84	1.82	2.69	3.23	1.89	2.55	3.37	—
极差 R	0.86	1.31	0.86	0.19	0.68	0.41	0.43	0.26	0.19	—
主次				A>B>C						—
优水平	A_3			B_2			C_2			—

由以上两表中试验数据可知：

（1）因素 A（水玻璃掺量）对胶凝时间和抗压强度的影响都排在所有试验因素第 1 位，因素水平可取 A_2 或 A_3，但取 A_2 时凝结时间比取 A_3 时缩短 13.4%，抗压强度增大 11.2%，考虑到凝结时间相比抗压强度为更主要因素，故取 A_2。同理可知 B 取 B_1，C 取 C_2。

（2）因素 C（减水剂）不同因素水平对结石体强度影响的极差分别为 0.43、0.26、0.19，可见在不同减水剂掺量下结石体强度变化幅度十分有限，其促凝、增加流动性的作用相对更加显著。

最终确定的优组合为 $A_2B_1C_2$，即 15%水玻璃、1%促凝剂 B、2%减水剂。同时优组合 $A_2B_1C_2$（15%水玻璃、1%促凝剂 B、2%减水剂）的混合溶液经电子黏度计测定，初配黏度 800 mPa·s（<1 200 mPa·s），满足可注性要求。

2. 试验数据分析

（1）由正交试验的试验因素极差分析，对于因素 A，其对胶凝时间和抗压强度的影响都排在第一位。因素水平可取 A_2 或 A_3，但取 A_2 时，凝结时间比取 A_3 缩短了 13.4%，抗压强度增加了 11.2%，考虑到凝结时间相比抗压强度为更主要工程因素，故取 A_2；同上分析，因素 B 取 B_1，因素 C 取 C_2。最终确定的优组合为 $A_2B_1C_2$，即 15%水玻璃、1%促凝剂 B、2%减水剂的组合。

（2）由图 5.1-3 及图 5.1-4 可以看出促凝剂和减水剂在选定范围内对结石体强度的影响规律具有一致性，不过在不同掺量下结石体强度变化幅度十分有限，与其各自促凝效果相比，增加流动性作用可以忽略。

（3）图 5.1-5 表明随减水剂掺量增大，胶凝时间缓慢增大，在掺量范围内，其影响可忽略不计。

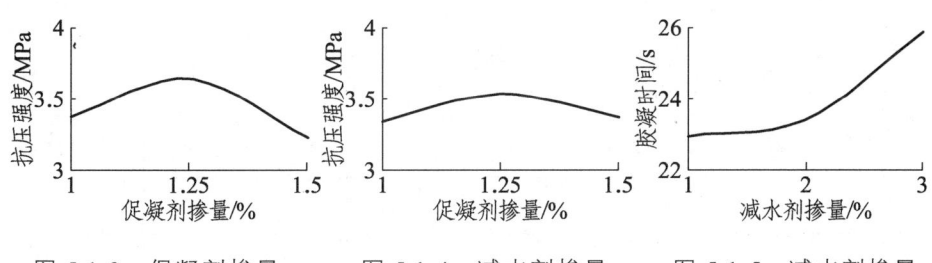

图 5.1-3　促凝剂掺量对强度的影响　　图 5.1-4　减水剂掺量对强度的影响　　图 5.1-5　减水剂掺量对胶凝时间的影响

（4）从初配浆液流动性考虑：确定的优组合，即15%水玻璃、1%促凝剂B、2%减水剂的混合溶液经电子黏度计测定初配黏度为800 mPa·s（1 200～1 500 mPa·s以下），可注性较好。

5.1.5　缓凝剂对浆液性质的影响

本试验主要观察缓凝剂对浆液性质的影响，如图5.1-6所示。

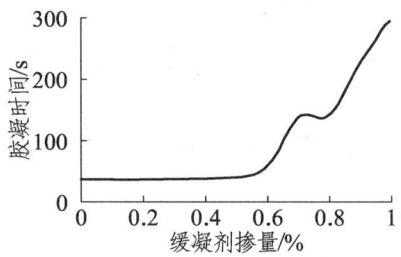

图5.1-6　缓凝剂掺量对浆液胶凝时间的影响

由图5.1-6可以看出，随缓凝剂掺量的增加，胶凝时间呈现递增趋势：在缓凝剂掺量为0.6%以下时，胶凝时间增长不显著；在0.6%以上时，随缓凝剂掺量增加，胶凝时间显著增长。且经试验和缓凝剂反应机理证明缓凝剂对结石体强度影响较小，对凝结时间影响显著。

5.1.6　试验结论

基于正交试验得出的最优水泥-水玻璃浆液组合（15%水玻璃、1%促凝剂B、2%减水剂）和缓凝剂效果试验，在此基础上结合工程实际需要提出3种配比方案，见表5.1-7。

表5.1-7　稳定性浆液配比

胶凝时间/s	水灰比	水玻璃掺量/%	促凝剂B掺量/%	减水剂掺量/%	缓凝剂掺量/%	主要控制因素
30～60	1∶1	15～20	1	2	0	水玻璃掺量
60～120	1∶1	15	0	0	0.6～0.7	缓凝剂掺量
120以上	1∶1	15	0	0	0.7～1	缓凝剂掺量

通过对室内试验数据整理分析，以胶凝时间和结石体强度作为基本性质指标对混合浆液进行控制，得出以下结论：

对于混合水泥浆液，无论是胶凝时间还是结石体强度，水玻璃掺量都是最主要的影响因素，但减水剂、缓凝剂、促凝剂对降低混合浆液胶凝时间有着显著效果，且胶凝时间对掺量的变化十分敏感。

综合考虑可注性好、不易被水冲散 2 项指标，提出了 3 种浆液配比方案，可根据工程实际情况如涌水量大小、是否为岩溶地质等灵活选择。

水泥-水玻璃浆液（又称 CS 浆液）是目前各种注浆加固工程中常见的一种复合浆液。该浆液优点显著，如析水率低、凝胶时间（一定范围内）可控、浆液凝结后的结石率高、结石体抗压强度较高、材料来源丰富、价格便宜等等；但缺点同样明显，如浆液黏度一般不易控制，在涌水量较大情况下易被水冲散等。针对该复合浆液以上性能，进行了室内试验研究，通过观察添加不同类型、不同掺量的促凝剂、减水剂、缓凝剂条件下浆液胶凝时间、黏度、结石体强度等性能的变化，并通过科学的试验方法（正交试验）进行筛选分析，确定在固定凝结时间范围内，各方面性能良好的稳定性浆液，以灵活适应注浆堵水工程需求。

5.2 动水条件下平面裂隙注浆模拟试验

掌握动水条件下平面裂隙浆液扩散规律，是其他各种注浆堵水工艺能够成功实施的重要理论保证，因而有必要研究平面裂隙注浆浆液扩散规律模拟试验。

5.2.1 注浆试验材料

在工程施工中，选择性能良好、经济实惠的灌注材料是实现注浆封堵及加固的关键。较为理想的注浆材料通常具有材料绿色环保、浆液黏度合适、浆液材料来源广泛、流动性好、价格低廉、浆液凝胶时间可控及结石体强度高等特点。

本试验浆液采用水泥基 CS 浆液，并掺加其他调节浆液胶凝时间的外加剂。水泥为 P·S·A32.5 硅酸盐水泥，水泥浆水灰比 W/C = 1∶1；水玻璃模数为 3.3，掺量为 15%；缓凝剂用磷酸二氢钠，掺量为 0.8%。

研究浆液在水中扩散规律的一个重要物理量就是浆液的黏度μ，其单位为 Pa·s。然而在水泥浆与水玻璃混合后，浆液的黏度是随时间不断增大[31,32]，用普通的旋转黏度计无法测定浆液的黏度。利用点源浆液外流过程中，由不同时刻流动的距离，可以推断出浆液的黏度，其时变黏度表达式为$\mu = 0.136e^{0.035t}$。

5.2.2 裂隙注浆试验系统

根据几何相似和动力相似原理[33]，我们研制了一套模拟平面裂隙注浆的试验装置。试验选用动水流速、动水压力、裂隙开度[34]、浆液配比4个可控因素作为试验的研究对象，研究平面裂隙浆液运移扩散形态及规律，通过对注浆过程中的浆液扩散距离、测点压力值、裂隙流量变化值等参数进行监测记录，得出浆液在单一因素变量下的扩散规律，分析影响浆液扩散的主要因素。

可视化平面裂隙注浆试验模型系统主要分为4部分，分别为模拟裂隙试验台、裂隙供排水系统、试验注浆系统和试验数据信息监测采集系统[35,36]。模拟裂隙系统主要由钢化玻璃和PVC板构成，便于对浆液扩散形态进行观察；供水系统则由水桶构成，排水系统由若干水桶组成，待水泥浆液凝固后再进行后续处理，防止直接排放堵塞下水道；由于试验所需注浆压力较小，选用手动注浆泵进行浆液的灌注；监测采集系统则由摄像头和电脑组成。模拟裂隙注浆试验装置如图5.2-1所示。

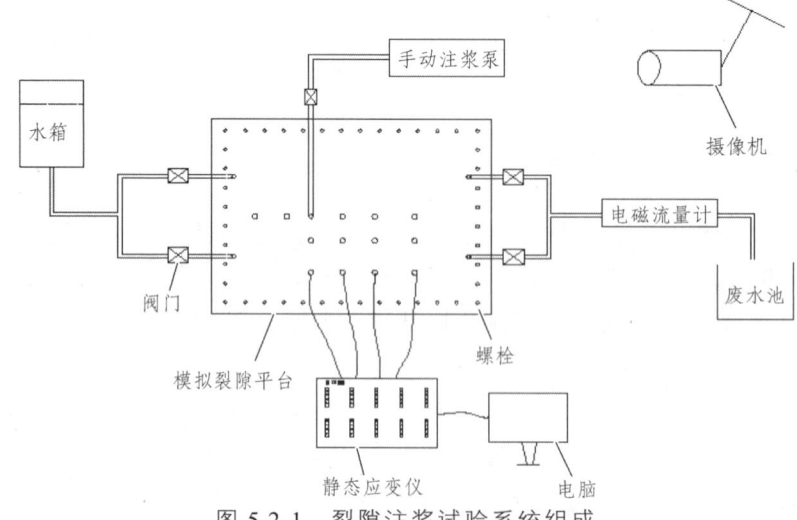

图 5.2-1 裂隙注浆试验系统组成

1. 模拟裂隙试验台

模拟裂隙试验台是模型试验装置的主要构成部分,包括钢化玻璃上层面、PVC 下层面和硅胶垫片三部分。为进行平面裂隙不同工况参数下的注浆试验模拟,裂隙试验台需具备良好的密封性,有较好的承压能力,以及可拆卸清理。为便于对注浆扩散形态进行观察,模拟裂隙试验台的上层面材质为厚 19 mm 的钢化玻璃;为保证模拟裂隙试验台上下层面的密封连接,在钢化玻璃及 PVC 板的四周均匀打孔,用螺栓通过密封垫将上下层面连接。用螺栓连接装置时,需在钢化玻璃与螺母之间垫一层胶垫,以保证材料不被损坏。模型装置的整体图如图 5.2-2 所示。

图 5.2-2 注浆模型试验台整体

模拟裂隙试验台的下板面材料为厚 40 mm 的硬质 PVC 板。在 PVC 板设计位置挖 13 个孔洞,放置孔隙水压计。在模拟裂隙试验台的左右两侧分别设置两个进水孔和两个排水孔,并保证两个进排水孔对称分布,进排水孔的孔径为 22 mm。在中心线上距离左侧边缘 625 mm 处设置注浆孔,孔径为 22 mm。由于浆液从注浆孔注入,导致注浆孔附近区域压力变化较大,因此选择在注浆孔周围布置传感器。孔隙水压计布置在中心线上 5 个,中心线下侧布置两行、每行 4 个,共计 13 个,从左到右,从上到下依次为测点 1~13,具体布置情况如图 5.2-3 所示。孔隙水压计安装密封图如图 5.2-4 所示。

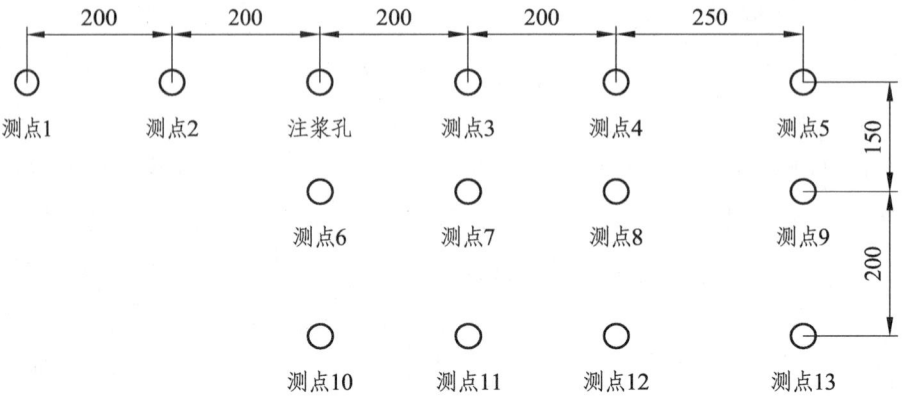

图 5.2-3 孔隙水压计布设（单位：mm）

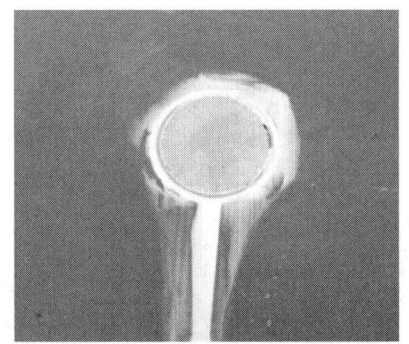

图 5.2-4 安装的孔隙水压计

为能够更好地观察浆液的扩散情况，在钢化玻璃上画出 10 cm × 10 cm 的网格，并将灰色 PVC 板上涂一层白漆，便于观察。

2. 供排水系统

为模拟裂隙中的流动水流，将供水水箱吊至所需高度，在水桶下侧距离桶底 4 cm 处为出水口，供水水箱出水口与平面裂隙进水口之间的连接采用高压水管，且裂隙两进水口处安装有阀门，便于调节试验动水流速。动水压力通过在实验室内用吊车将水桶抬高，利用高度水位差原理获得。为保证裂隙内水压恒定，选择将水管与水桶连接，在试验过程中，保持水桶内水为满溢状态，水桶下侧放水盆收集溢水。试验排水系统则为模拟裂隙试验台的两个出水口通过管材、阀门以及 DN15 水管排至接水桶。

3. 试验注浆系统

试验注浆系统采用河南省焦作市生产的 SDZJB-3 型轻便手动注浆泵,排浆流量为 6~10 L/min,最高工作压力为 2 MPa。

在注浆试验结束后,为防止浆液在注浆泵内留存,需将注浆泵拆卸用清水对残余浆液进行清洗,保证下次试验能正常使用。由于试验所需注浆量不大,选择直接在大容量水桶内对水泥进行搅拌,使用一个手动注浆泵进行注浆试验。

4. 数据监测采集系统

试验数据监测系统采用孔隙水压计对各测点的电阻式渗流压力进行测量。孔隙水压计量程为 100 kPa,电阻为 350 Ω。孔隙水压计与静态应变仪及电脑连接,可实现定时计数、手动计数等多种模式。

为保证试验数据的可靠性,在水压计使用前,对孔隙水压计的系数进行多次标定。试验过程中使用相机录像对浆液运移扩散进行实时监测,限于相机放设高度,选择对浆液扩散情况进行侧面监控,试验结束后通过录像截取不同时间的浆液扩散迹线图,并记录浆液不同时间在各方向的扩散距离。试验设备及数据显示如图 5.2-5 所示。

图 5.2-5 试验数据监测系统

为了便于测量裂隙平台内的水速和进、排水量,试验选择在裂隙出口处通过连接三通汇总水流,与流量计连接。为防止水泥浆损坏流量计,本试验选择 DN15 智能直显型电磁流量计,从而可以推导裂隙内的初始动水流速,并计算试验的堵水率。试验用电磁流量计如图 5.2-6 所示。

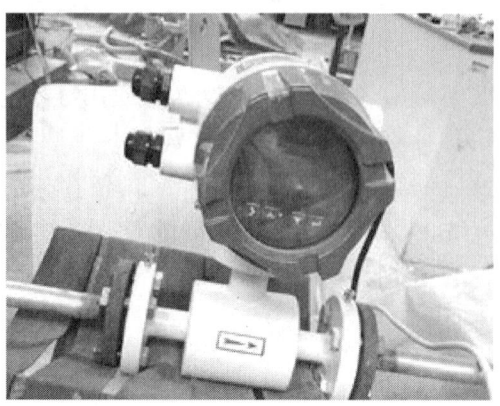

图 5.2-6　电磁流量计

5. 试验工况

动水条件下裂隙注浆模拟试验，考虑了裂隙开度为 5 mm、动水压力为 20 kPa 条件下动水流速分别为 5 cm/s、10 m/s 和 15 cm/s 时的浆液扩散规律，裂隙开度为 5 mm、水流速度为 5 cm/s 条件下的动水压力分别为 15 kPa、20 kPa 和 25 kPa 时的浆液扩散规律，以及水流速度为 5 cm/s、动水压力为 20 kPa、裂隙开度为 5 mm 条件下单水泥浆的扩散规律。

5.2.3　不同动水流速下浆液扩散规律

为方便解释分析，定义注浆孔为坐标原点，顺水流方向为 X 轴正方向，垂直于水流方向为 Y 轴正方向，浆液在 $-Y$ 轴及 $+Y$ 轴的扩散距离又称为横向扩散开度。这里主要研究动水压力为 20 kPa、裂隙开度为 5 mm 条件下 CS 浆液在水流速分别为 5 cm/s、10 m/s 和 15 cm/s 时的浆液扩散规律。

不同流速下注浆结束时的浆液扩散形态如图 5.2-7 所示，不同流速下的浆液扩散距离随注浆时间的变化曲线如图 5.2-8 所示。

（a）$v = 0.05$ m/s　　　　（b）$v = 0.1$ m/s　　　　（c）$v = 0.15$ m/s

图 5.2-7　不同动水流速下的浆液扩散形态

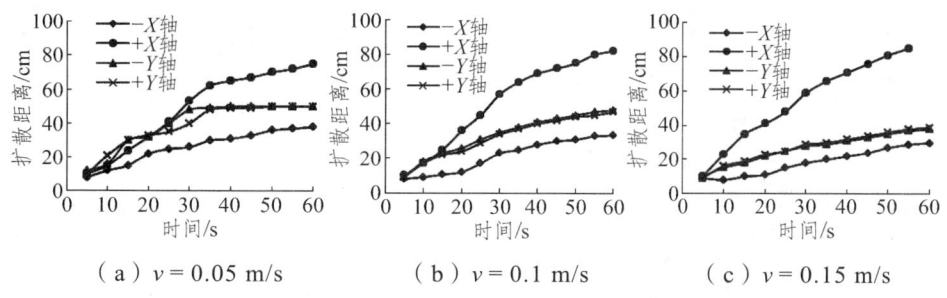

(a) $v=0.05$ m/s (b) $v=0.1$ m/s (c) $v=0.15$ m/s

图 5.2-8 不同动水流速下浆液扩散距离随时间变化曲线

从图 5.2-7 可以看出：动水流速为 0.05 m/s 时，注浆结束时浆液在 Y 轴方向的扩散到达裂隙边缘，即浆液的横向扩散开度最大值为 50 cm；动水流速为 0.1 m/s 时，浆液的横向扩散开度最大值为 45 cm；动水流速为 0.15 m/s 时，浆液的横向扩散开度最大值为 39 cm。即动水流速越大，浆液的横向扩散开度越小。这是因为动水流速越大，浆液越容易被动水冲刷，不易留存，导致在相同参数条件下，浆液在 Y 方向的扩散距离越小。这说明动水流速越大，浆液横向扩散开度越小。

从图 5.2-8 可以看出：注浆初期浆液在 $+X$、$+Y$、$-X$、$-Y$ 轴的扩散距离相差较小，随注浆时间增加，浆液在各方向的扩散距离逐渐增大。其原因为注浆持续进行，裂隙内浆液量逐渐增加，浆液进入裂隙中的体积逐渐增大，从而浆液在各方向的扩散距离增加。浆液在 $+X$ 轴的扩散距离增长速率，大于 Y 轴增长速率，大于 $-X$ 轴增长速率，说明浆液沿顺水流方向扩散最快，沿逆水流方向扩散最慢，是浆液扩散受动水流的冲刷作用影响。不同动水流速下浆液在 $+Y$ 轴与 $-Y$ 轴的扩散距离相近，说明浆液运移扩散沿 X 轴对称分布。

浆液从注浆孔注入裂隙后，由于 CS 浆液黏度随时间逐渐增加的特性会使其在裂隙内逐渐凝结，当水流速较大时，水流会加快浆液在裂隙内的流动，并将浆液稀释，导致浆液更易被动水冲走，增加了注浆堵水的难度。在不同动水流速下，浆液在 X 轴、Y 轴的扩散距离曲线如图 5.2-9 和图 5.2-10 所示。

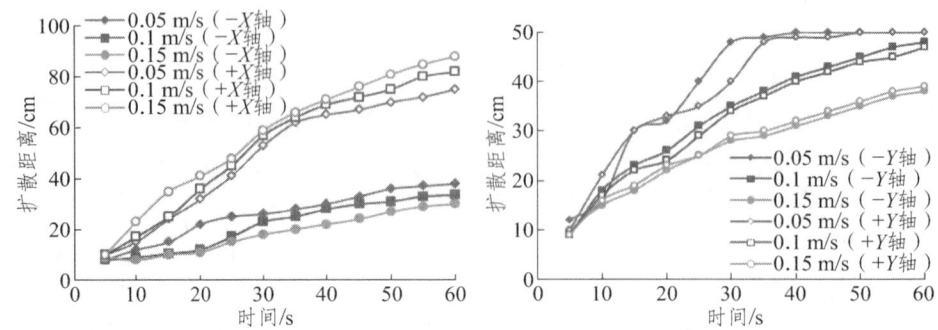

图 5.2-9 不同流速下浆液沿 X 轴扩散距离　图 5.2-10 不同流速下浆液沿 Y 轴扩散距离

从图 5.2-9 可以看出：在相同注浆条件下，水流速越大，浆液在 $+X$ 轴的扩散距离越大，在 $-X$ 轴的扩散距离越小，即动水流速与浆液的顺水扩散距离呈正比，与逆水扩散距离呈反比。从图 5.2-10 可以看出：相同注浆参数下，水流速越大，浆液在 Y 方向的扩散距离越小，即水流速增大不利于浆液的横向扩散。其原因为：在其他参数一定的情况下，水流速增大有利于浆液沿顺水流方向扩散，增加了浆液的顺水运移扩散动力及浆液逆水扩散的阻力；水流速增大，不利于浆液沉积留存，导致浆液扩散边界被动水冲刷的浆液量增大，则浆液在 Y 方向的扩散距离较小，即在相同参数条件下，动水流速越大，浆液横向扩散开度越小。

在水流速较大的情况下，浆液扩散距离受动水流影响较大，浆液抗冲刷能力较差，不易有效留存，浆液有效扩散半径变小，导致注浆堵水效果变差。当水流速较大时，浆水交界面易被稀释，浆液的浆-水分层扩散区较大，可以选择用凝结时间较短的速凝类浆液，如水泥-水玻璃浆液进行灌注，尽量缩短浆液的凝结时间，减少被动水冲刷的浆液量；也可通过适当增加注浆压力、延长注浆时间等方法，让浆液有充分的时间不断沉积，以达到封堵裂隙水的目的，必要时可配合多孔注浆改善注浆堵水效果。

5.2.4 不同动水压力下浆液扩散规律

动水压力是影响岩体裂隙注浆效果的重要因素之一。此处研究在裂隙开度为 5 mm、动水流速为 0.05 m/s 的条件下，动水压力分别为 15 kPa、20 kPa 和 25 kPa 时，CS 浆液的扩散规律。不同动水压力下的浆液在 X 和 Y 方向上的扩散距离如图 5.2-11 和图 5.2-12 所示。

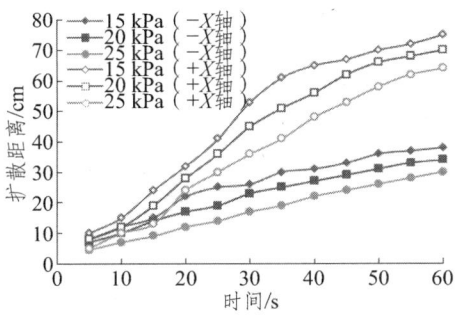
图 5.2-11　不同动水压力下浆液沿 X 轴扩散距离

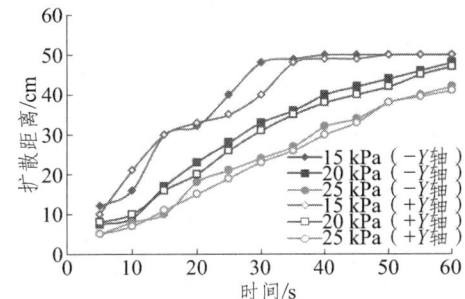
图 5.2-12　不同动水压力下浆液沿 Y 轴扩散距离

从图 5.2-11 和图 5.2-12 可以看出：在其他参数不变的情况下，裂隙内动水压力越大，浆液在裂隙内各方向上的扩散距离越小，即裂隙内动水压力增大不利于浆液扩散。动水压力是浆液扩散时的主要阻力，动水压力增大增加了浆液在裂隙内的扩散阻力，当裂隙内的其他注浆参数不变时，平面裂隙内各位置的压力差减小，浆液扩散动力减小，越不利于浆液扩散。因此对于动水压力较大的情况，必须增加注浆压力来增加裂隙内的压力差，促进浆液在裂隙内的扩散封堵。

裂隙内测点 4 处水压力在注浆过程中的变化曲线如图 5.2-13 所示。由图可以看出：不同动水压力下的浆液测点压力变化趋势一致，注浆压力必须大于裂隙水压浆液才能进入裂隙，水压逐渐由注浆点向外传递，使裂隙内测点压力升高。当浆液逐渐扩散至裂隙边缘时，注浆过程停止，测点压力逐渐降低。注浆结束后，测点压力的稳定值趋于裂隙内初始水压力。

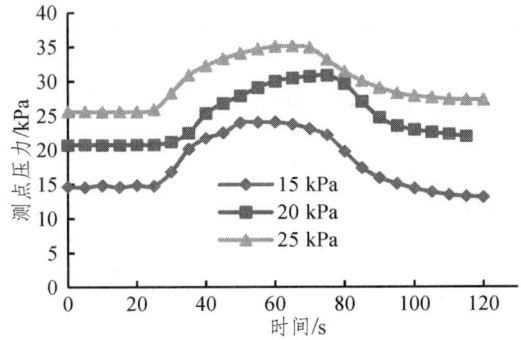
图 5.2-13　不同动水压力下的测点压力变化曲线

5.2.5 不同裂隙开度下浆液扩散规律

围岩裂隙是浆液扩散的通道,而裂隙开度对浆液扩散及沉积留存效果等都有很大的影响。当裂隙开度较小时,浆液在裂隙内的有效扩散距离较大,容易被浆液封堵;当裂隙开度较大时,浆液不易沉积留存,对浆液性能要求提高。此处研究在动水压力为 20 kPa、动水流速为 0.05 m/s、注浆速率为 0.24 m/s 条件下,裂隙开度为 5 mm、10 mm 和 15 mm 时的 CS 浆液扩散规律。不同裂隙开度浆液在裂隙内扩散 5 s 时的浆液扩散形态如图 5.2-14 所示,不同裂隙开度下的动水流量变化曲线如图 5.2-15 所示。

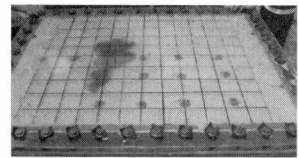   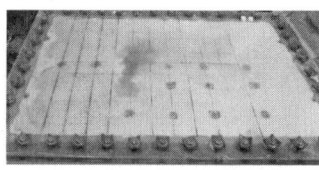

(a)裂隙开度为 5 mm　　(b)裂隙开度为 10 mm　　(c)裂隙开度为 15 mm

图 5.2-14　不同裂隙开度的浆液扩散形态

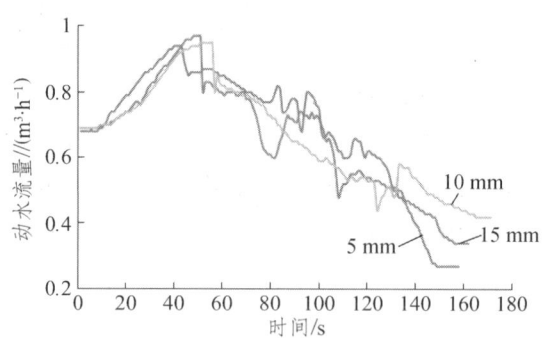

图 5.2-15　不同裂隙开度注浆封堵动水流量变化

从图 5.2-14 可知,裂隙开度越大,注浆初期浆液在注浆孔处的扩散半径越小。这是由于在相同时间内,裂隙内注入的注浆量相近,浆液裂隙开度越大,浆液扩散区的横截面积越大,所以裂隙开度越大,浆液扩散距离越小。因而对于工程实际中的宽大裂隙,必须加大浆液流量,才能保证注浆封堵效果。

从图 5.2-15 看出：试验中不同裂隙开度内的初始动水流量为 0.68 m³/h、0.68 m³/h 和 0.69 m³/h，随注浆时间增加，裂隙出口流量由注浆前的稳定值逐渐增大；当流量达到最大值后开始减小，注浆结束后的动水流量分别为 0.27 m³/h、0.34 m³/h 和 0.42 m³/h，相应的注浆堵水率分别为 60.3%、50%和 39.1%，即在其他注浆参数一致的情况下，裂隙开度越大，注浆堵水效果越差。其原因为裂隙开度增加使浆液不易在较短时间内与上下壁面生成黏结力，加大了浆液沉积留存的难度，不易留存形成有效封堵，导致堵水效果较差。

裂隙开度的大小对注浆堵水效果有较大的影响。裂隙开度越大，浆液扩散相同距离需要的浆液量越多，浆液沉积留存效果越差，注浆堵水效果越差。因此对于裂隙开度较大的工况，可加大注浆速率，减小被动水冲刷的浆液量；增加注浆时间保证足够的浆液量有效留存凝结；添加促凝剂等材料缩短浆液的凝结时间，保证浆液有效留存；或者对围岩裂隙填充骨料，减小裂隙内的空间量，保证具有良好的堵水效果。

5.2.6　不同浆液配比下浆液扩散规律

为了对比胶凝时间可控的速凝浆液和不可控的单水泥浆液的注浆堵水效果，又进行了动水压力为 15 kPa、水流速为 0.05 m/s、注浆速率为 0.24 m/s 和裂隙开度为 5 mm 条件下，水灰比为 1∶1 的单水泥浆和水泥-水玻璃双浆液（CS）的扩散规律对比试验。

不同浆液在出浆 30 s 时的浆液扩散图如图 5.2-16 所示，同一时刻不同配比浆液的浆水混合区分布如图 5.2-17 所示。

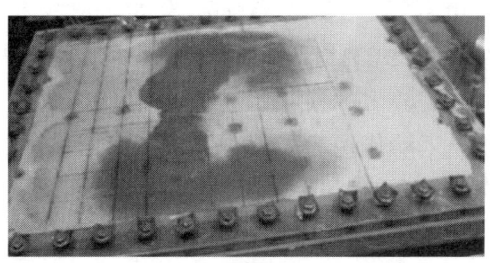

（a）水灰比为 1∶1 的单水泥浆液

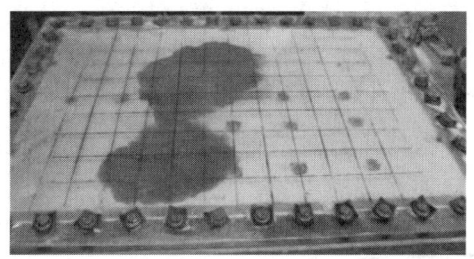

（b）水泥-水玻璃浆液

图 5.2-16　不同浆液配比的浆液扩散

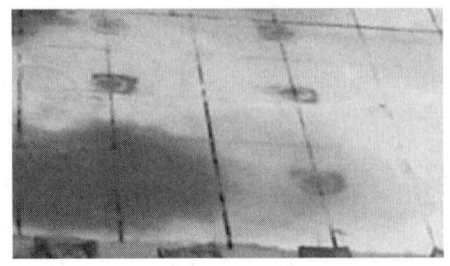

（a）水灰比为1∶1的单水泥浆液　　　　（b）水泥-水玻璃浆液

图 5.2-17　不同浆液配比的浆液混合区

从图 5.2-16 可以看出：水灰比 1∶1 浆液、水泥-水玻璃浆液的顺水流扩散半径分别为 48 cm 和 32 cm，逆水扩散半径分别为 26 cm 和 20 cm。这说明浆液黏度越大，浆液内部之间以及浆液与裂隙之间的摩擦阻力较大，浆液扩散阻力越大，在相同时间条件下浆液扩散距离越小。

从图 5.2-17 可以看出：水灰比 1∶1 水泥浆液的浆-水混合区面积较大，极易被地下水稀释；CS 浆液黏度大，浆水混合区域显著减小，CS 双浆液的浆水分界较明显，几乎不存在浆水混合区。浆液黏度越大，越不易被动水流冲散，浆水交界面分界越明显，在相同注浆参数条件下，浆液扩散半径与浆液黏度成反比；黏度小的浆液扩散半径大，易被动水冲刷导致凝结强度差，不易封堵高流速裂隙。因此提高浆液的黏度，可保证封堵结石体的凝结强度，但对于封堵区域较大的工况，可适当增大注浆压力以增大浆液的扩散半径。

图 5.2-18 为两种浆液注浆堵水条件下动水流量的变化曲线。由图可以看出：两种浆液在动水注浆封堵中的流量变化趋势基本一致，裂隙内的初始动水流量分别为 0.69 m³/h 和 0.67 m³/h，流量都是从初始稳定值逐渐增加至最大值，再逐渐降低至稳定值；注浆结束后的动水流量分别为 0.4 m³/h 和 0.27 m³/h，两种浆液的堵水率分别为 42% 和 60.3%。这说明浆液黏度越大，裂隙浆液堵水率越高，堵水效果越好。黏度较大的浆液抵抗裂隙中高压水的冲击堵水效果较好；而黏度小的浆液分子运动作用力较小，流动性大有利于浆液在裂隙中的扩散，但浆液不易有效沉积凝结，抗动水冲刷能力较差，易被动水冲散，导致堵水效果差。

对于水泥-水玻璃速凝类浆液，其黏度具有明显时变性，在浆液混合初期黏度较小，能够在裂隙内有效扩散，随混合时间增加，浆液的黏度不断增加，流动性逐渐减小，有效扩散后在较短时间内失去流动性，逐渐凝胶封堵裂隙，达到堵水目的，可选择在流速较大、裂隙开度较大时使用。对于速凝类浆液，注浆压力和浆液自身黏结力是影响浆液扩散的主要因素，因此在注浆后期，需适当提高注浆压力，以保证注浆堵水效果。

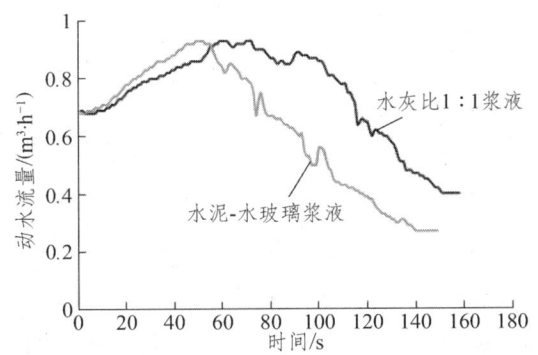

图 5.2-18　不同浆液注浆封堵动水流量变化曲线

5.3　动水条件下帷幕注浆模拟试验

由于在富水岩溶区进行隧道开挖过程中，经常会遇到隧道涌水问题。隧道大量涌水将会对当地地下水环境产生严重影响，特别是在地下水敏感地区，可能会对当地生态造成重大不利影响。因而在隧道施工中必须贯彻"以堵为主"的防排水理念，把隧道施工对当地水环境的影响控制在可以容许的程度内；所以，就必须采用注浆方式以浆液固结体填充地下水运移通道，有效降低隧道涌水量。帷幕注浆是富水围岩隧道注浆堵水的重要也是最为有效的方式，因此，为施工现场提供帷幕参数借鉴，特进行富水裂隙岩体帷幕注浆堵水效果试验[37]。

5.3.1　相似材料研制

1. 相似常数的确定

根据沪昆高铁贵州段隧道施工过程中揭露溶腔数量的统计，溶腔在Ⅳ级围岩中出现的概率较大，因而这里帷幕注浆针对Ⅳ级围岩中的隧道施工注浆堵水进行模拟试验。根据隧道断面几何尺寸大小首先确定几何相似常数 $C_L = 30$。根据相似理论，应力 σ、黏聚力 c 和弹性模量 E 的量纲相同，其相似常数 $C_\sigma = C_c = C_E = 30$，内摩擦角的相似常数 $C_\varphi = 1$，容重的相似常数 $C_\gamma = 1$。

2. 相似材料物理力学参数

（1）初期支护相似材料。

初期支护 C25 喷混凝土层厚度为 25 cm，钢架型号为 I18，纵向间距为 1 m。系统锚杆长度为 3.5 m，环向间距为 1.2 m，纵向间距为 1 m，呈梅花形布置。模型试验中不考虑锚杆作用，将初期支护作为一种均匀材料，通过提高支护弹性模量的方法来间接考虑钢架的作用，得其弹性模量 $E = 25.73$ GPa。初期支护相似材料的弹性模量应为 858 MPa。用 250 目的石膏加水凝固后作为初期支护的相似材料。通过配比试验，确定水膏比为 1∶1.8 时，其弹性模量为 850 MPa。

（2）富水围岩相似材料。

根据《铁路隧道设计规范》（TB10003—2016）确定本模型试验使用的岩体相似材料的强度、弹性模量、重度、内摩擦角和黏聚力的取值，见表 5.3-1。

表 5.3-1　围岩力学参数对照

类型	饱和抗压强度 /MPa	弹性模量 /MPa	重度 /(kN·m⁻³)	内摩擦角 /(°)	黏聚力 /kPa
岩体参数	20	2 400	20	30	300
相似材料参数	0.67	80	20	30	10

岩体相似材料选择由细砂、白水泥、重晶石粉、黄油和硅油组成的组合材料，为满足试验要求，细砂的细度为 180 目，白水泥为 P·O32.5 硅酸盐水泥，重晶石粉的细度为 500 目，黄油为 3#耐磨润滑脂，硅油的黏度为 1 000 cSt（1 000 cSt = 10^{-3} m²/s）。各种基本材料如图 5.3-1 所示，其中白水泥和黄油作为胶结剂，细砂和重晶石粉作为骨料，且重晶石粉是影响材料重度的主控因素，硅油作为调节剂。在确定相似材料的成分以后，通过大量的力学试验来确定其各种材料的比例。

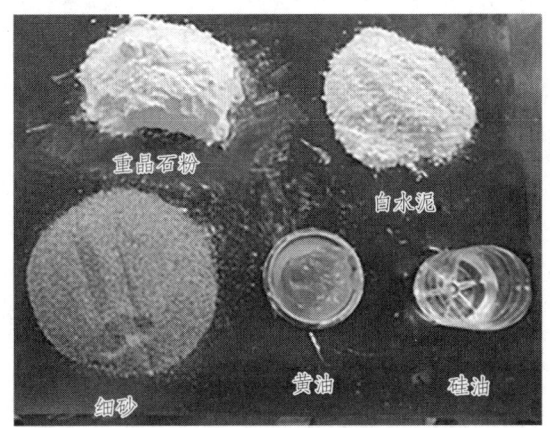

图 5.3-1 围岩相似材料配比组分

岩体相似材料配比试验，相似材料的物理量以重度、弹性模量和内摩擦角为主控因素，抗压强度和黏聚力为非主控因素，确定使用细砂、重晶石粉、白水泥、黄油和硅油质量比为 21∶17∶5∶0.4∶0.5 的材料作为模拟岩体的相似材料。

5.3.2 模型试验装置设计

帷幕注浆模型试验分为岩体注浆和隧道开挖两个步骤。注浆系统主要由模型箱、水压力加压稳压系统、数据监测系统、动水系统、注浆系统组成；隧道开挖系统主要由模型箱、水压力加压稳压系统、数据监测系统、动水系统、开挖系统组成。各组成部分的详细情况如下：

1. 模型箱

模型箱是整个试验系统的核心，是隧道结构、岩体材料、传感器和水的容器。根据模型几何相似常数，试验的隧道模型高度为 31.3 cm，宽度为 39.7 cm。为消除边界效应，模型边界的宽度应大于隧道宽度的 4 倍。综合考虑各种因素，最终确定模型箱内部尺寸为 1.6 m（长）×1 m（宽）×2 m（高）。

模型箱整体由钢板制成，前后、左右和上顶面盖板厚 6 mm，下底钢板厚 10 mm，在箱体外侧使用方管进行加固，设计右视立体图如图 5.3-2（a）

所示，加工后的试验箱如图 5.3-2（b）所示。箱体上底面的盖板设置有不同功能的连接孔和监测装置，从左至右依次为进水孔、压力表 1、进气孔和压力表 2，盖板可以从模型箱体上拆卸，与箱体前后两个端面和左右两个侧面通过螺栓连接。箱体底部是两根直径为 5 cm 的排水管，与箱体下底面的排水孔连接，从箱体前端面引出。箱体前端面距上底面 30 cm 处的孔洞是引线孔，主要作用是将预埋在模型箱内的传感器的导线引出箱体外。箱体前后板中间靠下位置较大的马蹄形孔洞是隧道断面位置，在注浆过程中处于封闭状态，在隧道开挖过程中和帷幕条件衬砌结构模型试验中处于打开状态。隧道挖口周围均匀分布的 18 个较大的圆孔是为进行帷幕注浆试验安装注浆管而预留的孔洞。箱体后端面外侧除没有排水管外，其余的设置与前端面完全相同。

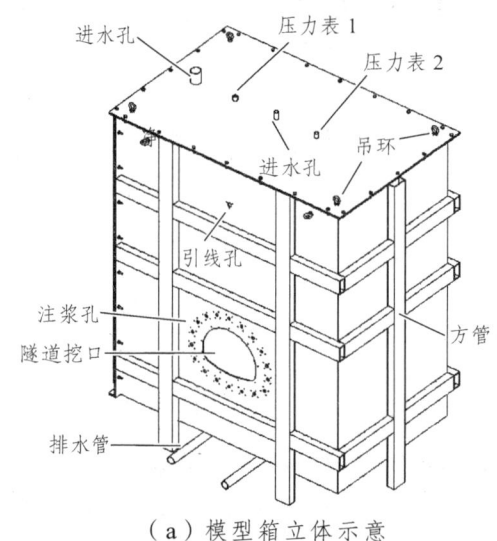
（a）模型箱立体示意

（b）加工完成的模型箱

图 5.3-2 模型箱

2. 水压力加压稳压系统

由于实际工程中现场水头较高，本试验采用通过增加密闭箱体中水面上方空间的气压方式实现高水压的目的。水压力加压稳压系统主要包括空压机、调压阀和气管。空压机可以提供源源不断的高压空气弥补因箱体漏气而造成的压力损失。调压阀负责调节进气量，进而控制模型箱内的压力，使压力保持稳定，稳压精度为 ±5 kPa，压力范围为 0~100 kPa。气管作为传送空气的载体，负责连接空压机、调压阀和模型箱。

3. 数据监测系统

数据监测系统包括精密电子压力表、静态应变仪、计算机和传感器。本试验使用两个精密电子压力表在模型箱顶部实时监测模型箱顶部的压力。在模型箱内具有代表性的位置布设传感器,实时监测并通过静态应变仪和计算机记录试验数据。

4. 动水系统

动水系统包括进水和排水两部分,为试验提供所需的动水环境。进水是通过注水管将水从模型箱顶部的进水孔注入,排水是通过排水管将水从模型箱底部的排水孔排出。

5. 注浆系统

注浆系统仅用于帷幕注浆及隧道开挖模型试验的注浆过程,包括注浆管和手动注浆泵,在隧道开挖过程中和帷幕条件衬砌结构模型试验时不存在。贯穿箱体前后两个端面的同一高度的注浆孔,在前后两个端面上各布置一根注浆管,即模型箱前端面布置 18 根注浆管,后端面布置 18 根注浆管。

本试验使用规格为 DN15 的无缝钢管(内径 15 cm、外径 20 cm、壁厚 2.5 cm)模拟注浆管,管长 60 cm,其中 50 cm 插入模型箱内,10 cm 留在模型箱外,插入模型箱内的管端是封闭的,留在模型箱外的管端不封闭。在管身内外分界的位置焊接有一个四孔法兰盘(与固定装置的法兰盘尺寸相同),用于与模型箱固定。插入模型箱内的管身部分每隔 2 cm 开一个直径为 4 mm 的圆孔,模拟出浆孔。出浆孔采用 120°螺旋式布置方法,即两相邻出浆孔的水平角度为 120°。

手动注浆泵主要由进浆管、出浆管、压力表、摇杆和底座构成,最大注浆压力为 0.5 MPa,可以人为控制注浆压力,使实际注浆压力与期望注浆压力相同,且可实时读取注浆压力值,满足试验的注浆压力和实时监测注浆压力的要求。

5.3.3 帷幕注浆效果分析

1. 试验过程

(1)隧道裂隙围岩填筑。

由于模拟岩体的相似材料在未凝结前属于半固体状态,有一定的流动性,为防止填筑最底层材料时堵塞模型箱底部的水管,在开始填筑岩体材料前,先在箱体底部铺一层土工布并标注出水孔位置。注浆管在岩体填筑到其标高时固定装置。

围岩岩体采用分层填筑法,每层厚度约 6 cm,体积约 0.1 m³,质量大约 200 kg,分 10 次进行搅拌填筑。每一层搅拌填筑完成后养护至材料终凝,才可进行下一层的填筑。养护过程中,为加快养护进度可在已浇筑材料上表面悬吊碘钨灯。根据传感器安装位置,及时安装传感器,其导线平行于隧道纵向布置,从前后两个端面引出,如图 5.3-3 所示。埋设渗压力计前,需要先用纱布进行包裹;埋设土压力盒前,不仅要用纱布包裹,还应在纱布内加入一定量的细砂。

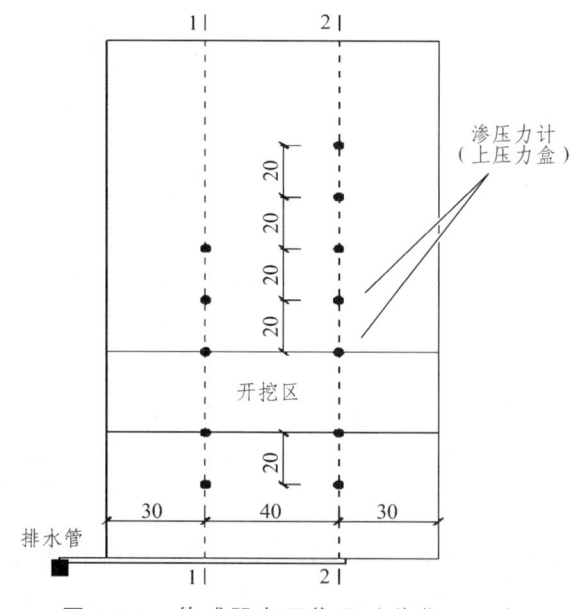

图 5.3-3 传感器布置位置(单位:cm)

水平裂隙用分层浇筑岩体材料时的层面接缝模拟,竖直裂隙设置成垂直裂隙,即与地面呈 75°~90°,裂隙间距为 1.5~2 cm,在材料初凝前用裁纸刀划出,裂隙宽度大约 1~2 mm。

填筑岩体材料时,在设计注浆管的位置预埋规格相同的无缝钢管,待岩体材料硬化后拔出形成孔洞,模拟施工中的注浆钻孔。

岩体材料填筑完毕,等待至达到其强度后,将各种传感器的导线与静态应变仪连接，并置于平衡状态。土压力盒和渗压力计布置在隧道纵向的两个断面上，如图 5.3-4 所示。所有的测点均布置在裂隙处，且两个监测断面相同位置的测点布置在同一条裂隙上，两个监测断面上渗压力计和土压力盒均进行编号，如图 5.3-5 所示。

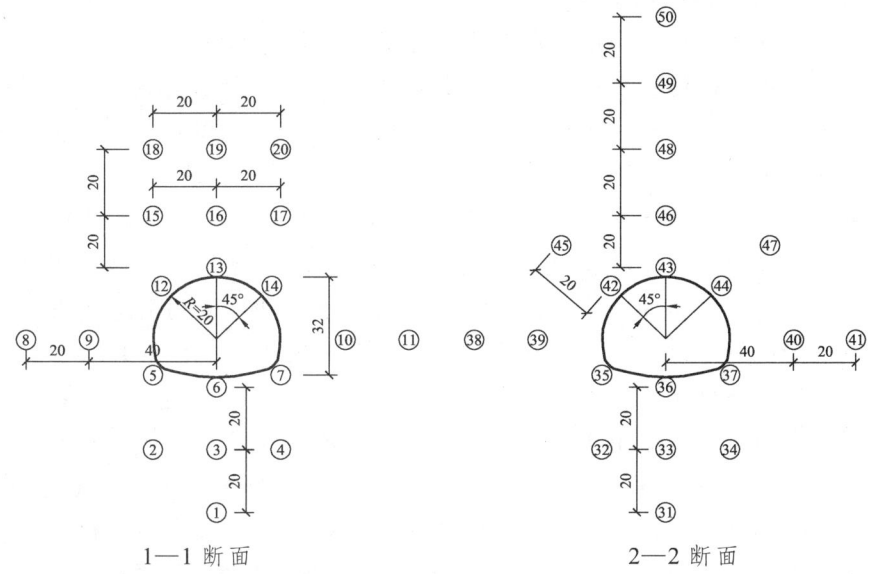

图 5.3-4　渗压力计布置（单位：cm）

图 5.3-5　手动注浆泵注浆

（2）注浆。

将注浆管插入注浆孔内并固定后，在每一根注浆管未封闭的端部连接一个阀门和一根无缝钢管。关闭模型箱底部水管,向模型箱内加水加压,等待至模拟岩体的材料处于饱和状态后,打开模型箱底部水管,并调节调压阀旋钮,使调压阀读数为 60 kPa,待岩体稳定,即水管水流稳定,且静态应变仪读数稳定后,记录读数。此时读数为岩体未注浆时的压力。

采用手动注浆泵向注浆管注浆(图 5.3-5),顺序为:先向模型箱前端面的各注浆管注浆,等待至前端面全部注浆管均无液体流出,即注入的浆液全部凝固后,再向模型箱后端面的各注浆管注浆,每一个端面不同注浆管的注浆顺序为跳位注浆,注浆过程中对注浆管附近的水压力和围岩压力进行实时监测,并记录关键数据。每一根注浆管当注浆泵的压力达到预定泵送压力后,继续推动注浆泵两个周期(手动注浆泵摇杆推一个来回算一个周期),即时间大约 2 s。注浆完毕后,先关闭阀门再拔出软管,同时用量筒和秒表测定模型箱底部排水管单位时间的排水量。在注浆过程中,如果需要暂停注浆,则应将注浆泵清洗干净,防止残留在注浆泵内的浆液凝固堵塞注浆泵。

(3)隧道开挖。

注浆结束后,等待 36 h 浆液凝固后再进行台阶法隧道开挖。模拟实际开挖进尺为 1.8 m,模型试验开挖进尺 6 cm,台阶长度为 24 cm,即 0.6 倍洞径。隧道开挖采用刻刀,每次开挖,及时涂抹石膏层模拟初期支护,石膏质量配比为水:石膏 = 1:1.8。隧道模型开挖情况如图 5.3-6 所示,隧道开挖(从模型箱的前端面开挖)完成情况如图 5.3-7 所示。每一开挖步骤结束,待监测元件稳定后记录静态应变仪读数,再进行下一步开挖。

 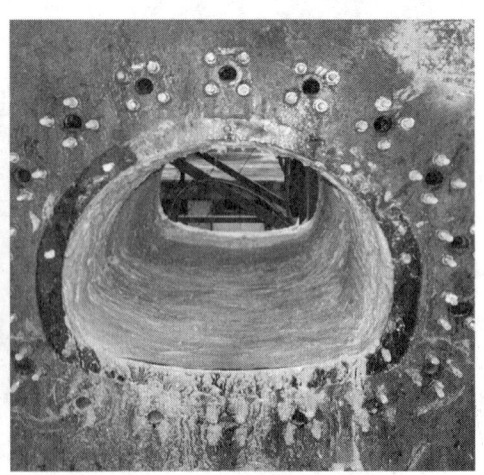

图 5.3-6　隧道开挖情况　　　　图 5.3-7　隧道开挖完成

2. 裂隙岩体注浆加固结果分析

（1）加固体特征。

隧道试验开挖结束，将岩体材料清除出模型箱，清除过程中对注浆加固范围内的材料取样进行力学性能的试验。在挖掘过程中，选取特征点测量浆液扩散距离，估算浆液扩散范围。从上至下挖出模型箱内后半部分岩体材料，测量注浆不利断面（模型中部横断面）浆液扩散距离，如图 5.3-8 所示。

图 5.3-8　测量中部横断面浆液扩散距离

挖掘完毕后，保留取出的注浆加固范围内体积较大且较为完整的碎块，使用内径为 61.8 mm、高度为 20 mm 的环刀取样，用于直接剪切试验，分析注浆后固结体黏聚力和内摩擦角的变化；使用内径为 61.8 mm、高度为 40 mm 的环刀取样，用于渗透试验，分析注浆后固结体渗透系数的变化；使用取芯机取样进行无侧限抗压强度试验，分析注浆后固结体抗压强度和弹性模量的变化。以隧道拱脚所在水平面为分界线，上部的加固圈岩体和下部的加固圈岩体每种试样各取 5 个。

（2）注浆过程中不同位置孔隙水压力变化特征。

注浆属于动态过程，注浆压力必须大于岩体中水压力才能将浆液注入地层。在注浆过程中，随着注浆压力的增大，岩体中孔隙水压力都会增大，距出浆口越近，孔隙水压力的增幅越大。

以模型箱前端面 1 号注浆管和后端面 1 号注浆管注浆过程为例选取注浆孔附近的渗压力计分析单根注浆管注浆过程中岩体不同位置孔隙水压力的变化特征，选取的渗压力计与注浆孔相对位置如图 5.3-9 所示。注浆过程中模型箱前、后端面 1 号注浆管注浆过程中不同位置的孔隙水压力的变化特征分别如图 5.3-10 和图 5.3-11 所示。

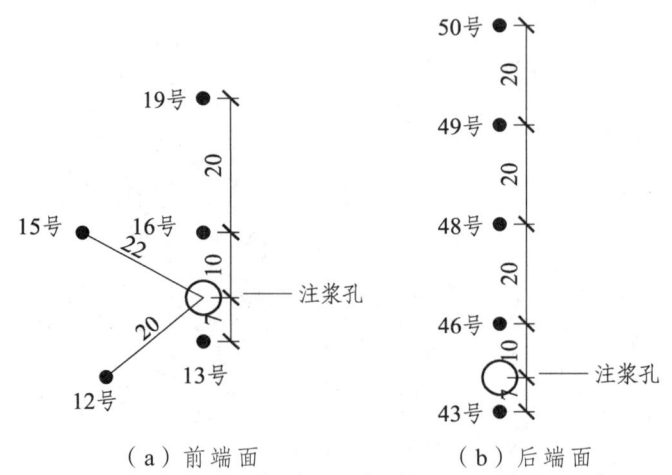

图 5.3-9　选取的渗压力计与注浆孔相对位置（单位：cm）

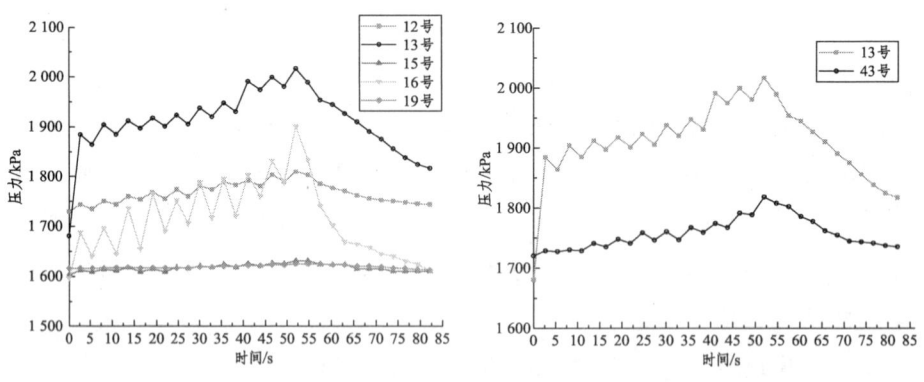

（a）不同位置处孔隙水压力变化曲线　　（b）不同断面上相同位置处孔隙水压力变化曲线

图 5.3-10　前断面 1 号孔注浆过程中不同位置的孔隙水压力的变化曲线

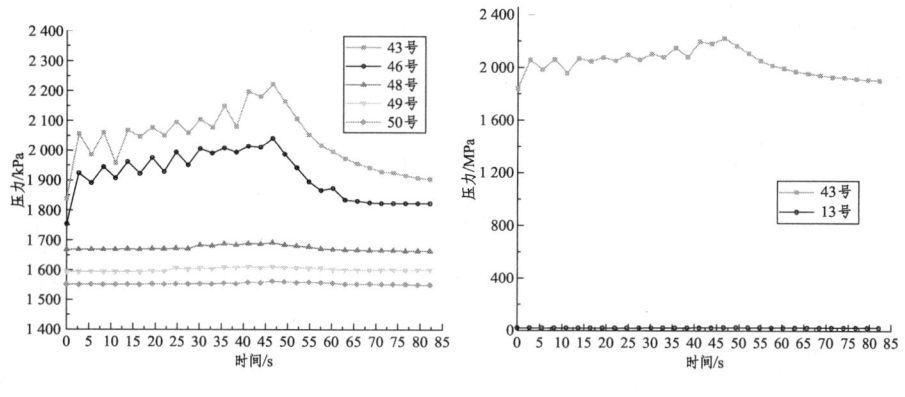

(a) 不同距离孔隙水
压力变化曲线

(b) 不同断面相同位置处孔隙水
压力变化曲线

图 5.3-11　后端面 1 号孔注浆过程中不同位置的孔隙水压力的变化曲线

分析图 5.3-10 可以看出：注浆开始后岩体中的孔隙水压力会随着注浆压力的波动而波动，孔隙水压力值随着注浆压力的升高呈上升趋势，且距离注浆管越近的位置孔隙水压力增高越多；相同距离，位于注浆管下部的孔隙水压力波动比上部的孔隙水压力波动大，这是由于注浆管下部的注浆压力与动水压力的方向相同，水压促进浆液的扩散，而注浆管上部的注浆压力与动水压力的方向相反，水压阻挠浆液的扩散。注浆结束后孔隙水压力开始减小并逐渐趋于稳定。浆液主要沿注浆管径向扩散，对 2—2 断面上未注浆区域的孔隙水压力（43 号）影响较小。由图 5.3-11 可知，距离注浆管较远位置的孔隙水压力受注浆的影响较小。在后端面注浆时，前端面注浆加固区浆液已经填充裂隙并凝固，孔隙率显著降低，渗透性变小，因而在注浆过程中，孔隙水压力几乎没有变化。

（3）帷幕注浆对泄水量的影响。

注浆开始前，用量筒和秒表测定模型箱底部排水管单位时间的排水量；在注浆过程中，利用每一根注浆管注完后，准备往下一根注浆管内注浆的间隔时间，测量排水管 10 s 的排水量；每个模型箱端面注浆结束后，每隔 1 min 测量一次排水管的排水量。试验过程中模型箱底部排水管单位时间，即 10 s 的排水量变化曲线，如图 5.3-12 所示。

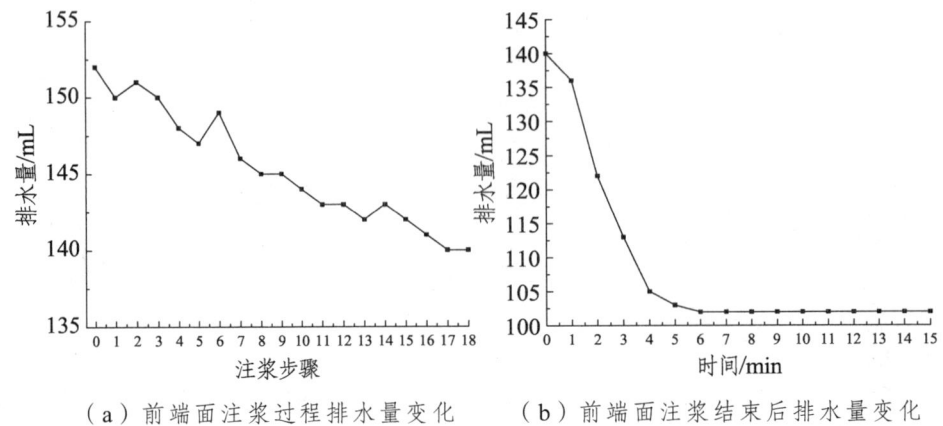

(a) 前端面注浆过程排水量变化　　(b) 前端面注浆结束后排水量变化

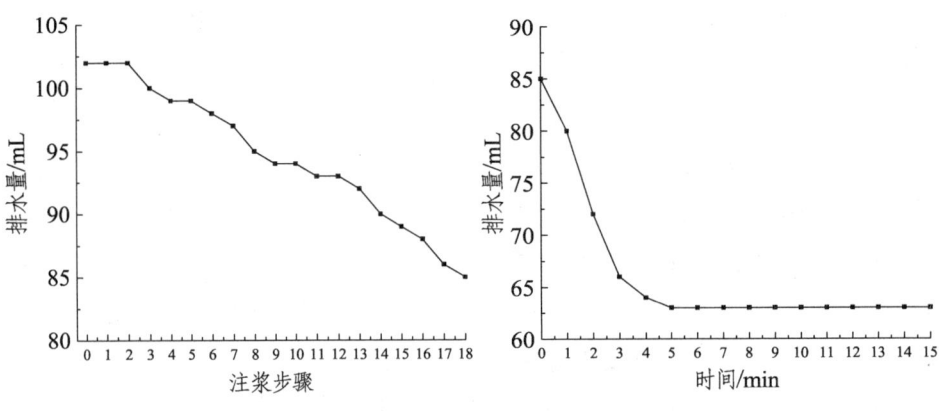

(c) 后端面注浆过程排水量变化　　(d) 后端面注浆结束后排水量变化

图 5.3-12　注浆过程中排水量变化曲线

由图 5.3-12 可知：随着注浆的进行，注浆段岩体中裂隙渗流通道逐渐被浆液填充，岩体中渗流通道面积越来越小，因而排水量也越来越小。前端面注浆结束且稳定后岩体的等效渗透系数与未注浆前岩体的等效渗透系数相比减小了 32.9%；后端面注浆结束且稳定后岩体的等效渗透系数与前端面注浆结束后岩体的等效渗透系数相比减小了 38.2%，与未注浆前岩体的等效渗透系数相比减小了 58.6%。这是因为浆液填充了岩体中的裂隙，降低了岩体的渗透性，说明注浆对于隧道附近的地下水的流向有较大影响。

(4) 浆液扩散范围。

在挖掘岩体时发现，越靠近注浆孔的岩体密实度越高，裂隙填充率越高，颜色越深。同一纵断面，越靠近挖口的材料越难挖掘，岩体密实度越高，浆液含量越多，裂隙填充率越高，颜色越深，浆液扩散范围越大；同一横断面，越靠近隧道开挖轮廓线的岩体裂隙填充率越高，岩体密度越大，浆液含量越多，颜色越深。纵断面上隧道下方的浆液扩散半径大于隧道上方的扩散半径，隧道断面中线纵断面上浆液扩散情况如图 5.3-13 所示。

 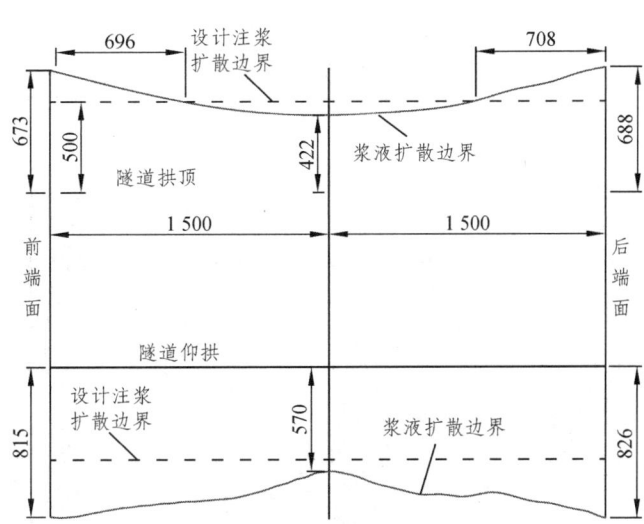

（a）纵断面浆液扩散图　　（b）纵断面浆液实测扩散范围（单位：cm）

图 5.3-13　过隧道拱顶纵断面浆液扩散情况

从图 5.3-13 可以看出：由于岩体中地下水从上而下流动，导致隧道断面上方同一断面上的拱顶上方浆液的扩散范围显著小于断面下方的注浆扩散范围；由于注浆孔的孔口处的注浆压力大于孔底处的注浆压力，注浆帷幕两端（注浆孔的孔口）的扩散范围显著大于帷幕中间段落的扩散范围；注浆帷幕的中部断面拱顶处帷幕厚度为 4.22 m，小于设计帷幕厚度。因而，在动水环境下的岩体中进行帷幕注浆时，应优先采用分段注浆方式；另外，为保证隧道断面水流方向的上游注浆扩散范围大于帷幕设计厚度，应根据水流速度和地下水压力情况适当加大注浆压力，在水流下游的注浆点可适当减小注浆压力。

（5）注浆加固体力学性能指标。

从模型箱里取出裂隙注浆岩块，然后钻取圆柱形岩芯（图 5.3-14），按照不同试验要求加工成所需试件，进行直剪试验、无侧限抗压试验和渗流试验，得到注浆加固体的抗剪强度指标、无侧限抗压强度、弹性模量和渗透系数。

直剪试验共 6 个试件，黏聚力平均值为 74.8 kPa，比原围岩相似材料增加了 49.6%；内摩擦角平均值为 37.8°，比原来增加了 26%。无侧限抗压试件共 6 个，试验得到固结体的平均无侧限抗压强度为 0.75 MPa，比原围岩相似材料增加了 19%；弹性模量平均值为 100.2 MPa，比原来提高了 37.3%。渗透试验试件 6 个，注浆加固后围岩渗透系数平均值为 4.0×10^{-6} cm/s，仅为原来渗透系数的 41%。由此可见，富水裂隙岩体通过帷幕注浆加固后，岩体渗透系数大幅度降低，岩体的力学性能显著提高，可以有效控制隧道开挖引起的地下水流失，将由于工程修建产生的不利环境效应控制在允许范围之内。

图 5.3-14　浆液固结体及钻取岩芯

5.4　帷幕注浆加固在高水压围岩中的应用

5.4.1　工程概况

斗磨隧道位于长昆线贵州段安顺西站—关岭站区间，进口里程为 D1K841+144，出口里程为 D1K843+220，全长 2 076 m。隧道洞身穿越岩层主要为二叠系下统茅口组（P_1m）灰岩，二叠系上统龙潭组（P_2l）泥岩、页岩夹砂岩、灰岩及煤层，二叠系上统长兴-大隆组（P_2c+d）泥岩、砂岩、泥灰岩夹煤线，三叠系下统夜郎组（T_1y）黏土岩、粉砂岩及灰岩、泥质灰岩，三叠系下统永宁组一段（T_1yn^1）灰岩、白云质灰岩夹泥岩、泥灰岩，三叠系下统永宁组二段（T_1yn^2）白云岩、泥质白云岩、泥质白云岩夹泥灰岩。隧址属构造剥蚀中低山地貌，隧道最大埋深约 250 m。

5.4.2 现场施工揭示概况

在斗磨隧道出口工区施工过程中，通过超前地质预报发现开挖面前方存在高压充水充泥宽大裂隙或岩溶，并在开挖面里程 D1K842+697 处经进一步进行超前地质钻孔补勘，揭示开挖面前方存在高压富水溶腔，且为一含泥量较重的富水溶腔。

此段隧道开挖揭示地层岩性为三叠系下统夜郎组灰色中厚层状灰岩、泥质灰岩，石质坚硬，完整性较好。地表 D1K842+200～+350 右侧 30～142 m 发育较大岩溶洼地，其间发现有落水洞。D1K842+736～+765 左侧发育一较大洼地。根据地质雷达探测及超前水平地质钻孔结果显示，在 D1K842+697 前方 D1K842+694～+667 段存在一溶腔，富水，其间夹泥较重。在超前钻孔过程中开挖面左右侧均发生泥水将钻杆从钻孔中顶出现象，钻杆拔出后有泥浆喷出，喷出物为流塑状灰黑色黏性土，有臭味，如图 5.4-1 所示。泥浆喷射距离最远约 15 m，根据喷射压力分析溶腔高度及规模可能较大。

在开挖面 D1K842+697 处进行超前钻孔钻探，钻孔布置如图 5.4-2 所示，各钻孔参数见表 5.4-1，当第二钻孔钻进到 8.5 m 时，开挖面发生泥水从钻孔中喷出现象，泥浆水平喷射，射程约 15 m。

图 5.4-1 溶腔内从钻孔冲出的泥浆

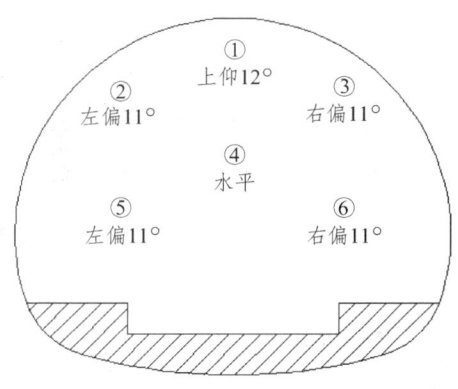

图 5.4-2 开挖面超前地质钻孔布置

表 5.4-1　钻孔参数

钻孔编号	钻孔偏角/(°)	钻孔深度/m	纵向探测长度/m
①	上仰 12	30.7	30
②	左偏 11	30.6	30
③	右偏 11	30.6	30
④	水平	30	30
⑤	左偏 11	30.6	30
⑥	右偏 11	30.6	30

采用钻孔取芯及物理探测（TSP 法和 TRT 法）等方法大致确定了斗磨隧道出口工区充填型富水溶腔大致情况，溶洞在隧道内轨顶面高程处平面图如图 5.4-3 所示，在隧道左线纵剖面图如图 5.4-4 所示。

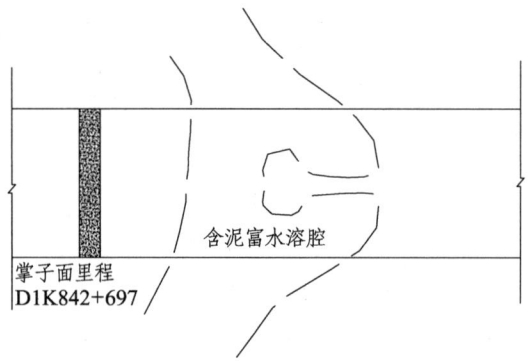

图 5.4-3　斗磨隧道出口溶洞平面图

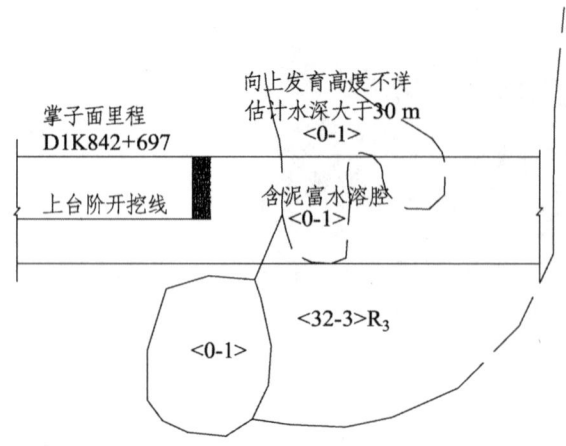

图 5.4-4　斗磨隧道出口左线线路中线纵剖面图

5.4.3 处理方案

补勘地质资料及钻孔结果显示,溶腔充填区段长度约为 23 m,该充填区富水富泥沙,充填区内岩体强度较低,直接开挖极易引发塌方、突水事故,需进行专项施工。根据该段围岩及溶腔充填情况,从隧道工期、安全性、经济性角度出发,决定对 D1K842+697 开挖面富水溶腔采用帷幕注浆加固处理,采用三台阶法加临时横撑施工,支护采用斗磨隧道Ⅴ级围岩段的加强支护参数。

1. 帷幕注浆钻孔参数

(1)注浆孔布置。

根据探测到的高压充填溶腔规模及形态、围岩特征、隧道断面特征及以往施工经验,确定帷幕纵向长度为 30 m,止浆墙厚度为 2.5 m,帷幕厚度为 5.0 m,单孔浆液扩散半径为 1.5 m,终孔间距为 2.0 m。帷幕注浆孔及检查孔在止浆墙上的设计孔位如图 5.4-5 所示,帷幕注浆钻孔平面布置如图 5.4-6 所示,帷幕注浆钻孔纵剖面布置如图 5.4-7 所示。

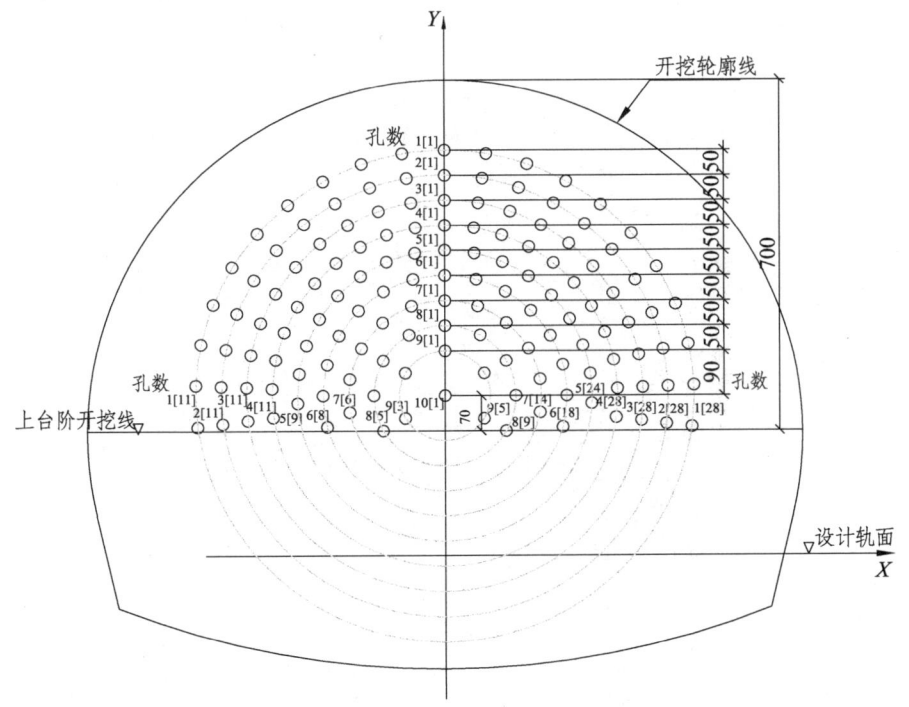

图 5.4-5 上台阶止浆墙注浆孔布置(单位:cm)

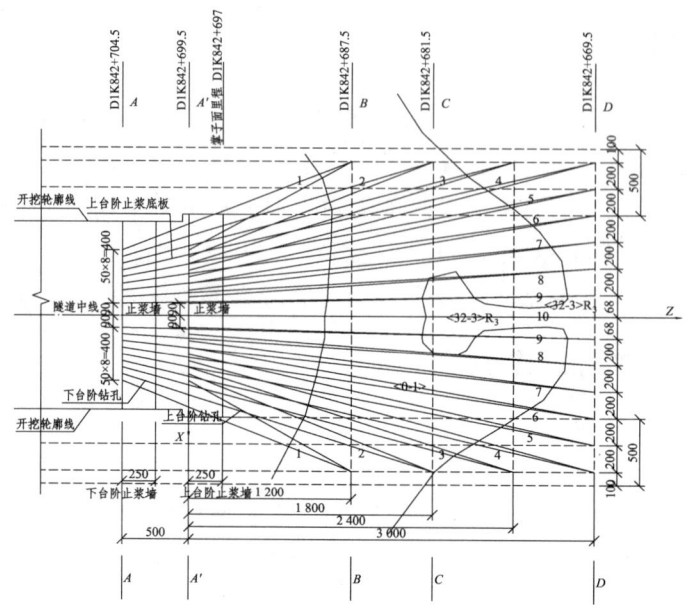

图 5.4-6　帷幕注浆钻孔平面布置（单位：cm）

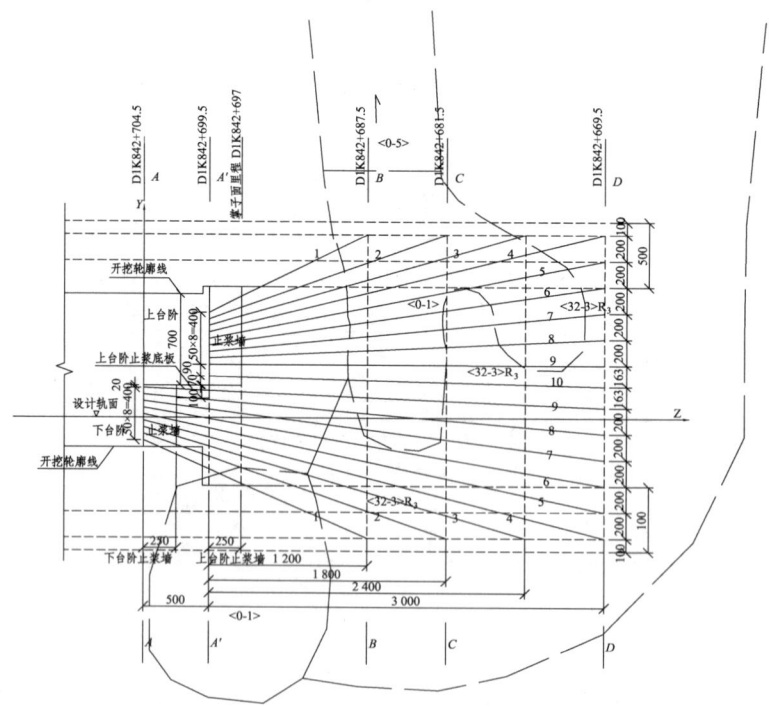

图 5.4-7　帷幕注浆钻孔纵剖面布置（单位：cm）

（2）注浆浆液类型及压力。

注浆材料主要为水泥浆液，当溶腔出现小量涌水/泥时，采用水泥-水玻璃双浆液注浆堵水或（必要时）停止施工。水泥为42.5级普通硅酸盐水泥，水玻璃浓度为40°Bé，水泥浆水灰比 W/C =（0.8~1）:1，水泥浆与水玻璃浆液的体积比 WC/SS = 1:0.8，注浆终压力为1.5~2 MPa。

（3）注浆结束标准。

注浆结束标准根据注浆压力和注浆量来控制，一般采用定压注浆。单孔注浆压力逐步升高至设计终压，并继续维持10 min以上可停止。注浆后实测涌水量小于 3.5 m³/(m·d)，可以结束本段帷幕注浆。

2. 帷幕注浆施工机械配置

钻孔主要采用一台多功能C6钻机，主要机械设备配备见表5.4-2。现场施工钻机和搅拌机如图5.4-8所示。

表 5.4-2　主要机械设备配备

序号	设备名称	规格型号	单位	数量
1	钻机	C6	台	1
2	单液注浆机	ZG6310	台	2
3	聚强灰浆搅拌机	—	台	2
4	双液注浆机	KBY50/70	—	2
5	高压胶管	48×19	套	6
6	止浆阀	—	个	240
7	高压专业配电柜	—	台	1

图 5.4-8　C6钻机钻孔施工现场

3. 帷幕注浆工作流程

通过在开挖面上钻注浆孔,再向孔内压注水泥浆液以及水泥-水玻璃双注浆,浆液挤出开挖断面及其周围一定范围内岩缝中的水,保证围岩裂隙被具有一定强度的浆液体充填密实,并与岩体结成一体,形成止水帷幕。注浆遵循边释放溶腔压力边注浆的施工原则,释放溶腔压力孔以设在隧道上半断面圆心附近为宜,其中释放压力孔安装阀门根据注浆情况适当释放溶腔液体压力。注浆顺序为先外圈后内圈,先上半断面后下半断面。

由于溶腔充填物流动性过大,拟采用分段注浆以及一次性注浆两种方案施工。优先采用分段注浆,分段注浆长度根据注浆孔漏水程度确定;单段注浆浆液凝固后在该孔继续钻进难以成孔(或成孔短)时,则全孔采用一次性注浆。注浆范围为隧道开挖轮廓线外 5 m,即帷幕厚度。

止浆墙采用泵送混凝土施工,通过 5 cm 厚木板立模一次性浇筑完成,混凝土强度等级为 C20,上下半断面止浆墙厚度为 2.5 m,上半断面底板厚度为 1 m。在圆心附近施作一个孔径为 127 mm 的泄水孔,安装孔口管及止水阀门,以利于有控制地释放孔内水压力。

4. 注浆段施工

(1)开挖方法。

斗磨隧道帷幕注浆段采用三台阶加临时横撑法开挖,如图 5.4-9 所示。

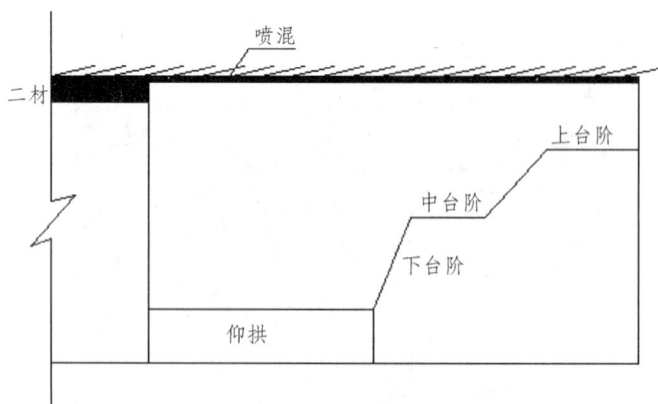

图 5.4-9 台阶法开挖示意

斗磨隧道出口工区帷幕注浆段开挖时的现场图片如图 5.4-10 所示。开挖后揭示岩石间空隙基本被注浆浆液充填，现场开挖揭示的围岩情况如图 5.4-11 所示。

图 5.4-10　帷幕注浆段隧道开挖现场图片

图 5.4-11　现场开挖揭示的围岩情况（D1K842+694）

（2）变形监测。

现场开挖时，选取 DK842+695、DK842+685 和 DK842+675 为测试断面，并选取注浆段之前的一个断面（DK842+720）为参照断面。各观测断面的实测拱顶沉降曲线如图 5.4-12 所示。

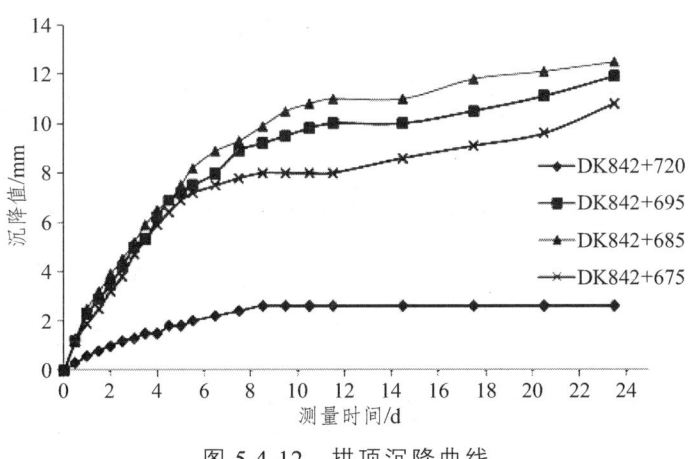

图 5.4-12　拱顶沉降曲线

由图 5.4-12 可以看出：4 个断面沉降的总体趋势为先增大，后趋于稳定，最后处于稳定状态。DK842+720 段为围岩稳定性较好的不注浆区段，

DK842+695、DK842+685、DK842+675 为注浆区段断面，可以看出，DK842+720 最终沉降值为 2.6 mm，明显小于注浆段观测断面。注浆断面的沉降曲线在开始时表现为线性增加，且 3 条曲线的线性增加段斜率基本一致，自隧道掘进通过观测断面起，从第 7 d 起，隧道沉降出现明显收敛，表现为沉降曲线曲率小、沉降趋于稳定。

  分析其产生的原因，主要在于：隧道在未注浆段（DK842+720 断面位置处），围岩完整性较好，为Ⅳ级围岩，沉降较小，基本与之前开挖的隧道Ⅳ级围岩处沉降值相近，略有增大。注浆段虽然进行了注浆加固，但围岩总体强度仍不及Ⅳ级围岩强度高，而且由于注浆不可能将溶腔所有的孔隙全部充填密实，所以，表现为其沉降值明显高于未注浆的Ⅳ级围岩段。

第6章　单斜互层围岩隧道变形控制技术

6.1　工程概况

6.1.1　工程地质及水文地质情况

沪昆高铁贵州段岗乌隧道位于关岭—普安区间，隧道纵坡设计为15‰和25‰构成的单面坡，进出口里程分别为D1K868+415和D1K881+602，全长13 187 m。隧道最大埋深为545 m。

岗乌隧道紧邻北盘江，受其影响，山麓多深沟，且窄长，地形最大高差约1 000 m，最高点为南侧埋头山，最低点为北盘江河谷。

隧道工程区基岩大多裸露，隧道洞身穿越三叠系中统杨柳井组（T_2y）、关岭组二段（T_2g^2）地层，三叠系下统永宁镇组三、四段（T_1yn^{3+4}）泥灰岩和灰岩。穿越构造有法郎向斜和葫芦井-樱桃窝断层。地层走向线在可溶不可溶交界呈线性发育，与槽谷一致。谷底岩溶地貌景观丰富，如溶蚀洼地、落水洞及漏斗等，岩溶发育。

隧道工程区各类型地下水的埋藏、分布、富水性受地质构造、地形地貌、岩性及裂隙发育程度控制。区内地下水位埋藏较浅，类型主要为岩溶水和裂隙水，孔隙水次之。

6.1.2　施工中出现的问题

岗乌隧道共有4座横洞，从进口到出口方向，依次为约1号横洞、2号横洞、4号横洞和3号横洞，四条横洞长度分别为1 620 m、1 630 m、1 962 m和634.5 m。由于岗乌隧道区域地层中地下水丰富，为及时排水，分别在1号横洞和2号横洞设有泄水洞，安排在隧道正洞贯通后施工。

在1号和2号横洞相向施工过程中，多次出现隧道大变形、喷层开裂掉块、钢架扭曲、支护侵限等情况。开挖揭示岩性为灰、深灰色及灰黄色薄层状泥灰岩、灰岩互层，泥质含量较重。岩层走向与隧道轴向平行，单斜，倾角约46°～50°，节理裂隙发育，局部小型褶皱发育，岩体破碎，地下水发育，岩体遇水浸泡后软化，容易导致隧道拱部坍塌。

1. D1K874+040～+027段施工情况

D1K874+040～D1K874+027段施工图设计为Ⅳ级围岩，采用Ⅳb型复合式衬砌及支护，通过地层岩性为三叠系中统关岭组一段（T_2g^1）泥岩、泥质白云岩，采用台阶法开挖。岗乌隧道2号横洞工区小里程方向在施工里程D1K874+040～+027处开挖揭示岩性为薄层状泥灰岩、灰岩，岩层产状倾斜，陡倾节理、裂隙发育，溶蚀破碎严重，裂隙水发育，右拱顶部有股状水流出，围岩整体性较差，隧道开挖后拱部局部易发生掉块及小坍塌。随后发现初期支护喷层混凝土出现剥落现象，钢架严重变形，如图6.1-1所示。为保证后续施工安全，及时施作套拱钢架加强支护，如图6.1-2所示。

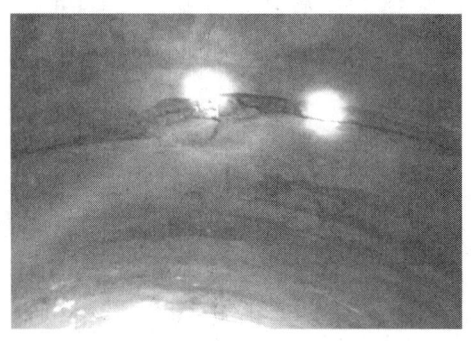 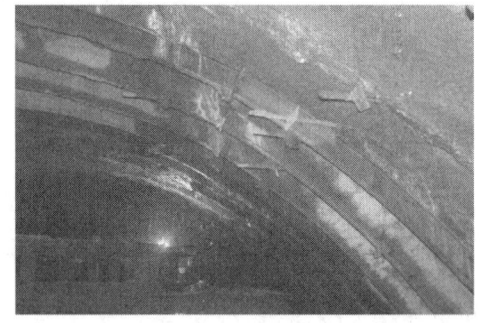

图6.1-1　D1K874+040～+027段　　图6.1-2　D1K874+040～+027段
　　　　初支破损　　　　　　　　　　　　　架设套拱

2. D1K874+027～D1K873+985段施工情况

从断面D1K874+027继续向小里程方向掘进至D1K873+985，此段施工图设计为Ⅳ级围岩，采用Ⅳb型复合式衬砌及支护，通过地层岩性为三叠系中统关岭组一段（T_2g^1）泥岩、泥质白云岩，采用台阶法施工。

2号横洞小里程方向施工至D1K873+985,隧道开挖揭示此段岩性主要为薄层状泥质灰岩、灰岩互层,岩层产状倾斜,倾角约50°,节理裂隙发育,溶蚀破碎严重,裂隙水发育,拱顶呈淋雨状流出,围岩整体性较差,隧道开挖后拱部局部易发生掉块及小坍塌。施工过程中的隧道变形监控量测结果显示,该段变形速率不断增大,在将工作面施工人员全部撤离后第二天,开挖面D1K873+985右侧(面向开挖面)拱腰处出现坍塌,塌落碎石堆积在开挖面处,如图6.1-3所示。塌腔内有水流垂直落下,出水量约45 m^3/h。

由于此处塌方量不是很大,为了保证隧道施工工期,待此处塌方稳定之后,架立拱架施作支护,并在支护背后泵送混凝土(图6.1-4),继续向前施工并加强变形监测。

图6.1-3 D1K873+985 开挖面处塌方

图6.1-4 D1K873+985开挖面处向塔腔内泵送混凝土

3. D1K873+985~+930段施工情况

从D1K873+985处继续采用台阶法向小里程方向施工至D1K873+930,揭示岩性为灰色中薄层状、泥质灰岩夹泥岩,岩层走向基本与隧道线路方向一致,倾角约50°,岩质较软,节理、裂隙严重发育,岩体切割严重,围岩整体性差。

随后隧道断面D1K873+935处变形监测结果表明,此处变形异常,拱顶沉降量达560.7 mm,断面收敛达869.6 mm,拱部喷层开裂掉块,钢架严重变形扭曲,如图6.1-5所示。为抑制隧道过大变形,对D1K873+985~+935段采用I22a护拱加固,如图6.1-6所示。

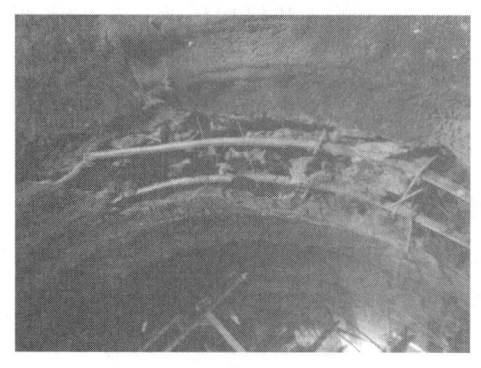

图 6.1-5　D1K873+935 处初支严重变形　　图 6.1-6　D1K873+935 处初支内层施作加固套拱

2号横洞小里程工区从 D1K874+040 至 D1K873+930 段施工过程中，多次出现隧道过大变形、围岩松弛坍塌、初支喷层开裂掉块、钢架严重扭曲等问题，导致多次加强支护处理，严重影响施工工期，威胁施工安全。另外，对变形侵限地段的初期支护还要拆除换拱，不仅延误工期，还造成施工成本大幅增加。此时，在1号和2号横洞之间尚有约 800 m 的隧道正洞没有施工，为了保证后续施工安全，保证隧道工期，必须针对围岩的特性，研究倾斜互层条件下隧道开挖后的变形机理，确定合理的应对控制技术对策。

6.2　单斜互层围岩隧道失稳机理分析

6.2.1　隧道塌方原因初步分析

塌方段围岩为薄层灰岩与泥质灰岩互层，节理裂隙较发育，岩层倾角约为 50°，岩层倾向从断面左侧指向右侧。隧道采用台阶法施工，强度等级为 C25 的喷混凝土层厚 25 cm，I18 型钢钢架，间距为 1.0 m。由于岩层层间结合差及节理裂隙发育，在隧道进行台阶法爆破开挖时，在爆破动荷载作用下，断面左侧拱腰至拱顶范围极易出现较大范围超挖，造成此处围岩松动圈厚度显著增大。如果隧道开挖后支护不及时或是超挖范围回填不密实，层间结合面在地下水的软化作用和重力的双重作用下，隧道超挖轮廓边缘处的岩层出现拉应力而进一步使薄岩层断裂松动,导致该脱落岩层(块)上部层块进一步脱落,这样在隧道断面左侧拱腰处的松动脱落范围就会越来越大,因而隧道变形也越来越大。当支护结构无法承受松动岩体的重力时,坍塌就产生了。

为了从力学机制上说明隧道塌方的机制及塌方几何特征,采用大型商业差分软件 FLAC^{3D} 建立三维数值模型进行分析。

6.2.2 隧道施工过程中数值模型建立

数值模拟计算中倾斜互层岩体如果按实际层厚建模,则模型单元数目过于巨大,计算效率极其低下,计算时间过长。为提高计算效率,同时又能说明隧道坍塌机制,在隧道周围一定范围的倾斜岩层按照实际倾角建模。为降低建模难度及减少单元数量,取岩层厚度为 0.4 m,即灰岩和泥质灰岩的层厚均为 0.4 m,岩层倾角为 50°,采用遍布节理本构关系,而倾斜岩层外部的岩体采用莫尔-库仑理想弹塑性本构关系。

计算模型通过 ANSYS 建模后再导入 FLAC^{3D} 有限差分软件[38]中进行隧道开挖支护的模拟计算。隧道数值分析模型尺寸为左右方向 90 m,X 轴正方向向右,模型高度为 82 m,模型最上方至拱顶为 45 m,正方向向上;Y 方向为隧道轴线方向,长 50 m,正方向为隧道开挖方向。此段Ⅳ级围岩断面支护设计情况如图 6.2-1 所示,划分单元后的计算模型如图 6.2-2 所示。

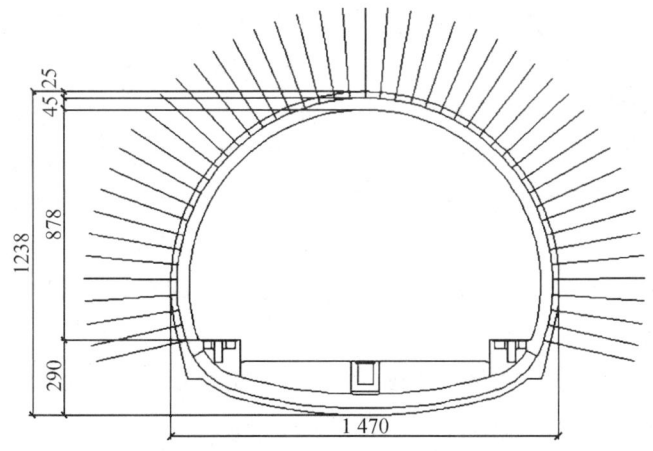

图 6.2-1 Ⅳ级围岩隧道复合式衬砌设计断面(单位:cm)

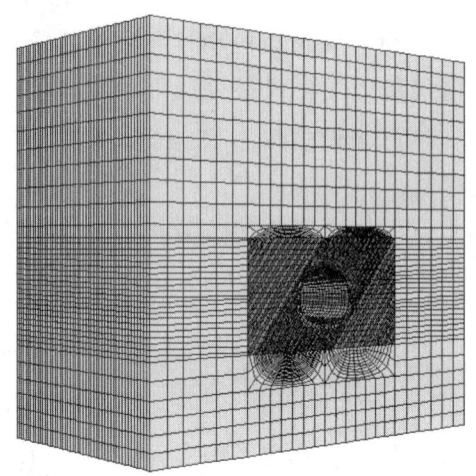

图 6.2-2　数值计算模型单元划分

在 FLAC³ᴰ 软件开挖计算时,必须约束边界,保证隧道能准确模拟实际施工工况。模型边界除了上部边界外,前后、左右及下部底面均采用位移边界条件,均约束其边界表面的法向位移。该隧道单斜地层段埋深约 400 m,模型拱顶上部距离取 45 m,以上围岩采用应力边界的方式代替实际埋深,所以模型的上表面边界采用应力边界条件。即在模型上部边界施加竖向常压应力模拟上覆地层重力,地层压力大小为 7.1 MPa。

6.2.3　本构模型

数值模拟计算采用了多种本构模型,即隧道周边附近范围的倾斜岩层采用 ubiquitous-joint 模型,其余围岩采用塑性模型组中的莫尔-库仑本构模型,隧道初期支护采用弹性本构模型,隧道开挖掉的岩体采用空模型模拟。隧道数值计算模型模拟开挖工法为三台阶法,且在开挖时各台阶两侧布置锁脚锚杆进行加固。隧道开挖的循环进尺为 1 m,台阶长度为 5 m,共 67 个计算步。

ubiquitous-joint 模型即遍布节理模型,其实际上是莫尔-库仑模型的衍生模型。当节理面除黏聚力和摩擦角外的其他莫尔-库仑参数都取很大的值时,它们会得到和莫尔-库仑模型一样的计算结果。

遍布节理模型采用拉伸破坏准则,该准则定义一个有别于抗剪强度的抗拉强度,以及一个与拉伸破坏相关的流动法则。

节理化模型是各向异性塑性模型,它包含在莫尔-库仑体内特殊方向上的弱面。根据应力状态，弱面走向以及模型体和弱面的材料特性不同，屈服可能发生在模型体内，或者发生在弱面上，或者两个部位同时发生[39,40]。

6.2.4 计算参数

约束位移边界并施加上部边界的等效荷载之后，对模型不同岩层赋予相应的物理力学参数以便进行数值计算。根据隧道开挖揭示出围岩级别特征，根据现行《铁路隧道设计规范》(TB 10003)对参数取值。数值计算参数取值见表 6.2-1 和表 6.2-2。

表 6.2-1 围岩参数

围岩级别	弹性模量 E/GPa	泊松比 μ	体积模量 K/GPa	剪切模量 G/GPa	密度 /(kg·m^{-3})	摩擦角 /(°)	黏聚力 c/MPa	抗拉强度 /MPa
互层灰岩	6.00	0.30	5.00	2.31	2 300	35	0.70	0.4
互层泥灰岩	2.50	0.35	2.78	0.93	2 100	30	0.40	0.2
均匀岩体	3.75	0.325	3.57	0.14	2 200	34	0.55	0.3

表 6.2-2 互层岩层遍布节理计算参数

围岩级别	节理摩擦角 /(°)	节理黏聚力 /MPa	节理剪胀角 /(°)	节理抗拉强度 /MPa	遍布节理倾向
互层灰岩	35	0.7	3	0.9	与 X 轴平行
互层泥灰岩	30	0.4	3	0.5	与 X 轴平行

在数值模拟计算中，隧道初支为 C25 喷射混凝土，钢架为 I18，间距为 0.8 m。为模拟初支中钢拱架的作用，初支弹性模量根据下式确定：

$$E = E_0 + \frac{S_g E_g}{S_c}$$

式中：E 为换算后初期支护的弹性模量（GPa）；E_0 为原喷混凝土的弹性模量（GPa）；S_g 为钢拱架截面面积（m^2）；E_g 为钢拱架弹性模量（GPa）；S_c 为喷混凝土的截面面积（m^2）。

初期支护弹性模量 $E = 26.6$ GPa，泊松比 $\mu = 0.2$，密度 $\rho = 2\,200$ kg/m^3。

6.2.5 计算结果分析

为模拟隧道每次开挖后围岩的应力释放,在模型中模拟施工中每一步支护工作要滞后于开挖工序 2 个计算步的情况,即上台阶支护距开挖面 2 m。为研究隧道位移及应力变化规律并具有代表性,消除端部边界效应,选取隧道模型中部断面为研究断面,在计算中监测隧道洞周的位移及应力,以此来分析其规律。

1. 初期支护应力

初期支护是保证隧道开挖后有效抑制松动区过度发展的重要措施。在模型模拟隧道开挖及支护完成后,初期支护结构的第一及第三主应力分布如图 6.2-3 所示。

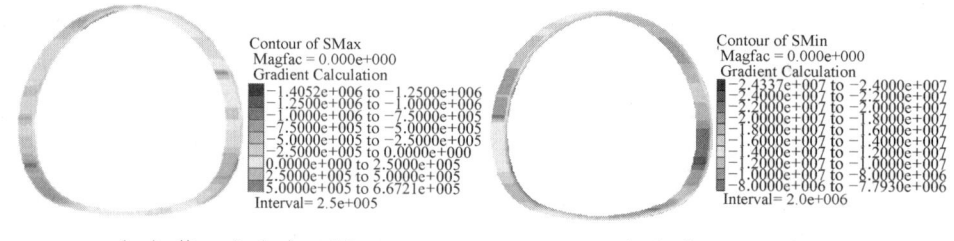

(a)第一主应力云图　　　　　　(b)第三主应力云图

图 6.2-3　初期支护主应力云图(单位:Pa)

从图 6.2-3 可以看出:单斜互层岩体隧道初期支护结构受力在大部分区域都是压应力,有小部分区域会出现拉应力,拉应力主要区域分布于左侧拱肩内侧部位,大小为 0.67 MPa,虽然数值上未超过 C25 喷射混凝土抗拉强度设计值 1.3 MPa,但由于数值模拟计算中初期支护喷混凝土层的弹性模量和强度是瞬时达到设计值的,而实际上强度是一个逐渐增长的过程。因此虽然喷混凝土层中出现的拉应力较小,但在刚刚施工完后,喷混凝土层的强度较低,由于岩层层厚较薄且节理发育及考虑到岩层产状特征,爆破极易引起断面左侧拱部围岩的过大松动,从而使初支喷层产生细小裂纹。随着后续爆破的持续震动及大气降雨入渗使节理面进一步受水浸泡软化,左侧拱部的松动区逐渐增大,围岩松动压力也持续增大。初期支护压应力最大达到 24.34 MPa,量值也是比较大的。由于喷混凝土的抗拉强度远小于其抗压强度,因而多数情况下支护结构破坏是受拉引起的。

2. 隧道变形特征

隧道周边变形特征可直接反映隧道的稳定性，因而在研究隧道施工过程中的力学性态时，隧道拱顶沉降及断面水平收敛规律是重要研究对象。在隧道施工过程中，隧道断面拱顶沉降曲线和 3 个台阶水平收敛变化曲线分别如图 6.2-4 和图 6.2-5 所示。

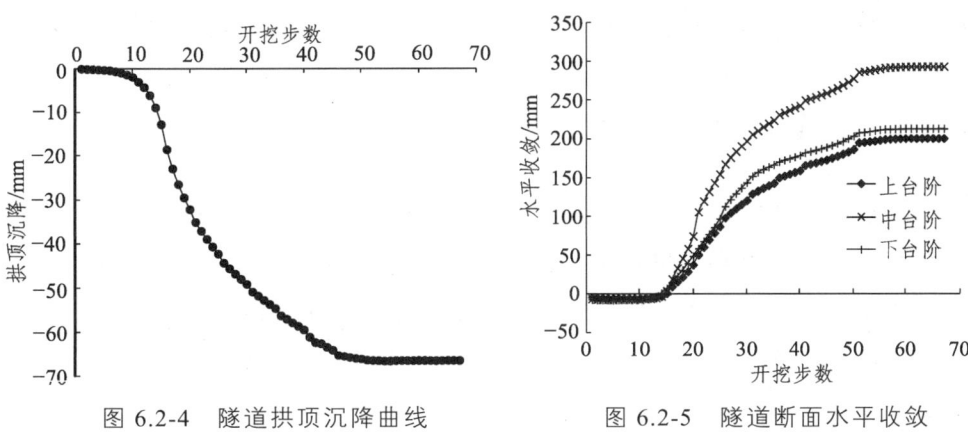

图 6.2-4　隧道拱顶沉降曲线　　　图 6.2-5　隧道断面水平收敛

由图 6.2-4 和图 6.2-5 可以看出：在隧道开挖面达到研究断面之前隧道变形都很小，随着开挖面的逐渐接近，隧道变形迅速增大，在支护封闭后趋于稳定。拱顶沉降最大值为 66.5 mm。断面上台阶水平收敛值最小，中台阶收敛值最大，为 294 mm。

3. 围岩塑性区特征

隧道模型开挖完成后，围岩塑性区如图 6.2-6 所示。

从图 6.2-6 可以看出：隧道施工引起周边围岩的塑性区范围是比较大的，塑性区基本沿隧道开挖面周边夹层区域分布，说明倾斜互层的存在降低了围岩强度，特别是左侧拱腰区域塑性区范围显著大于右侧拱腰。屈服区域范围在后续爆破施工的持续震动作

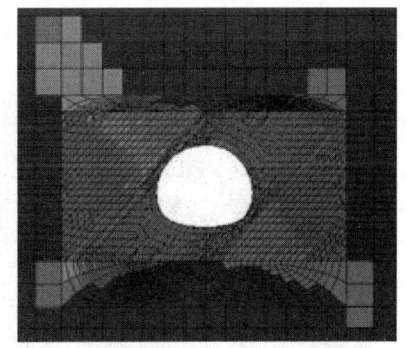

图 6.2-6　围岩塑性区分布

用下，由于薄层状围岩具有稳定性差的特征，围岩屈服区域将会进一步增大，塑性区内围岩材料力学性能不断劣化，屈服区逐渐演变为松动区。在隧道刚开挖后表现为容易出现掉块形成超挖，松动区的增大造成围岩松动压力增大，可能会产生初支喷层开裂等病害，最终将会引起隧道坍塌。

6.3 单斜互层围岩不同倾角时隧道力学特征分析

6.3.1 计算分析工况的确定

在层状岩体中进行隧道开挖，岩层不同倾角时，隧道变形及支护的受力特征都会有显著差异，也就是说软岩互层围岩中隧道的施工力学特性与岩层倾角密切相关，因而有必要分析不同岩层倾角条件下的隧道力学特征。在围岩岩层走向与隧道线路一致的情况下，由于对称性且考虑到尽量简化数值分析的工作量，取岩层倾角分别为 0°、22.5°、45°、67.5°和 90°共计 5 种工况进行分析。在保持隧道模型力学参数与岗乌隧道围岩一致情况下，研究不同岩层倾角在隧道开挖时对隧道位移及支护结构应力等的影响。

6.3.2 计算模型建立

不同岩层倾角的计算模型与图 6.2-2 基本相同，不同的仅仅是岩层的倾角及隧道周边矩形区域的薄互层岩层的倾角（图 6.3-1），模型的尺寸、边界条件、模型材料的本构模型、计算参数、施工方法及步序均相同。

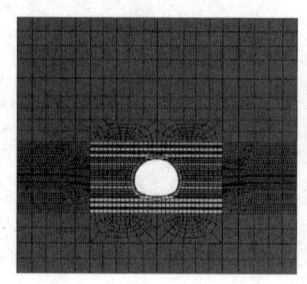 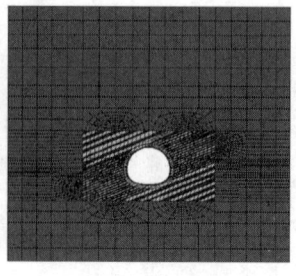 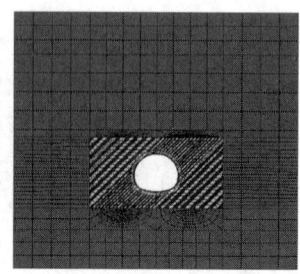

（a）倾角为 0°　　　　　（b）倾角为 22.5°　　　　　（c）倾角为 45°

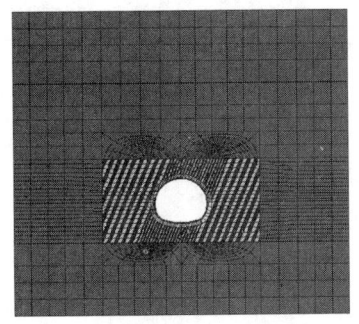
（c）倾角为75°

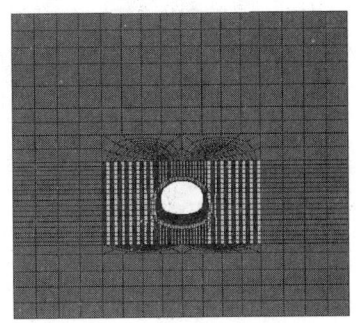
（e）倾角为90°

图 6.3-1　不同围岩倾角角度模型分析单元示意

6.3.3　计算结果分析

1. 初期支护受力分析

岩层倾角在 0°、22.5°、45°、67.5°和 90°时初期支护的主应力分布云图分别如图 6.3-2 ~ 图 6.3-6 所示。

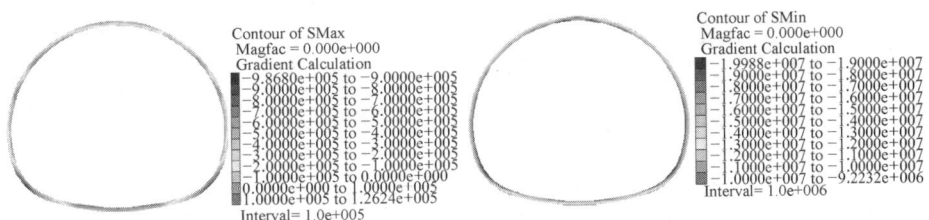

（a）最大主应力云图　　　　　　　（b）最小主应力云图

图 6.3-2　围岩夹层倾角为 0°时支护的主应力云图（单位：Pa）

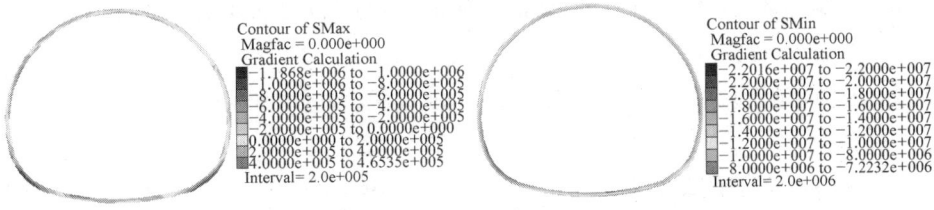

（a）最大主应力云图　　　　　　　（b）最小主应力云图

图 6.3-3　围岩夹层倾角为 22.5°时支护主应力云图（单位：Pa）

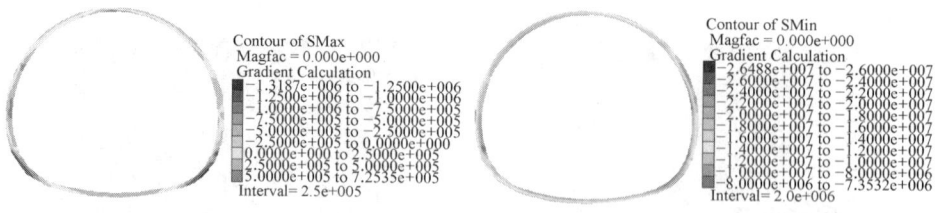

（a）最大主应力云图　　　　　　　（b）最小主应力云图

图 6.3-4　围岩倾角为 45°时的支护主应力云图（单位：Pa）

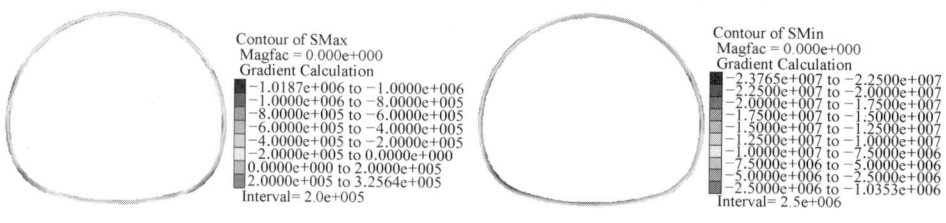

（a）最大主应力云图　　　　　　　（b）最小主应力云图

图 6.3-5　围岩倾角为 67.5°时支护主应力云图（单位：Pa）

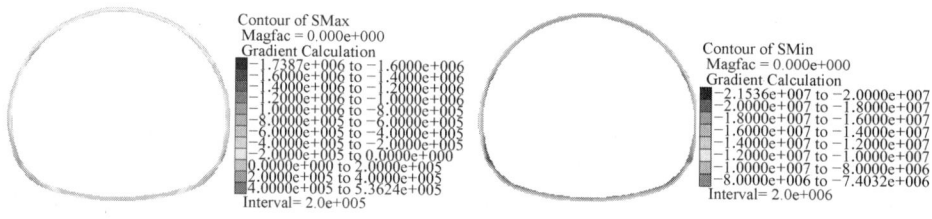

（a）最大主应力云图　　　　　　　（b）最小主应力云图

图 6.3-6　围岩倾角为 90°时支护主应力云图（单位：Pa）

从图 6.3-2～图 6.3-6 可以看出：初期支护中的最大应力在岩层倾角为 0°时，拉应力对称出现在隧道拱部，随着岩层倾角的增大，最大拉应力只出现在断面左侧支护内侧，位置有拱部、拱腰、边墙中部墙脚及拱部和两侧拱腰位置；岩层倾角在 45°时支护的最大拉应力最大，为 0.73 MPa；初期支护中的最大应力在岩层倾角为 0°时，最大压应力对称出现在断面两侧边墙墙脚处；随着岩层倾角的增大，最大压应力基本都出现在断面左侧墙脚处；岩层倾角在 45°时支护的最大拉应力最大，为 26.49 MPa。初期支护中的最大压应力已经大于 C25 混凝土的抗压强度，虽然初期支护中有钢架，但因其刚度远大于 C25 喷混凝土，很可能会引起喷层压碎。由此可见，岩层最不利倾角为

45°左右，这也再次说明了岗乌隧道 2 号横洞工区小里程方向在原设计条件下多次出现初期支护喷层开裂掉块及钢架扭曲等支护受损的原因。

当岩层倾角不同时，支护结构的最大主应力和最小主应力变化曲线如图 6.3-7 所示。由此可以看出：当岩层倾角在 45°左右时，不管是支护的最大拉应力还是最大压应力都达到了极值，但并不关于 45°角对称，右侧倾角大，相应的压应力也大。

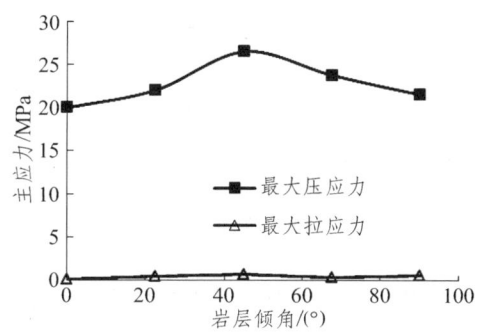

图 6.3-7　支护主应力随岩层倾角变化曲线

2. 隧道变形特征

（1）拱顶沉降。

在隧道开挖过程中，拱顶沉降与施工质量及支护强度等密切相关，施工中应尤为注意拱顶沉降变化速率，防止变化出现异常导致隧道发生破坏。

图 6.3-8 所示为不同围岩倾角下拱顶沉降变化曲线。由此可以看出：不同围岩夹层倾角隧道拱顶监测点的沉降值与开挖步变化关系的变化规律基本上一致。当隧道开挖面距中部研究断面距离比较大时，不同隧道围岩夹层倾角角度的开挖所产生的拱顶沉降较小，几乎为零沉降或微小位移。隧道位移曲线随着开挖面逐步靠近中部断面，拱顶沉降值也逐步变大；当开挖面逐步远离中部断面时，隧道拱顶沉降基本上趋于稳定。但是不同围岩夹层倾角拱顶产生的最终沉降值有所区别，围岩互层岩层在倾角为 45°情况下拱顶沉降量最大，位移为 102mm，围岩夹层在倾角为 90°情况下拱顶沉降最小。

图 6.3-9 所示为隧道拱顶沉降随岩层倾角的变化曲线。由此可以看出，在倾角为 45°时的拱顶沉降量最大，岩层水平时次之，岩层垂直时的拱顶沉降值较小。

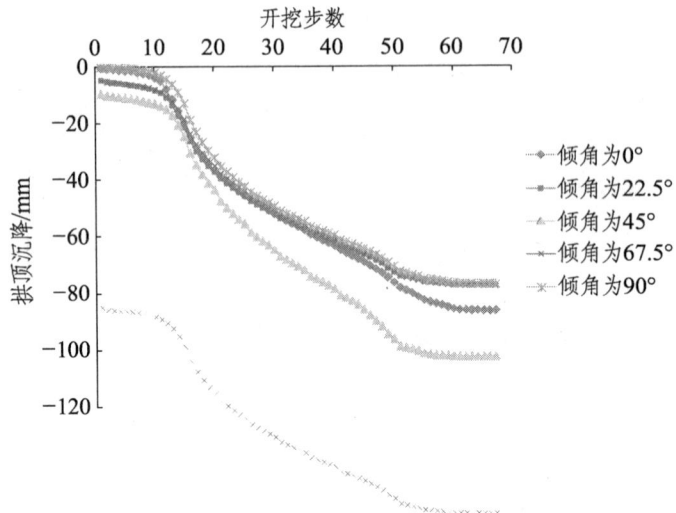

图 6.3-8　岩层倾角不同时的拱顶沉降曲线

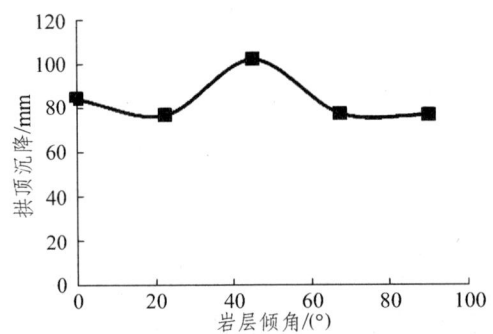

图 6.3-9　拱顶沉降随岩层倾角的变化曲线

(2) 断面收敛。

图 6.3-10 所示为不同岩层倾角情况下的隧道断面收敛随施工步的变化曲线。当隧道开挖面在到达目标断面之前,断面已经产生收敛,但量值很小;当开挖面通过目标断面前后,水平收敛值增速显著变大;当开挖面逐渐远离目标断面时,断面水平收敛逐渐趋于稳定。当岩层倾角为 22.5°时的水平收敛值最大,为 209 mm,倾角为 90°时的水平收敛值最小。

图 6.3-11 所示为上台阶水平收敛随岩层倾角的变化曲线。由此可以看出,倾角为 22.5°时的水平收敛值最大,而岩层为垂直状态时的水平收敛则最小。

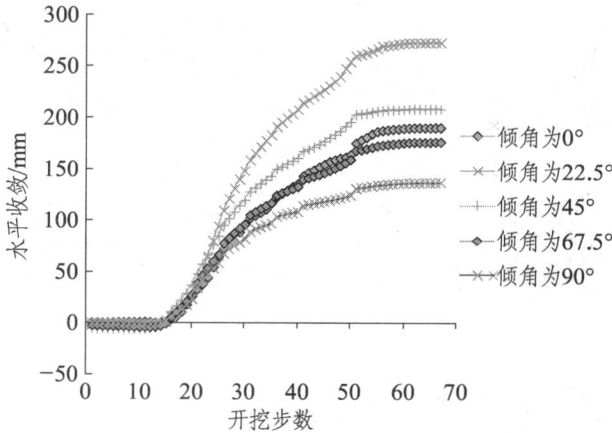

图 6.3-10　断面水平收敛随施工步的变化曲线

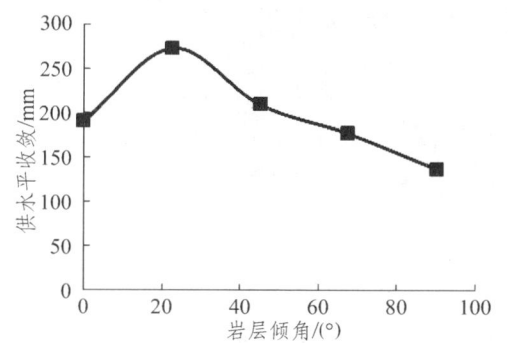

图 6.3-11　断面水平收敛随岩层倾角的变化曲线

3. 围岩塑性区分布特征

在不同岩层倾角情况下围岩塑性区分布云图分别如图 6.3-12 所示。

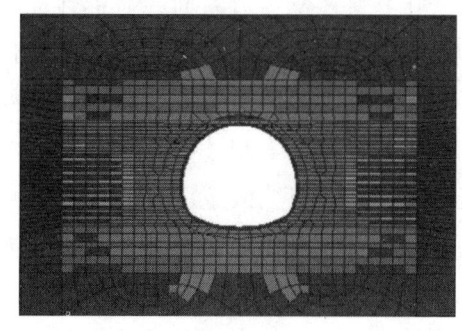

（a）岩层倾角为 0°

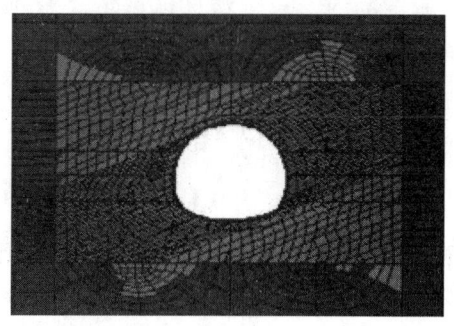

（b）岩层倾角为 22.5°

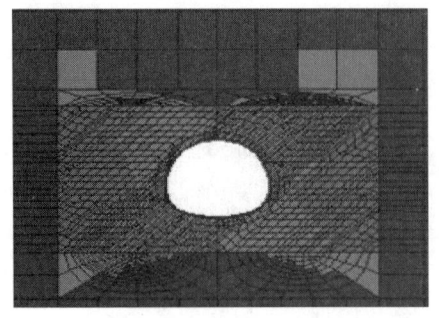

（c）岩层倾角为 45°

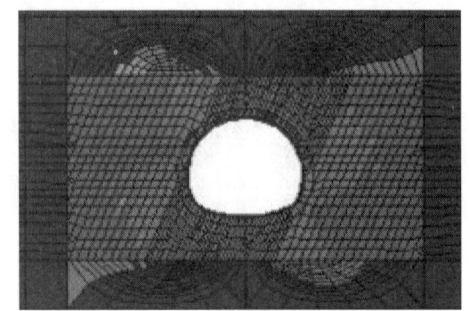

（d）岩层倾角为 67.5°

（e）岩层倾角为 67.5°

图 6.3-12　不同岩层倾角条件下围岩塑性区分布

从图 6.3-12 可以看出：不管岩层倾角大小，隧道周边围岩塑性区的范围都比较大，这是因为这种单斜软岩夹层的互层围岩存在力学的弱面，在隧道开挖后，这些互层弱面更容易产生剪切屈服。

在不同围岩夹层倾角情况下，隧道周边围岩塑性区主要分布在围岩夹层区域范围内，只是塑性区区域略有不同。由于围岩及隧道断面的对称性，岩层倾角为 0°、90°情况下的塑性区呈对称分布，拱顶及拱底区域塑性区延伸遍布节理外侧，其他部位均在单斜互层模型区域里面，与其他 3 种倾角情况相比，其塑性区范围相对较小。岩层倾角为 22.5°情况下塑性区范围沿倾向方向扩展，但扩展区域有限；岩层倾角为 45°情况下塑性区范围主要集中于单斜互层模型区域及区域四角范围内；岩层倾角为 67.5°情况下塑性区范围主要集中于单斜互层模型区域及节理夹层倾向方向四角范围内，基本沿倾向方向对称；塑性区范围基本处于单斜互层模型范围内，且基本沿倾向方向呈对称分布，且呈现相似的规律及范围。在 5 种工况中，岩层倾角为 45°时围岩的塑性区范围最大，其中以剪切屈服占据主导地位。

从以上隧道开挖支护后的初期支护受力、隧道断面变形和围岩塑性区范围大小来看，以岩层倾角为 45°时的施工风险最大，这也再次说明了岗乌隧道 2 号横洞工区小里程方向施工中多次出现初期支护开裂的原因。

6.4 单斜互层围岩隧道施工现场监测

6.4.1 监测目的

单斜互层岩层隧道施工过程由于其受力复杂，受岩层倾角影响较大，容易发生隧道大变形、拉裂、掉块甚至塌落等病害。通过前述分析，岗乌隧道 2 号横洞小里程方向泥岩与泥质灰岩薄互层围岩的岩层倾角约 50°，接近最不利倾角 45°。为了保证后续施工的安全，进一步加强支护，严格控制爆破进尺，控制爆破震动对互层围岩的不利影响，对隧道施工过程中初期支护受力和隧道变形进行现场监测。

监控量测作为隧道新奥法施工中不可或缺的环节，通过安装传感器量测支护钢架应力、喷层混凝土应力、围岩与初期支护间的接触压力、初期支护与二次衬砌之间的接触压力、拱顶沉降及断面收敛变形等信息，及时掌握隧道施工过程中的围岩稳定状态，保证隧道施工安全，并根据隧道支护结构的受力和变形的演化特征，指导现场施工。

6.4.2 监测断面内测点布置

根据 1 号横洞大里程方向和 2 号横洞小里程方向两相向开挖工作面之间未施工段的长度及工程地质情况，确定把监测断面设置在 D1K873+902 处，主要进行隧道拱顶沉降、围岩与初期支护之间的接触压力、初期支护钢拱架内外翼缘应力、初期支护与二次衬砌之间的接触压力和二次衬砌内侧混凝土应力等项目的监测。监测断面（面向大里程方向）内监测项目的测点布置如图 6.4-1 所示。

隧道拱顶沉降采用全站仪进行监测，围岩与初期支护间接触压力、初期支护与二次衬砌之间接触压力用振弦式压力盒监测，初期支护钢架应力用振弦式钢筋应力计监测，二次衬砌混凝土应力用埋入式振弦式混凝土应变计监测，振弦式传感器采用振弦式智能读数仪读取并存储传感器数据，将所监测到的传感器数据导入电脑，再利用 Excel 办公软件进行数据处理及分析。现场进行传感器安装的照片如图 6.4-2 所示。

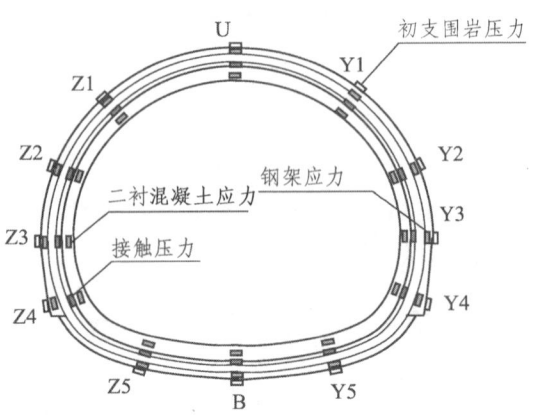

图 6.4-1 隧道断面监测项目测点布置

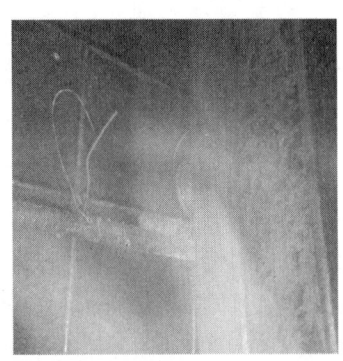

（a）安装围岩与初期支护间压力盒

（b）安装钢筋应力计

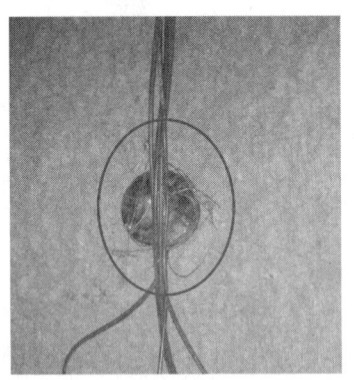

（c）安装初期支护与二衬间压力盒

（d）安装混凝土应变计

图 6.4-2 现场安装监测传感器照片

6.4.3 监测结果及分析

1. 围岩与初期支护间接触压力

隧道开挖后在围岩与初期支护之间埋设压力盒以监测初期支护与二衬间接触压力。监测断面周边各个测点的围岩与初期支护间的接触压力随时间的变化曲线如图 6.4-3 所示。

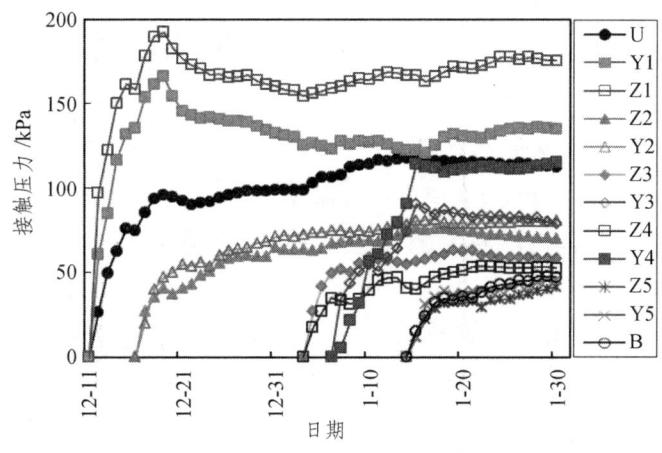

图 6.4-3 围岩与初期支护间接触压力

从图 6.4-3 可以看出：由于二号横通道工区小里程方向段落为单斜层状灰岩及泥灰岩地层，监测断面 D1K873+902 处隧道拱部的围岩与初期支护间的接触压力呈现一定程度的偏压状态，左侧拱肩（Z1）的接触压力为 197 kPa，而右侧拱肩（Y1）的接触压力为 160 kPa，拱顶处为 140 kPa。这主要是因为层状岩体在隧道左侧拱肩处承受拉应力而断裂，再加上爆破震动影响及存在原生节理，导致右侧拱肩处松动区明显大于左侧拱肩，且极易出现超挖。如果在施工过程中拱顶左侧出现超挖而在施作支护时没有及时用喷混凝土填充起来或是填充不密实，则可能会使松动范围进一步扩大，并最终导致隧道拱肩局部压力过大使支护破坏而出现坍塌。在此之前，该断面后方曾经出现的隧道拱部左侧坍塌及变形过大则可能由此原因诱发。

2. 钢架翼缘应力

为了监测初期支护型钢钢架内、外翼缘的受力大小及分布情况，在翼缘上焊接钢筋应力计，D1K873+802 断面各个测点应力随时间的变化曲线如图 6.4-4 所示。图中图例头标一撇"′"代表外侧翼缘，没有一撇的代表内侧翼缘。

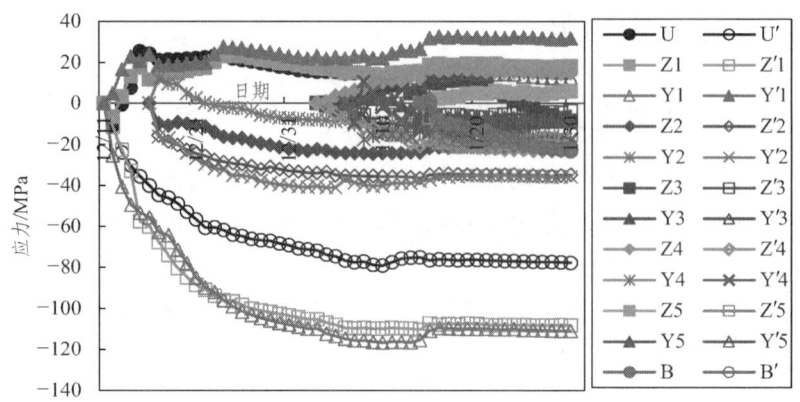

图 6.4-4　钢架翼缘应力随时间的变化曲线

从图 6.4-4 可以看出：隧道断面内型钢钢架内应力仍然主要承受压应力，最大压应力出现在右侧拱肩内侧翼缘（Y1），压应力为 111 MPa，其次为左拱肩外侧翼缘（Z′1），压应力为 108 MPa。钢架翼缘的最大拉应力出现在右侧拱肩外侧翼缘（Y′1），最大拉应力为 39 MPa，其次为左拱肩内翼缘（Z1），拉应力为 25.8 MPa；钢拱架应力不管是拉应力还是压应力，量值均较小，小于钢架的强度。

3. 初期支护与二次衬砌间接触压力

为了解初期支护结构将围岩压力传递给二次衬砌的情况，在初期支护与二次衬砌之间安装压力盒，监测接触压力在隧道断面周边的分布情况。图 6.4-5 所示为初期支护与二次衬砌之间接触压力随时间的变化曲线。

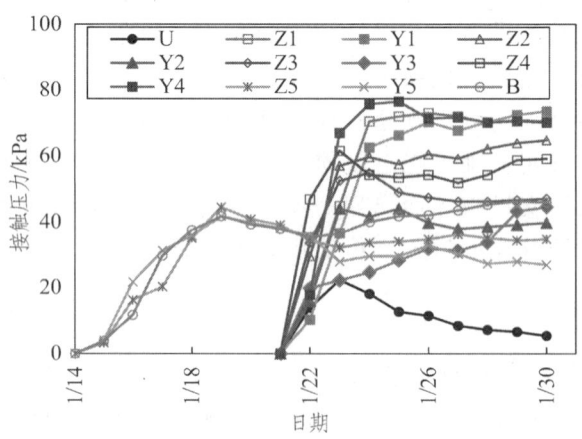

图 6.4-5　初支与二衬间接触压力随变化曲线

从图 6.4-5 可以看出：各处的接触压力在混凝土浇筑后的初期均迅速增大，然后增大速率明显减小，有些点位的接触应力随着混凝土的进一步硬化和体积收缩有一个回落的过程，后续的增长幅度都较小。拱顶处接触压力在增加到最大值后一直处于减小态势，但后期减小的速率较小，可能是隧道拱顶处混凝土凝固过程中体积收缩所致。整体上看，隧道断面各部位初期支护与二次衬砌之间的接触压力的量值都不是很大，最大压力出现在右侧拱肩（Y1），为 73.5 kPa，其次在右侧拱脚部位（Y4），为 70.1 kPa。

4. 二衬混凝土应力

为了解二次衬砌在初期支护传递荷载（接触应力）作用下的受力状态，在二次衬砌混凝土浇筑之前安装埋入式混凝土应变计，监测隧道二次衬砌混凝土的应力。

由于埋入式混凝土应变计监测混凝土的应力是通过监测混凝土的应变，将所得混凝土应变乘以混凝土的弹性模量得到混凝土的应力（式 6.4-1），而混凝土的弹性模量也是与其强度的增长密切相关的，混凝土的早龄期弹性模量受其龄期影响很大，因而在利用上式计算混凝土应力时就必须考虑混凝土浇筑后其弹性模量随龄期的变化情况。混凝土浇筑后，其弹性模量会随着龄期的延长而不断增大，达到 28 d 以后，其弹性模量达到稳定状态。

$$\sigma = E_c \varepsilon \tag{6.4-1}$$

式中：σ 为二次衬砌混凝土的应力（kPa）；E_c 为二次衬砌混凝土的弹性模量，沪昆高铁钢筋混凝土衬砌的混凝土强度等级为 C35，E_c 取 31.5 GPa；ε 为隧道二衬混凝土的在接触应力的作用下产生的应变（με）。

我们知道，混凝土通过水泥的水化作用产生一系列的物理化学反应使得混凝土的强度逐渐增大，混凝土浇筑后，其弹性模量是随着龄期的延长而不断增大，达到 28 d 以后，其弹性模量达到稳定状态。C35 混凝土的弹性模量随龄期的变化关系拟合公式为：

$$\text{当龄期 } 0 \leq t < 28 \text{ d}, \quad E_t = \frac{t}{2.82 + 0.901t} E_c \tag{6.4-2}$$

当龄期 $t \geqslant 28$ d 后，$E_t = E_c = 31.5$ GPa

混凝土的弹性模量在最初的 7 d 龄期以前变化速率非常大，可见在通过监测混凝土构件应变的方式确定其应力时，有必要修正混凝土的弹性模量。对混凝土弹性模量修正后的二次衬砌混凝土内侧应力随时间的变化曲线图如图 6.4-6 所示。

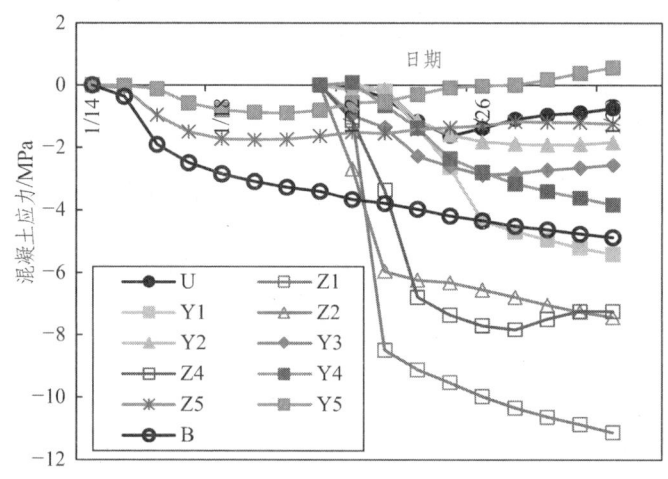

图 6.4-6　衬砌混凝土内侧应力变化曲线

从图 6.4-6 可以看出：

（1）仰拱处混凝土应力主要表现为压应力，但仰拱右侧（Y5）在混凝土浇筑初期则为压应力，增大至最大值后随着上部衬砌混凝土的浇筑则逐渐减小，最后演变为拉应力，但量值较小，仅 0.56 MPa。

（2）拱墙混凝土浇筑完成后，上部断面各部位的混凝土应力均为压应力，在传感器安装初期，应力增长迅速，而后随着混凝土强度的增长，应力增长速率显著降低，个别点位的应力还呈现负增长，如隧道拱顶部位（U）。二衬混凝土的最大压应力出现在隧道左侧拱肩（Z1），量值为 8.5 MPa，其次在左侧墙脚（Z4），大小为 6.8 MPa。

（3）拱顶处接触压力在初期达到最大压力后又逐渐减小，可能是由拱顶处混凝土在硬化过程中体积收缩所致。

5. 隧道变形

2号通道工区小里程方向监测断面内拱顶沉降为 58.6 mm，上台阶水平收敛值为 48.8 mm。由此可知，采用加强支护后该断面的变形量都属于正常变形情况。

第7章 富水岩溶隧道突水风险评估分析

7.1 富水岩溶隧道突水风险评估概述

沪昆高铁贵州段地处云贵高原岩溶发育区，当地气候湿润，年降雨量大，蕴藏了丰富的地下岩溶水。在富水岩溶区隧道施工过程中，突水突泥是最常见也是最重要的地质灾害。突水突泥地质灾害不仅严重拖延工期，而且会对隧道施工人员的生命安全及施工设备安全产生重大的威胁。因而，富水岩溶区的隧道工程属于高风险工程，必须在施工过程中，根据不断揭露的工程地质及水文地质信息，对未施工段进行施工风险等级评价，以帮助施工技术人员根据风险等级采取相应的应对技术措施，保证隧道施工安全。

风险评估是隧道施工风险管理过程的一个重要阶段，它可以帮助技术人员对隧道不同段落进行风险等级的评价。近几十年来，随着我国交通基础设施的快速发展，岩溶地区的交通隧道工程数量激增。大部分的隧道开挖和建设工程都具有不确定性，因此隧道施工是存在风险的。因此，自 20 世纪 90 年代末以来，隧道施工风险管理已列为大多数隧道建设项目的重要组成部分。为此，铁道部在 2007 年 10 月就已经发布了《铁路隧道风险评估与管理暂行规定》[41]（铁建设〔2007〕200 号），以指导铁路隧道施工中的风险评价与管理工作。

良好的隧道风险管理可以减少或消除施工过程中的风险。据国际隧协针对隧道建设调查结果，由于施工管理不善导致成本增加的占 30%~50%[42]。富水岩溶地区隧道施工风险程度高，隧道施工过程中经常发生事故。突水或涌泥是岩溶隧道施工中最严重的灾害之一。近年来，岩溶隧道施工过程中发生事故 160 余起，涌水/涌泥事故占隧道总事故的 74.5%。由此可见，突水突泥是岩溶隧道可能发生的最严重的地质灾害，极大地威胁着施工技术人员和施工设备的安全，且严重延误项目工期。为避免隧道施工过程中的人员伤亡和经济损失，对隧道突水风险进行预测是必不可少的。

岩溶隧道事故频发，这促使研究人员在隧道施工过程中研究如何消除或降低风险。目前有一些研究者通过水文地质模型、数值模拟和模型试验等方法，对地下水突水机理和渗流路径进行了研究。

尽管目前已取得了许多成果，但由于岩溶突水的危险因素多，很难进行定量化，且缺乏具体场地的地质资料，突水机理的研究仍然较为困难。虽然准确预测突水是非常困难的，但近几十年来先进地质预测技术的发展和应用使获取更多的围岩信息成为可能。

因此，准确预测突水发生概率，并及时采取有效的应对措施，以消除或减轻突水风险至关重要。针对岩溶隧道的涌水/突水风险问题，相关学者已经进行了多种评估和预测方法的研究。主要风险评估方法有层次分析法（AHP）、蒙特卡罗法、故障树法、属性数学法、多准则决策法（MCDM）、模糊综合评判等。

层次分析法（AHP）是最早被引入用于隧道施工风险评价的决策方法。但在 AHP 中，评判专家采用一个定值来表达其对备选方案的倾向性，因而被认为是有问题的。另外，一个高阶 AHP 比较矩阵常常没有满意的一致性，这也是其被研究人员所诟病的一个方面。为了克服这些缺点，模糊层次分析法（FAHP）应运而生。事实上，评判专家总是觉得给出区间判断比给出固定数值判断更合适，因为通常很难明确表达对备选方案比较过程倾向性的模糊性。本章则主要基于模糊数学理论建立一个由岩溶隧道突水突泥风险影响因素及其子因素构建的多层次模糊评价模型。模型中影响因素及其子因素的权重向量则由模糊层次分析法决定。

7.2 富水岩溶隧道施工风险等级

7.2.1 风险发生概率与风险损失

根据《铁路隧道风险评估暂行规定》（铁建设〔2007〕200 号），将工程安全风险发生概率等级分为 5 级。各等级判断标准见表 7.2-1。

表 7.2-1　风险发生概率等级判断标准

概率等级	定量判断标准（概率区间）	中心值	定性判断标准
1	$P_f<0.0003$	0.0001	几乎不可能发生
2	$0.0003 \leqslant P_f<0.003$	0.001	很少发生
3	$0.003 \leqslant P_f<0.03$	0.01	偶然发生
4	$0.03 \leqslant P_f<0.3$	0.1	可能发生
5	$P_f \geqslant 0.3$	1	频繁发生

注：① P_f为风险概率值，当概率值难以取得时，可用年发生频率代替。
② 风险发生概率等级应优先采用定量判断标准确定。当无法进行定量计算时，可采用定性判断标准确定。

7.2.2　施工风险损失等级及判断标准

隧道施工过程中风险引起的损失包括人员伤亡、经济损失、对当地环境的影响、工期延误等，根据风险引起各种损失后果的程度不同，从轻到重分为5级。当多种损失同时产生时，应采用就高原则确定隧道施工风险损失的等级。

1. 人员伤亡

人员伤亡是指在参与工程建设活动过程中所发生的人员伤亡事故。依据人员伤亡的类别和严重程度进行分级，见表7.2-2。

表 7.2-2　人员伤亡等级标准

后果定性描述	灾难性的	很严重的	严重的	较大的	轻微的
后果等级	5	4	3	2	1
人员伤亡人数/人	$F>9$	$2<F \leqslant 9$ 或 $SI>10$	$1 \leqslant F<2$ 或 $1<SI \leqslant 10$	$SI=1$ 或 $1<MI \leqslant 10$	$MI=1$

注：$F=$死亡人数；$SI=$重伤人数；$MI=$轻伤人数。

2. 经济损失

经济损失是指风险事故发生后造成工程项目发生的各种费用的总和，包括直接费用和事故处理所需的各种间接费用，见表7.2-3。

表 7.2-3　经济损失等级标准

后果定性描述	灾难性的	很严重的	严重的	较大的	轻微的
后果等级	5	4	3	2	1
经济损失/万元	>1 000	300~1 000	300~1 000	300~1 000	<30

注："~"含义为包括上限值而不包括下限值，以下各表均同。

3. 工期延误

工期延误是指隧道工程风险事故引起的工程建设时间的延长。对不同性质的工程和建设工期，采用不同的绝对延误时间，见表 7.2-4。

表 7.2-4　工期延误等级标准

后果定性描述	灾难性的	很严重的	严重的	较大的	轻微的
后果等级	5	4	3	2	1
延误时间1（控制工期工程）/（月/单一事故）	>10	1~10	0.1~1	0.01~0.1	<0.01
延误时间2（非控制工期工程）/（月/单一事故）	>24	6~24	2~6	0.5~2	<0.5

4. 环境影响

环境影响是指隧道施工对周围建（构）筑物破坏或损害、环境污染等，根据其影响程度进行分级，见表 7.2-5。

表 7.2-5　环境影响等级判断标准

后果定性描述	灾难性的	很严重的	严重的	较大的	轻微的
后果等级	5	4	3	2	1
经济损失/万元	永久的且严重的	永久的但轻微的	长期的	临时的但严重的	临时的且轻微的

注："临时的"含义为在施工工期以内可以消除的；"长期的"含义为在施工工期以内不能消除，但不会为永久的；"永久的"含义为不可逆转或不可恢复的。

在隧道施工期间，对可能发生的突水突泥风险事件，应分级预警。根据风险事件发生的概率等级和损失等级，按表 7.2-6 确定风险等级。铁路隧道风险接受准则与采取的风险处置措施见表 7.2-7。

表 7.2-6 风险等级

概率等级	后果等级	风险损失				
		1	2	3	4	5
很不可能	1	I	I	II	II	III
不可能	2	I	II	II	III	III
偶然	3	II	II	III	III	IV
可能	4	II	III	III	IV	IV
很可能	5	III	III	IV	IV	IV

表 7.2-7 隧道施工风险接受准则与采取的风险处置措施

风险等级	等级描述	接受准则	处置措施
I	极低风险	可忽略	风险水平可以接受，当前应对措施有效，不必采取额外技术、管理方面的预防措施
II	中风险度	可接受	风险水平有条件接受，工程有进一步实施预防措施以提升安全性的必要
III	高风险	不预期	风险水平有条件接受，必须实施削减风险的应对措施，并需要准备应急计划
IV	极高风险	不可接受	风险水平不可接受，必须采取有效应对措施，将风险等级降低到III级及以下水平

7.3 富水隧道施工风险评估方法原理

岩溶隧道突水风险评价就是根据隧道工程地质及水文地质特点，对隧道不同区段进行风险评价，划分区段突水风险等级。在划分风险等级的基础上，对不同突水风险等级区段实施相应的综合超前地质预报方案，制定相应的应对技术措施，以消除风险或把高风险等级降为可以接受的低风险等级。这里采用模糊综合评判理论对富水岩溶隧道施工风险进行评价，并采用层次分析法（AHP）的改进方法模糊层次分析法（FAHP）来对评判模型中的风险因素及其子因素进行赋权。

7.3.1 多层次模糊综合评判

多层次模糊综合评判的基本思想是：先按最低层次的各个因素进行综合评判，再按上一层次的各因素进行综合评判；这样一层一层依次向上评，直至评至最高层次，得出问题的最终评判结果[43,44]。这里以二级模糊综合评判为例说明其评判过程。二级模糊综合评判的主要步骤如下：

1. 确定所评价问题的因素层次

假设所要进行评判的问题的主要影响因素有 m 个，则其影响因素集为：

$$U = \{u_1, u_2, \cdots, u_m\} \tag{7.3-1}$$

u_i（$i = 1, 2, \cdots, m$）为第一层（也即最高层次）中的第 i 个影响因素，这个因素又有第二层次中的 n 个子因素，也即

$$u_i = \{u_{i1}, u_{i2}, \cdots, u_{in}\} \quad (i = 1, 2, \cdots, n) \tag{7.3-2}$$

u_{ij}（$i = 1, 2, \cdots, m; j = 1, 2, \cdots, n$）又有自己的子因素。这样，每一层中的因素都有自己的子因素，这就构成了多层次的结构评判模型。当然每层因素的子因素的数量可以不同。

所评价问题的因素层次应根据具体问题的性质和需要确定，不同性质的问题，有不同的因素层次，这样就构成了问题的层次结构；同一性质的问题，一般层次划分得越多，评判结果将会越准确，但评判工作量也会迅速增大，因而，并不是层次分得越多越好。

2. 确定影响因素的权重

根据每一层次中各个影响因素对所评价问题的重要程度，分别为每一影响因素赋以相应的权重，可得到各个影响因素层次的权重集合。方法如下：

第一层次影响因素的权重集：

$$A = (a_1, a_2, \cdots, a_m) \tag{7.3-3}$$

则第一层次中的第 i 个影响因素 u_i 的权值即为 a_i（$i = 1, 2, \cdots, m$），且应满足权重集中各权重值之和为 1。

第二层次（第一层次中影响因素的子因素）因素的权重集为：

$$A_i = \{a_{i1}, a_{i2}, \cdots, a_{im}\} \quad (i = 1, 2, \cdots, m) \tag{7.3-4}$$

式中，a_{ij}（$i=1,2,\cdots,m$；$j=1,2,\cdots,n$）是第一层次中影响因素的子因素 u_i 的第 j 个子因素 u_{ij} 的权值，应满足子权重集中各权重值之和为 1。

如果层次模型中还有更低层次的子因素，则还应有相应的权值和权重集。

3. 确定评价集

评价集就是以总评判的各种可能的结果为元素组成的集合，因而不管所评价问题的影响因素的层次有多少层，评价集只有一个。设总评判的可能结果共有 p 个，则评价集一般可以表示为：

$$V = \{v_1, v_2, \cdots, v_p\} \quad (7.3\text{-}5)$$

式中：v_k（$k=1,2,\cdots,p$）即为所评判问题的最终评判结果。对于富水岩溶隧道突水突泥风险事件的评估中，$p=4$，v_k 就是风险等级，即 $V=\{Ⅰ,Ⅱ,Ⅲ,Ⅳ\}$。

4. 一级模糊综合评判

每一个影响因素一般都有若干个低一层次的子因素，所以每一因素的单因素评判是第一层次的多个子因素的综合评判。因而，模糊综合评判应为从评判模型层次结构的最低层次开始评判，一级模糊评判应是最低层次的综合评判。下面以两个层次的模糊评判模型为例来说明模糊综合评判的过程。

在两层次的模糊综合评判模型中，一级模糊综合评判应按第二层次的各子因素进行。设评判对象按第二层次中的任一因素 u_{ij} 评判，对评价集中第 k 个元素的隶属度为 r_{ijk}（$i=1,2,\cdots,m$；$j=1,2,\cdots,n$；$k=1,2,\cdots,p$），则第二层次的单因素评判矩阵 $\boldsymbol{R}_i$ 为：

$$\boldsymbol{R}_i = \begin{bmatrix} r_{i11} & r_{i12} & \cdots & r_{i1p} \\ r_{i21} & r_{i22} & \cdots & r_{i2p} \\ \vdots & \vdots & \vdots & \vdots \\ r_{in1} & r_{in2} & \cdots & r_{inp} \end{bmatrix}$$

$$= \left[r_{ijk} \right]_{n \times p} (i=1,2,\cdots,m; j=1,2,\cdots,n; k=1,2,\cdots,p) \quad (7.3\text{-}6)$$

上述判断矩阵 $\boldsymbol{R}_i$ 中的第 j 行，表示第二层中第 j 个子因素 u_{ij} 对评价集中各个评价等级的评判结果。

那么，第二层次的模糊综合评判集为：

$$\boldsymbol{B}_i = \boldsymbol{A}_i \cdot \boldsymbol{R}_i = (a_{i1}, a_{i2}, \cdots, a_{in}) \begin{bmatrix} r_{i11} & r_{i12} & \cdots & r_{i1p} \\ r_{i21} & r_{i22} & \cdots & r_{i2p} \\ \vdots & \vdots & & \vdots \\ r_{in1} & r_{in2} & \cdots & r_{inp} \end{bmatrix}$$

$$= \{b_{i1}, b_{i2}, \cdots, b_{ip}\} \quad (7.3\text{-}7)$$

式中：b_{ik}（$i = 1, 2, \cdots, m$；$k = 1, 2, \cdots, p$）表示按第二层次中的影响因素 u_i 的各个子因素 u_{ij}（$j = 1, 2, \cdots, n$）对评价集中各个评价等级进行评判时，对评价集中第 k 个元素的隶属度。

5. 二级模糊综合评判

为了综合考虑所有因素的影响，还必须进行二级模糊综合评判，即对上一层次中各影响因素对评判目标的影响进行综合评判。在仅有两个因素层次的情况下，二级模糊综合评判即是按第一层次的所有因素 u_i（$i = 1, 2, \cdots, m$）进行综合评判。显然，二级模糊综合评判的单因素评判矩阵，应为一级模糊综合评判矩阵：

$$\boldsymbol{R} = \begin{bmatrix} B_1 \\ B_2 \\ \vdots \\ B_m \end{bmatrix} = \begin{bmatrix} A_1 \cdot B_1 \\ A_2 \cdot B_2 \\ \vdots \\ A_m \cdot B_m \end{bmatrix} = [r_{ik}]_{m \times p} \quad (7.3\text{-}8)$$

式中：$r_{ik} = b_{ik}$（$i = 1, 2, \cdots, m$；$k = 1, 2, \cdots, p$）。

于是，得到二级模糊综合评判集为：

$$\boldsymbol{B} = \boldsymbol{A} \cdot \boldsymbol{R} = \boldsymbol{A} \cdot \begin{bmatrix} A_1 \cdot B_1 \\ A_2 \cdot B_2 \\ \vdots \\ A_m \cdot B_m \end{bmatrix} = \{b_1 \quad b_2 \quad \cdots \quad b_p\} \quad (7.3\text{-}9)$$

式中：b_k（$k = 1, 2, \cdots, p$）即为二级模糊综合评判等级指标，表示评判对象按所有各层次因素进行评判时，对评价集 V 中第 k 个元素的隶属度。

如果一个模糊评价模型为多层次结构，则可按照上述步骤进行更多级的模糊综合评判。

6. 评判指标的确定

在评判矩阵 R_i 中的行向量均进行归一化后,由于各级因素的权值向量均是归一化的向量,因而,最终得到的评判指标向量 B 也是归一化的,即 $b_1 + b_2 + \cdots + b_p = 1$。

模糊综合评判的等级一般多采用最大隶属度原则,即假设 $b_k = \max\{b_1, b_2, \cdots, b_p\}$,那么评价集 V 中对应的第 k 个元素 v_k 就是该问题所评价的等级。

7.3.2 用模糊层次分析法（FAHP）确定权重

通过上述步骤,已经确定了风险事件中各个影响因素的评判结果,得到了模糊综合评判集,但第一层次中主要影响因素的权值向量和每个影响因素的子因素的权值向量也尚未确定,因而需要通过合适的方法来确定。这里用最常见的层次分析法（AHP）的改进方法模糊层次分析法（FAHP）来确定各层级中的权值向量。

1. 层次分析法

层次分析法（AHP），即 Analytic Hierarchy Process，是美国运筹学家萨蒂（T.L.Saaty）于 20 世纪 70 年代初提出的一种层次权重决策分析方法。该方法的原理是在对复杂的决策问题影响因素及其内在关系等进行分析的基础上,利用较少的定量信息使决策的思维过程数学化,从而为多目标、多准则或无结构特性的复杂决策问题提供简便的决策方法,是对难以完全定量的复杂系统作出决策的模型和方法。

层次分析法根据问题的性质和要达到的总目标,将问题分解为不同的组成因素,并按照因素间的相互关联影响以及隶属关系将因素按不同层次聚集组合,形成一个多层次的分析结构模型,从而最终使问题归结为最低层（供决策的方案、措施等）相对于最高层（总目标）的相对重要权值的确定或相对优劣次序的排定。

层次分析是将一个复杂的系统（如项目风险管理目标）分解为若干个组成部分或因素（如各种施工活动、项目风险因素等）。这些因素按属性分成若干组,每个因素又受到一系列子因素的影响,根据目标、因素及子因素相互间的支配关系构成一个递阶层次模型。

（1）确定评价因素集。

假设影响因素集为 U, $U = \{u_1, u_2, \cdots, u_n\}$。

（2）构造判断矩阵。

根据上述所确定的影响之间的相对重要性，对影响因素进行两两比较，构造判断矩阵：

$$A = \begin{bmatrix} r_{11} & r_{12} & \cdots & r_{1n} \\ r_{21} & r_{22} & \cdots & r_{2n} \\ \vdots & \vdots & \vdots & \vdots \\ r_{n1} & r_{n2} & \cdots & r_{nn} \end{bmatrix} \tag{7.3-10}$$

式中：a_{ij} 表示因素 u_i 与 u_j 比较的重要程度。两个因素的相对重要性用一个 1~9 中的具体数值来表示，其含义见表 7.3-1。

表 7.3-1 因素两两间相对重要性评估准则及其赋值

标度（b_{ij} 赋值）	基本含义
1	u_i、u_j 两因素同样重要
3	u_i 因素比 u_j 因素"稍微"重要
5	u_i 因素比 u_j 因素"明显"重要
7	u_i 因素比 u_j 因素"强烈"重要
9	u_i 因素比 u_j 因素"极端"重要
2、4、6、8	1、3、5、7、9 的中间值
倒数	若因素 u_i 与 u_j 比较判断为 a_{ij}，则因素 u_j 与 u_i 比较判断为其倒数 $1/a_{ij}$

显然判断矩阵 A 为互反矩阵，即 $a_{ij} = 1/a_{ji}$，且严格满足条件 $a_{ij}a_{jk} = a_{ik}$（$i, j, k = 1, 2, \cdots, n$），这样的正互反矩阵称为一致阵。一致阵的唯一非零特征根为 n，非零特征根 n 所对应的特征向量归一化后可作为权向量。

由于判断矩阵本身具有一定的误差，对特征向量进行复杂的精确计算也没有必要，因而可以采用简化计算方法：一致阵的任一列向量都是特征向量，一致性较好的正互反阵的列向量都应近似特征向量，可取其某种意义下的平均值，如取归一化后的列向量的算术平均值作为最大特征值对应的特征向量。

（3）确定权值向量 W。

① 对判断矩阵 A（a_{ij}）的列向量进行归一化。

$$\bar{b}_{ij} = \frac{a_{ij}}{\sum_{i=1}^{n} a_{ij}} \quad (j = 1, 2, \cdots, n) \tag{7.3-11}$$

② 对归一化后的列向量进行算术平均得到最大特征值对应的特征向量的近似值 W：

$$W = \{w_1 \quad w_2 \quad \cdots \quad w_n\}^T \quad w_i = \frac{1}{n}\sum_{j=1}^{n}\overline{b}_{ij}$$
$$(i = 1, 2, \cdots, n) \quad (7.3\text{-}12)$$

③ 判断矩阵的最大特征根 $\lambda_{\max}$。

$$\lambda_i = \frac{1}{w_i}\sum_{j=1}^{n}a_{ij}w_i \quad \lambda_{\max} = \frac{1}{n}\sum_{i=1}^{n}\lambda_i \quad (7.3\text{-}13)$$

（4）对判断矩阵的一致性进行检验。

由于判断矩阵为专家凭经验、直觉的主观判断，因此，有可能会出现诸如 u_1 比 u_2 重要，u_2 比 u_3 重要，而 u_3 又比 u_1 重要的不一致情况。为了防止这种可能，就需要对判断矩阵的不一致性进行检验。如不一致情况超过一定限值就应该重新进行评估，然后再进行检验，直至通过一致性检验为止。为此，需要计算一致性指标 CI，其定义如下：

$$CI = \frac{\lambda_{\max} - n}{n - 1} \quad (7.3\text{-}14)$$

式中：n 为判断矩阵的阶数；$\lambda_{\max}$ 为判断矩阵的最大特征根。

然后，从表 7.3-2 中查取随机性指标 RI，并计算比值 CI/RI，当 $CI/RI<0.1$ 时，可以认为评估者分析得出的判断矩阵的一致性达到了要求。否则，要重新进行判断，写出新的判断矩阵。

表 7.3-2　随机性指标 RI 取值

n	1	2	3	4	5	6	7	8	9	10
RI	0	0	0.58	0.9	1.12	1.24	1.32	1.41	1.45	1.49

2. 模糊层次分析法

从上面的过程中我们可以看到，在构造影响因素的判断矩阵时，邀请专家来对影响因素进行两两比较，用一个定值来表示两个因素的相对重要性。通常情况下，专家依靠自己的经验和知识来对不同因素进行相对重要性比较。这一思维过程，具有典型的人类思维的模糊特征，用一个定值来表达相对重要性就显得不太理想，而专家则更愿意用一个数值区间（模糊数）来表达两个因素的相对重要性,专家对此也显得更有把握。这就出现了对 AHP 法的改进方法——模糊层次分析法(FAHP)。FAHP 与 AHP 的区别就是将 AHP 的判断矩阵中表示两个因素相对重要性的数值用一个模糊数代替[45,46]。

(1)模糊数。

在 FAHP 中,用一个三角模糊数来代替两个因素之间相对重要性的比较结果。一个三角模糊数(triangular fuzzy number)M 可以简单地用 (l, m, u) 来表示,如图 7.3-1 所示。L 和 u 分别为模糊数 M 的下限和上限,m 为该模糊数最可能的值。模糊数隶属度函数的左右两侧均为线性变化,模糊数 M 的隶属度函数可以表达为

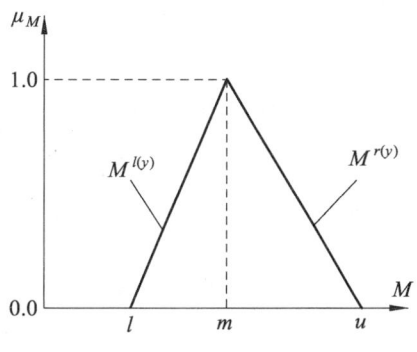

图 7.3-1　模糊数隶属度

$$\mu(x|M)=\begin{cases}(x-l)/(m-l) & l<x\leqslant m \\ (u-x)/(u-m) & m<x\leqslant u \\ 0 & 其他\end{cases} \quad (7.3\text{-}15)$$

模糊数通常用其隶属度的左右两侧的表达式来表示:

$$M=M\left(M^{l(y)},M^{r(y)}\right)=(l+(m-l)y,u+(m-u)y),\ y\in[0,1] \quad (7.3\text{-}16)$$

式中:$l(y)$ 和 $r(y)$ 分别为模糊数两侧的线性表达式。

假设因素集 $X=\{x_1, x_2, \cdots, x_n\}$,评价集 $G=\{g_1, g_2, \cdots, g_p\}$。邀请专家针对因素集中每一个因素 x_i 对评价集中每一个元素 g_k 的重要性进行评价,相对重要性用模糊数来表示,这样可以得到:

$$M_{g_i}^1(l_i^1,m_i^1,u_i^1),\ M_{g_i}^2(l_i^2,m_i^2,u_i^2),\ \cdots,M_{g_i}^m(l_i^p,m_i^p,u_i^p) \quad i=1,2,\cdots,n \quad (7.3\text{-}17)$$

式中:$M_{g_i}^j(l_i^j,m_i^j,u_i^j)$ ($i=1, 2, \cdots, n$;$j=1, 2, \cdots, p$)均为三角模糊数。

(2)确定权值向量的步骤。

第一步,确定第 i 个因素对评价目标的模糊综合重要程度的模糊数 S_i:

$$S_i=\sum_{j=1}^p M_{g_i}^j \otimes \left[\sum_{i=1}^n\sum_{j=1}^p M_{g_i}^j\right]^{-1}$$

$$=\left(\sum_{j=1}^p l_i^j\left[\sum_{i=1}^n\sum_{j=1}^p u_i^j\right]^{-1},\ \sum_{j=1}^p m_i^j\left[\sum_{i=1}^n\sum_{j=1}^p m_i^j\right]^{-1},\ \sum_{j=1}^p u_i^j\left[\sum_{i=1}^n\sum_{j=1}^p l_i^j\right]^{-1}\right) \quad (7.3\text{-}18)$$

第二步,比较两个模糊数的大小。

两个三角模糊数为 $M_1(l_1, m_1, u_1)$ 和 $M_2(l_2, m_2, u_2)$,$M_2(l_2, m_2, u_2) \geqslant M_1(l_1, m_1, u_1)$ 的程度(图 7.3-2)定义为

$$V(M_2 > M_1) = \begin{cases} 1 & \text{if } m_2 \geqslant m_1 \\ \dfrac{u_2 - l_1}{(u_2 - m_2) + (m_1 - l_1)} & \text{if } l_1 < u_2 \\ 0 & \text{其他} \end{cases} \qquad (7.3\text{-}19)$$

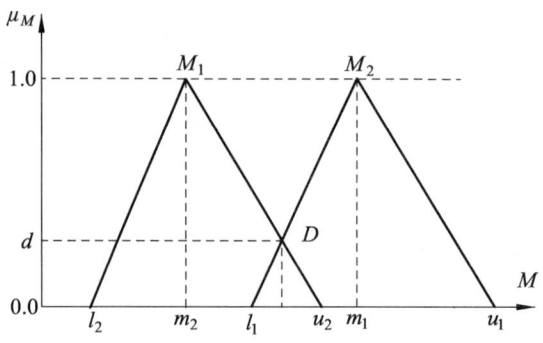

图 7.3-2 两个模糊数的比较 $V(M_2 > M_1)$

第三步,确定模糊数 M 大于 k 个模糊数 M_i($i=1, 2, \cdots, k$)的可能性程度。

$$\begin{aligned} V(M \geqslant M_1, M_2, \cdots, M_k) &= V[(M \geqslant M_1) \cap (M \geqslant M_2) \cap \cdots \cap (M \geqslant M_k)] = \min V(M \geqslant M_i), \\ & i = 1, 2, \cdots, k \end{aligned} \qquad (7.3\text{-}20)$$

假设 $d(A'_i) = \min V(S_i \geqslant S_k)$($k = 1, 2, \cdots, n; k \neq i$),则得到如下权值向量 W':

$$W' = \left(d'(A_1), d'(A_2), \cdots, d'(A_n)\right)^T \qquad (7.3\text{-}21)$$

式中:A_i($i = 1, 2, \cdots, n$)为 n 个元素。

第四步,将 W' 正规化得到归一化权值向量 W。

$$W = \left(d(A_1), d(A_2), \cdots, d(A_n)\right)^T \qquad (7.3\text{-}22)$$

7.4 富水岩溶隧道施工过程中的风险评估实例

随着我国经济的不断发展，交通基础设施建设不断向西南山区推进，富水岩溶隧道数量不断增加。岩溶隧道施工过程中突水突泥地质灾害已成为工程勘察、设计和施工重点关注的关键技术问题。如在宜万线多座隧道及贵南高铁朝阳隧道等工程施工过程中出现多起严重的岩溶突水突泥地质灾害事故，造成人员伤亡、严重延误工程工期及摧毁机械设备等重大损失。如2006年1月21日，马鹿箐隧道出口平导开挖到3 174 m（PDK255+978），注浆加固后开挖出渣时，突然发生突水突泥，瞬间突泥 $8 \times 10^4 \text{ m}^3$，最大涌水量 $72 \times 10^4 \text{ m}^3/\text{h}$，淤积平导超过1 600 m，正洞1 000 m，造成多名作业人员遇难，经济损失巨大，影响隧道施工工期一年之久。因此，在富水岩溶区进行隧道施工之前，需要根据隧道工程地质及水文地质情况对隧道不同段落进行风险评估。针对不同风险等级，采取有针对性的技术措施，以消除施工风险或将风险降低到可以接受的等级水平，保证隧道施工人员及施工设备的安全。

7.4.1 隧道施工风险评估依据

在富水岩溶区修建隧道，突发性的突泥涌水地质灾害多由隧道开挖后隐伏溶腔与隧道间的岩墙出现溃决引起。隧道工程区存在规模巨大、连通性良好、充泥水溶洞管道、大型溶腔及地下暗河系统是发生这种灾害的决定性条件。岩溶发育区的岩体本就节理裂隙比较发育，在隧道开挖爆破震动作用下，岩墙的力学性能进一步降低，当溶腔内压力过大超过岩墙承载能力时导致岩墙被压溃而发生突水突泥现象[47]。在隧道施工中，由于大气降雨入渗导致溶腔内水头大幅度增大，在岩墙压溃之前经常有一个泥沙细粒物质的潜蚀、管涌阶段，在隧道中有浑水流出甚至喷出或有污泥从缝隙中挤出，当岩墙丧失稳定性时即发突水突泥地质灾害。

预测岩墙压溃失稳发生突水突泥的条件[48-50]主要有：

（1）岩溶强发育含水层。只有岩溶强烈发育的地层才能出现大型溶腔或连通性好的大尺寸的岩溶管道，因而才可能出现较大水头。

（2）可溶岩与非可溶岩界面。在溶解度较高的可溶岩地层和非可溶岩地层界面上易于发生大型溶洞管道系统，而且常有泥水及碎石充填。

（3）大型地质构造面。大型溶洞管道系统的发育常受主要地质构造面控制，如多层、宽大裂隙等。

（4）较高的水头压力。一般岩溶系统内的水头大于50 m才可能发生突水突泥。

（5）大型地下暗河系统。地下暗河系统具有流量稳定的水流，雨季大雨或暴雨过后水流量激增，且暗河系统常伴随发育有规模较大的充填和半充填岩溶系统。

7.4.2 富水岩溶隧道施工风险评价指标

富水岩溶隧道施工风险除了常规围岩条件下的施工风险外，最重要的就是各种发育的岩溶控制的施工风险，即岩溶溶腔及溶腔充填造成的施工坍塌、突水突泥等施工灾害。要对富水岩溶隧道施工过程中最典型的突水突泥地质灾害进行评估，首先就要对影响隧道施工过程的发生突水突泥地质灾害的风险影响因素进行辨识[51]。根据不同层次的风险因素构建立层次结构模型，利用模糊综合评判理论对施工风险进行评判。

岩溶作用是一种地下水主要对可溶岩石进行化学溶解，辅以流动水的侵蚀、俯冲和崩塌等机械作用的复杂地质过程。因而，岩溶发育的前提条件是隧道围岩中要有可溶岩（溶质）、可以溶解可溶岩的水（溶液）及溶剂（CO_2）。实际上，影响岩溶隧道突水突泥的因素很多，这里主要选取地形地貌、地层岩性、不良地质构造条件、地下岩溶水动力分带特征等4个一级影响因素，而每个影响因素又包含若干数量的子因素。为了适应于两层次模糊综合评判模型，选取上述4个一级因素，12个二级子因素组成模糊评价指标系统，从而构建层级结构，如图7.4-1所示。

第 7 章 富水岩溶隧道突水风险评估分析

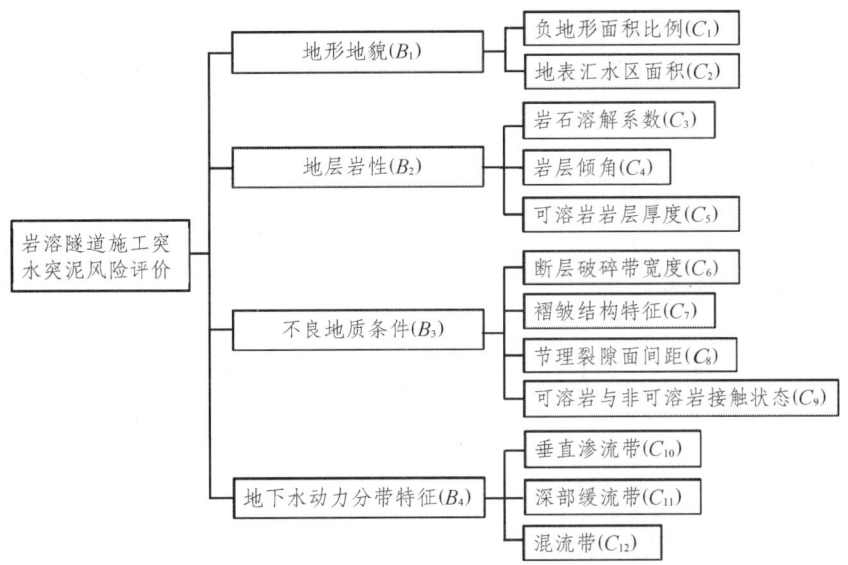

图 7.4-1 岩溶隧道突水模糊综合评判模型结构

1. 地形地貌（B_1）

岩溶地貌是可溶岩区与地下排泄有关的一种独特的地貌。岩溶洼地、竖井、降水漏斗、坡立谷、落水洞等负地形是地下岩溶系统与外部地形环境的主要连接路径。隧道工程区地形地貌特征对岩溶发育有着直接的影响：

① 山体间的沟谷或垭口中心处由于地质构造的作用，岩层比较破碎，为地下水入渗、岩溶发育提供了有利条件。

② 在河谷地带，地下水由山体向河谷排泄而岩溶发育，另外河流的侵蚀作用也易造成岩溶发育，其特点是两岸溶洞对称成层分布，溶洞规模由岸向山逐渐减小。

③ 负地形多，标志着岩溶发育。

④ 在分水岭和地形陡峻的斜坡地带，岩层裸露，地表径流大，水以表面侵蚀为主，溶沟、溶槽、石芽等发育。在地形平缓、低洼地带，地表水易下渗，地下岩溶发育，形成漏斗、竖井、落水洞、溶蚀洼地等。

地表负地形范围面积所占比例可以反映地下岩溶的发育程度。地表水沿渗流通道进入可溶岩岩层，是岩溶发育的必要条件之一，而集水区面积大小在很大程度上决定了地下岩溶系统的补给条件和渗入地下岩层的大气降雨量。这里选取负地形面积比例（C_1）和地表汇水区面积（C_2）两个子因素作为地形地貌（B_1）的二级评价指标。评价地形地貌对突水风险的贡献度，负地形面积比例（C_1）和地表汇水区面积（C_2）均按风险等级定量划分为 4 个等级。

2. 地层岩性（B_2）

可溶岩的存在是岩溶作用的先决条件，因而地层岩性是控制岩溶发育的主要因素之一。研究结果表明，CaO/MgO 比值大的岩层更容易发育具有较大高差的大型岩溶。

在质纯连续厚度大于 100 m 的泥晶至粗晶及生物碎屑结构的石灰岩地层中，岩溶发育特征为：地表、地下岩溶均发育强烈，岩溶地貌形态典型，岩溶规模大型化，正负地形高差大，常形成规模较大的岩溶管道、大型溶洞及地下暗河，岩溶富水性强。

在微至细粒及碎屑结构的白云岩及云灰岩层组、碳酸盐岩夹碎屑岩或泥质等较纯碳酸盐岩层组中，岩溶负形态相应减少，正负地形高差减小，负地形多为不平坦谷地；地下深部常有规模较小的岩溶及地下暗河发育，富水性中等。

对于碎屑岩与碳酸盐岩互层及夹层组合或含泥、硅质高的纯度较差的碳酸盐岩层，地表常发育有较小规模的岩溶、落水洞发育，局部发育有小型地下暗河，地貌形态由溶蚀向侵蚀类过渡，岩组富水程度弱。

可以用可溶岩溶解系数 t（C_3）反映岩溶发育程度，溶解系数 t 可以表达为：

$$t = \sum_{i=1}^{3} A_i B_i = A_1 B_1 + A_2 B_2 + A_3 B_3 = 0.636 B_1 + 0.259 B_2 + 0.105 B_3 \quad (7.4\text{-}1)$$

式中：A_1、A_2 和 A_3 分别为基于统计数据及专家判断的不同岩性对岩溶发育的贡献率；B_1、B_2 和 B_3 分别为强溶解率、中等溶解率和弱溶解率的可溶岩的百分比，且满足 $B_1+B_2+B_3=1$。

岩层产状也是影响地下水渗透性和岩溶发育的因素之一。地下水沿着地层面要比垂直于地层方向更容易发生渗流。因此，岩体的渗透性是各向异性的。岩层产状还对地下水在岩体中的补给、径流、排泄和入渗特性产生显著影响。水平地层入渗条件差，抑制了岩溶发育；对于垂直地层，地表集水面积小，地下水循环弱，岩溶发育程度弱。

岩层倾角（C_4）不同，对地下水入渗地层的影响也是不同的。根据岩溶发育案例的统计结果，最有利于岩溶发育的岩层产状为向斜或背斜具有倾角 25°～65°的两翼。另外，可溶岩岩层厚度（C_5）也是影响岩溶发育的一个重要因素，厚度越大的可溶岩，越有利于大型岩溶的发育。

3. 不良地质条件（B_3）

此处所说的不良地质条件主要指断层、褶皱、节理裂隙和可溶岩与非可溶岩接触带等可以成为储水及涌水通道的含水构造，如岩溶管道、地下暗河及宽大裂隙等。隧道突水灾害的严重程度主要受不利地质构造的空间位置及其特征所控制。地下水在可溶岩与非可溶岩接触带处比在不溶性岩石中更容易流动。地下水在接触带内流动，会溶解、冲刷可溶性岩石，加强岩溶发育，诱发大型岩溶系统。

因而，选取断层破碎带宽度（C_6）、褶皱结构特征（C_7）、节理裂隙面间距（C_8）和可溶岩与非可溶岩接触状态（C_9）作为一级影响因素不良地质条件（B_3）的二级子因素。

4. 地下水动力分带特征（B_4）

地下水的存在和活动是岩溶发育的先决条件。地下水的动力特征对岩溶发育具有重大影响。各类含水介质与地质构造条件在空间上的组合，构成具有三维空间关系的水文地质结构。各类水文地质结构再与岩溶水的补给、径流、排泄形式的组合，构成复杂多样的水动力剖面模式。根据岩溶发育、含水介质构造及地下水径流条件，将水动力剖面模式分为垂直渗流带（C_{10}）、深部缓流带（C_{11}）和混流带（C_{12}）。混流带又分为季节变动带和水平径流带。垂直渗流带常常通过岩溶裂隙及溶蚀管道等与地表负地形如岩溶漏斗、槽谷、落水洞、岩溶洼地等相连，可以将通过汇水区收集的地表大气降雨渗流至垂直渗流带。深部缓流带多位于山体深部，常常在隧道底板以下，很少在隧道上方具有较大高差；混流带内地下水的运移通道多为较宽裂隙和岩溶管道，具有较好的径流条件。

为了满足岩溶隧道突水突泥风险事件 4 个风险等级（Ⅰ、Ⅱ、Ⅲ及Ⅳ）的模糊综合评判的要求，在参考已有岩溶隧道施工案例及岩溶研究成果的基础上，将上述 12 个评价指标定量分为 4 个等级。对于不易量化的指标，采用专家打分的方法进行分级，见表 7.4-1。

表 7.4-1 岩溶隧道突水风险指标分级标准

评价指标		突水风险等级			
		I	II	III	IV
C_1	负地形比例/%	0~20	20~40	40~60	>60
C_2	很粗糙面积/km²	0~2	2~4	4~6	>6
C_3	岩石溶解系数（t）	0~0.042 <60	0.042~0.104 60~70	0.104~0.254 70~85	>0.254 >85
C_4	岩层倾角/（°）	0~10	80~90	10~25；65~80	25~65
C_5	可溶岩层厚度/m	0~0.2	0.2~0.4	0.4~0.8	>1.0
C_6	断层破碎带宽度/m	0~0.2	0.2~0.6	0.6~1.0	>1.0
C_7	褶皱结构特征/%	<60	60~70	70~85	>85
C_8	节理间距/m	>1.0	0.4~1.0	0.2~0.4	0~0.2
C_9	可溶岩与非可溶岩接触状态	<60	60~70	70~85	>85
C_{10}	垂直渗流带	<60	60~70	70~85	>85
C_{11}	深部缓流带	<60	60~70	70~85	>85
C_{12}	混流带	<60	60~70	70~85	>85

7.4.3 指标集及评价集的确定

4个一级指标和12个二级指标构成了富水岩溶隧道施工突水突泥风险模糊综合评判的层次结构模型（图 7.4-1）。这样，风险评价的指标集也就分成两层，第一层的指标集为 $U = \{B_1, B_2, B_3, B_4\}$，第二层的指标集为 $B_1 = \{C_1, C_2\}$，$B_2 = \{C_3, C_4, C_5\}$，$B_3 = \{C_6, C_7, C_8, C_9\}$ 和 $B_4 = \{C_{10}, C_{11}, C_{12}\}$。在 7.2 节中已经将富水岩溶隧道施工中的突水突泥风险等级进行了划分，因而得到风险评价集：$V = \{v_1, v_2, v_3, v_4\}$，其中 v_1、v_2、v_3 和 v_4 分别代表风险等级 I、II、III 和 IV。

7.4.4 风险指标隶属度和评价矩阵的确定

1. 风险指标隶属度的确定

风险评价指标 C_i（$i = 1, 2, \cdots, 12$）对风险评估目标 v_j（$j = 1, 2, 3$，

4）的影响作用可用隶属度函数决定的指标隶属度来表达。常用的隶属函数形式很多种，主要有正态型、偏小型、偏大型、三角模糊数、梯形和脊形等。这里利用简单的三角模糊数作为各个风险指标的隶属度函数。三角模糊数隶属度函数可以构造出如下形式：

$$\mu_{C_i}^{\mathrm{I}}(x) = \begin{cases} 1 & x \leqslant 10 \\ (30-x)/(30-10) & 10 < x \leqslant 30 \\ 0 & 其他 \end{cases} \quad (7.4\text{-}2a)$$

$$\mu_{C_i}^{\mathrm{II}}(x) = \begin{cases} (x-10)/(30-10) & 10 < x \leqslant 30 \\ (50-x)/(50-30) & 30 < x \leqslant 50 \\ 0 & 其他 \end{cases} \quad (7.4\text{-}2b)$$

$$\mu_{C_i}^{\mathrm{III}}(x) = \begin{cases} (x-30)/(50-30) & 30 < x \leqslant 50 \\ (70-x)/(70-50) & 50 < x \leqslant 70 \\ 0 & 其他 \end{cases} \quad (7.4\text{-}2c)$$

$$\mu_{C_i}^{\mathrm{IV}}(x) = \begin{cases} 1 & x > 70 \\ (x-50)/(70-50) & 50 < x \leqslant 70 \\ 0 & 其他 \end{cases} \quad (7.4\text{-}2d)$$

式中：$\mu_{C_i}^{\mathrm{I}}(x)$、$\mu_{C_i}^{\mathrm{II}}(x)$、$\mu_{C_i}^{\mathrm{III}}(x)$ 和 $\mu_{C_i}^{\mathrm{IV}}(x)$ 分别为风险评价指标 C_i 对评价集中各个风险等级的隶属度；x 为专家对某一评估事件中风险评价指标 C_i 评判得分，范围为 0~100。

类似地，其他评价指标可以参考上述方法构造出类似的隶属度函数。将这些隶属度函数曲线绘制出来以清楚显示各个指标隶属度的变化特征，如图 7.4-2 所示。

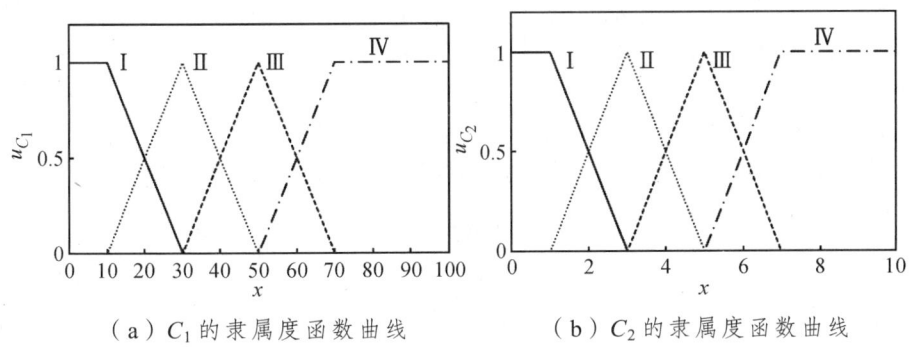

（a）C_1 的隶属度函数曲线　　（b）C_2 的隶属度函数曲线

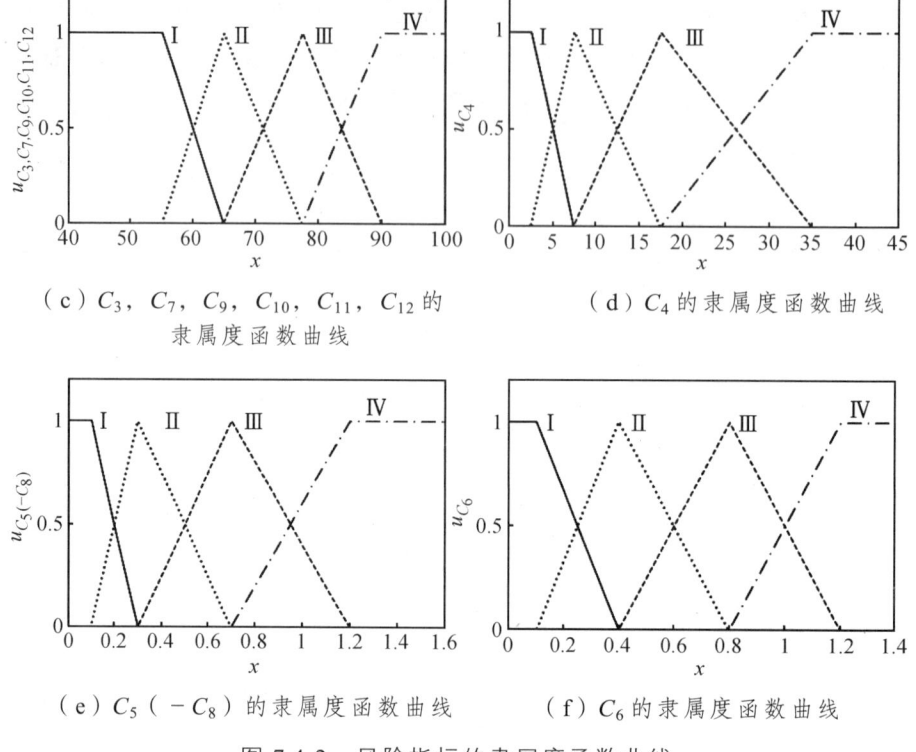

图 7.4-2　风险指标的隶属度函数曲线

注：（e）中 $-C_8$ 中的负号表示 C_8 的隶属度等级曲线与 C_5 的顺序相反。

2. 评价矩阵的确定

根据二层次的模糊综合评判方法，4 个一级指标的评价矩阵 U_A 为：

$$U_A = \begin{bmatrix} W_{B_1} \cdot U_{B_1} \\ W_{B_2} \cdot U_{B_2} \\ W_{B_3} \cdot U_{B_3} \\ W_{B_4} \cdot U_{B_4} \end{bmatrix} \quad (7.4\text{-}3)$$

式中：U_{Bi} 和 W_{Bi} 分别为对应于一级指标 B_i 的二级指标的评价矩阵和权值向量。

由 B_i 的二级指标对评价指标的隶属度，构建出评价矩阵 U_{Bi}：

$$U_{B_i} = \begin{pmatrix} \mu_{11}^i & \cdots & \mu_{1m}^i \\ \vdots & & \vdots \\ \mu_{n1}^i & \cdots & \mu_{nm}^i \end{pmatrix} \quad (7.4\text{-}4)$$

式中：μ_{lk}^{i}（$1 \leqslant l \leqslant n$；$1 \leqslant k \leqslant m$）为二级评价指标 C_l 对评价等级 v_k 的隶属度，C_l 则为一级指标 B_i 的子因素二级指标。此处，由于有 4 个风险等级，则 $m = 4$；当 i 为 1、2、3 和 4 时，n 分别对应取 2、3、4、3。

于是，通过模糊关系合成，可以得到模糊综合评判的评价集 V：

$$V = W_A U_A = \{v_1, v_2, v_3, v_4\} \tag{7.4-5}$$

式中：W_A 即为一级指标的权值向量。

依据最大隶属度原则，假设 $v_l = \max(v_1, v_2, v_3, v_4)$，则 v_l 就是评判风险等级。

7.4.5 影响因素及其子因素权值向量的确定

邀请专家对 4 个一级指标和 12 个二级指标评价集中的 4 个风险等级进行两两比较，并利用式（7.3-17）~（7.3-22）及式（7.3-14），得到 4 个一级指标的比较矩阵见表 7.4-2，12 个二级指标的比较矩阵见表 7.4-3。

表 7.4-2　一级指标的比较矩阵及权值向量

指标	B_1	B_2	B_3	B_4	权值（W_A）
B_1	（1，1，1）	（1/4，1/2，1）	（1/6，1/4，1/2）	（1/5，1/3，1）	0.110 7
B_2	（1，2，4）	（1，1，1）	（1/4，1/2，1）	（1/4，1/2，1）	0.229 5
B_3	（2，4，6）	（1，2，4）	（1，1，1）	（1，2，4）	0.353 5
B_4	（1，3，5）	（1，2，4）	（1/4，1/2，1）	（1，1，1）	0.306 3

$CR = 0.01$（<0.1），满足一致性要求。

表 7.4-3（a）　B_1 的二级指标的比较矩阵及权值向量

指标	C_1	C_2	权值（W_{B1}）
C_1	（1，1，1）	（1，2，4）	0.667 9
C_2	（1/4，1/2，1）	（1，1，1）	0.332 1

$CR = 0$，具有完全一致性。

表 7.4-3（b） B_2 的二级指标的比较矩阵及权值向量

指标	C_3	C_4	C_5	权值（W_{B2}）
C_3	（1，1，1）	（1，2，4）	（1，2，4）	0.429 6
C_4	（1/4，1/2，1）	（1，1，1）	（1，2，4）	0.358 6
C_5	（1/4，1/2，1）	（1/4，1/2，1）	（1，1，1）	0.211 8

$CR = 0.027$（＜0.1），满足一致性要求。

表 7.4-3（c） B_3 的二级指标的比较矩阵及权值向量

权值	C_6	C_7	C_8	C_9	权值（W_{B3}）
C_6	（1，1，1）	（1，2，4）	（2，4，6）	（1，3，5）	0.361 1
C_7	（1/4，1/2，1）	（1，1，1）	（1，2，4）	（1，3，5）	0.299 5
C_8	（1/6，1/4，1/2）	（1/4，1/2，1）	（1，1，1）	（1，2，4）	0.211 6
C_9	（1/5，1/3，1）	（1/5，1/3，1）	（1/4，1/2，1）	（1，1，1）	0.127 8

$CR = 0.032$（＜0.1），满足一致性要求。

表 7.4-3（d） B_4 的二级指标的比较矩阵及权值向量

权值	C_{10}	C_{11}	C_{12}	权值（W_{B4}）
C_{10}	（1，1，1）	（1，2，4）	（1/4，1/2，1）	0.348 2
C_{11}	（1/4，1/2，1）	（1，1，1）	（1/5，1/3，1）	0.199 4
C_{12}	（1，2，4）	（1，3，5）	（1，1，1）	0.452 4

$CR = 0.005$（＜0.1），满足一致性要求。

7.4.6　工程应用

1. 工程背景

丫口寨隧道是沪昆高铁贵州段的一座岩溶隧道，位于贵州省关岭县。丫口寨隧道全长 4497 m，进出口里程分别为 D1K845＋478 和 D1K849＋975，最大埋深为 355 m。隧道岩溶地下水丰富，节理裂隙发育。

隧道沿线穿越地层岩性主要为灰岩、白云质灰岩、泥灰岩、泥岩和砂岩。在隧道全长范围内存在可溶性碳酸盐岩。隧道山体地表广泛分布有岩溶漏斗、落水洞、岩溶洼地等典型岩溶地貌。丫口寨隧道地质纵剖面如图 7.4-3 所示。

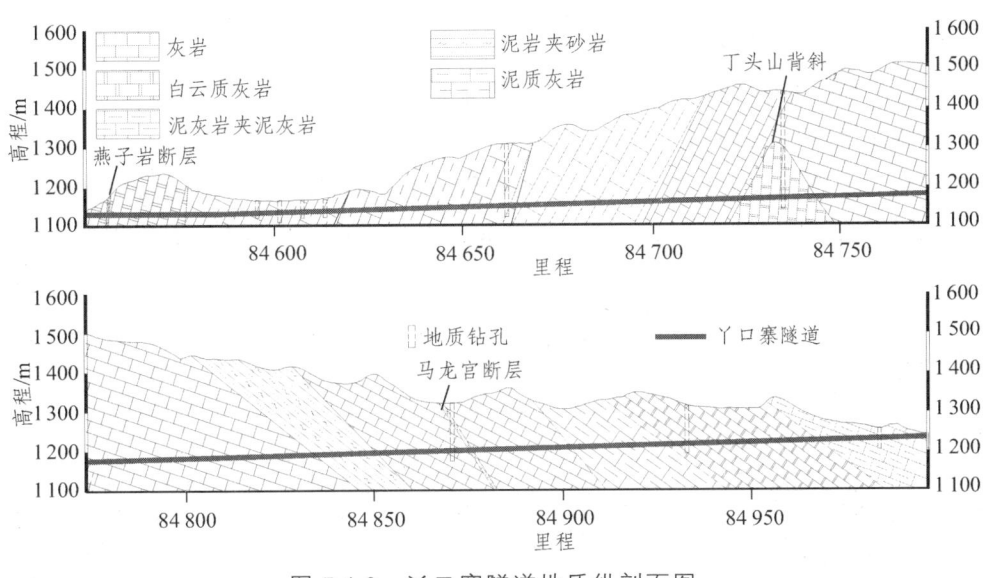

图 7.4-3　丫口寨隧道地质纵剖面图

丫口寨隧道穿越的主要不良地质构造有燕子岩断层和马龙宫断层，二者断层影响带宽度分别为 6 m 和 20 m，穿越丁头山背斜。隧道在 D1K845+930～D1K846+040 间穿越地面河流，最小埋深 22 m，如图 7.4-4 所示。现场踏勘发现，在隧道线路两侧山脚发现有 3 处地下暗河的出口，标高均高于隧道拱顶。

图 7.4-4　丫口寨隧道下穿明河照片

为了保证隧道施工安全，降低隧道突水突泥风险，采用二层次模糊综合评判模型对隧道不同施工段落进行风险评估，以便根据评估结果采取有针对性的应对措施。

2. 评价指标的现场数据

根据隧道沿线地形地貌特征、工程地质及水文地质特征，将丫口寨隧道全长分成 8 个段落分别进行评价。用于计算 12 个评价指标具体隶属度的数据主要来源于隧道设计图、工程地质勘察探孔岩芯的试验数据、地球物理探测结果以及专业地质工程师在隧道工程区踏勘实测结果等，这些数据列于表 7.4-4。

表 7.4-4　丫口寨隧道 8 个段落的评估指标数据

里程范围	评价指标											
	B_1		B_2			B_3				B_4		
	C_1	C_2	C_3	C_4	C_5	C_6	C_7	C_8	C_9	C_{10}	C_{11}	C_{12}
D1K845+478~D1K845+764	25	1.5	70	15	0.3	6	55	0.3	50	60	80	70
D1K845+764~D1K846+624	70	7.2	85	29	0.5	0.35	70	0.15	65	70	80	83
D1K846+624~D1K847+003	15	1.2	83	27	0.7	0.3	55	0.55	50	70	65	81
D1K847+003~D1K848+346	50	8.3	88	32	0.5	0.3	90	0.4	85	70	75	85
D1K848+346~D1K848+508	20	0.7	50	37	0.12	0	65	0.5	90	60	60	60
D1K848+508~D1K849+018	75	4.3	90	24.5	0.6	20	60	0.35	85	75	76	82
D1K849+018~D1K849+680	63	2.2	83	35	0.55	0.3	70	0.4	55	70	70	75
D1K849+680~D1K849+975	20	1.1	80	20	0.25	0.2	65	0.2	50	60	60	70

3. 隧道各段落风险评价结果

将表 7.4-4 中 8 个评估段落的 12 个评价指标数据，分别代入式（7.4-2）可以得到 4 个一级指标 B_i 下二级指标式（7.4-4）所示的评价矩阵 U_{Bi}（$i=1$,

2，3，4），再利用式（7.4-3）和表 7.4-3 中的权值向量 W_{Bi}，得到一级指标的评价矩阵 U_A，最后再利用式（7.4-5）和表 7.4-2 中的权值向量 W_A，得到隧道不同段落的评价向量。根据最大隶属度原则就可以确定隧道每个段落的施工风险等级，结果见表 7.4-5。

表 7.4-5 丫口寨隧道 8 个段落的风险等级评判结果

里程范围	评价集各元素值				风险等级（v_l）
	v_1	v_2	v_3	v_4	
D1K845+478 ~ D1K845+764	0.250 4	0.329 4	0.280 3	0.139 9	Ⅱ
D1K845+764 ~ D1K846+624	0.021 3	0.303 4	0.322 2	0.353 2	Ⅳ
D1K846+624 ~ D1K847+003	0.282 1	0.279 1	0.311 9	0.126 9	Ⅲ
D1K847+003 ~ D1K848+346	0.042 5	0.204 3	0.349 2	0.403 9	Ⅳ
D1K848+346 ~ D1K848+508	0.496 9	0.338 2	0.037 4	0.127 5	Ⅰ
D1K848+508 ~ D1K849+018	0.052 9	0.116 0	0.421 0	0.410 1	Ⅲ
D1K849+018 ~ D1K849+680	0.102 4	0.336 0	0.387 9	0.173 7	Ⅲ
D1K849+680 ~ D1K849+975	0.298 2	0.390 7	0.242 3	0.068 9	Ⅱ

从表 7.4-5 可以看出，D1K845+764 ~ D1K846+624 和 D1K847+003 ~ D1K848+346 两段为突水突泥的高风险段落，因而在施工过程中要充分进行多种手段相结合的超前地质预报工作，先探后挖，做好超前支护，采用控制爆破方法进行开挖，及时支护及时封闭，做好隧道施工风险预警工作，备好隧道紧急情况逃生装置并进行演练，施工过程中坚持认真做好监控量测工作，及时分析监控量测数据，以消除施工风险或显著降低施工风险。D1K846+624 ~ D1K847+003、D1K848+508 ~ D1K849+018 和 D1K849+018 ~ D1K849+680 这 3 个段落突水风险等级为中等风险，在施工过程中应做好多种手段相结合的超前地质预报工作，先探后挖，做好超前支护，采用控制爆破方法进行开挖，及时支护及时封闭，坚持认真做好监控量测工作，及

时分析监控量测数据。D1K845+478~D1K845+764 和 D1K849+680~D1K849+975 两段突水风险等级为低风险,可以照常施工,但应加强监控量测工作,及时分析监控量测数据。D1K848+346~D1K848+508 无突水风险,可以正常施工。

7.4.7 基于考虑误判损失的贝叶斯判别模型

仔细观察表7.4-5中D1K848+508~D1K849+018段的评价集中元素值,可以发现 $v_3 = 0.4210$,$v_4 = 0.4101$,由于v_3是评价集中的最大值元素,因而,依据最大隶属度原则,此段隧道突水风险被评判为Ⅲ级。但是v_3的值仅比v_4大2.6%,由于突水评估模型中指标权值的确定方法中人类思维方式、模糊评判方法及指标数据均存在一定的模糊性,此时隧道突水风险等级很可能会出现误判。如果隧道突水风险等级出现误判,必然会产生经济损失。一般来讲,将风险等级本应为Ⅲ级的段落误判为Ⅳ级产生的经济损失与将风险等级本应为Ⅳ级的段落误判为Ⅲ级产生的经济损失是不同的,因而两种风险等级条件下采取的应对措施是不相同的。在这种情况下,根据两种情况下的误判损失大小,可以利用贝叶斯(Bayesian)判别法对该段落的突水风险再次进行判别,使得产生的误判损失最小。

1. 贝叶斯判别原理

这里仅针对丫口寨隧道工程 D1K848+508~D1K849+018 段落的施工风险判定问题进行描述。假设Ⅲ、Ⅳ级风险指标均为多维正态总体G_1和G_2,相应地其分布密度分别为$f_1(x)$和$f_2(x)$,且假设二者对应出现的概率分别为q_1和q_2。此处的q_1和q_2为风险事件的先验概率,可以通过统计岩溶隧道发生突水案例中二者的发生频率来确定;如果缺乏此类数据,则可以近似用其隶属度来代替其先验概率。假定在判别规则$R=(R_1$和$R_2)$下,把本来属于G_1的错判给了G_2造成的工程损失为$C(2|1)$,把本来属于G_2的错判给了G_1造成的工程损失为$C(1|2)$。则把本属于G_1的一个样本错判给G_2的概率为:

$$P(2|1, R) = \int_{R_2} f_1(x) \mathrm{d}x \quad (7.4\text{-}6)$$

类似地,把本属于G_2的一个样本错判给G_1的概率为:

$$P(1|2,\ R)=\int_{R_1}f_2(x)\mathrm{d}x \qquad (7.4\text{-}7)$$

这样，对于 G_1 而言，风险错判造成的平均损失为：

$$r(1,R)=C(2|1)P(2|1,R) \qquad (7.4\text{-}8)$$

而对于 G_2 而言，风险错判造成的平均损失为：

$$r(2,R)=C(1|2)P(1|2,R) \qquad (7.4\text{-}9)$$

在判别规则 $R=(R_1 和 R_2)$ 下，基于先验概率 q_1 和 q_2 的误判造成的平均损失为：

$$\begin{aligned}g(R)&=q_1L(1,R)+q_2L(2,R)=D(2|1)q_1\int_{R_2}f_1(x)\mathrm{d}x+D(1|2)q_2\int_{R_1}f_2(x)\mathrm{d}x\\&=\int_{R_2}D(2|1)q_1f_1(x)\mathrm{d}x-\int_{R_2}D(1|2)q_2f_2(x)\mathrm{d}x+\int_{R_2}D(1|2)q_2f_2(x)\mathrm{d}x+\\&\quad\int_{R_1}D(1|2)q_2f_2(x)\mathrm{d}x\\&=\int_{R_2}\bigl[D(2|1)q_1f_1(x)-D(1|2)q_2f_2(x)\bigr]\mathrm{d}x+\int_{R}D(1|2)q_2f_2(x)\mathrm{d}x\end{aligned}$$
$$(7.4\text{-}10)$$

式（7.4-10）中第二项为定值，只要合理选择 R_2 就可以使得第一项达到最小值，同时也使得 $g(R)$ 取得最小值。当且仅当包含满足下述方程的全部点 X 时，$g(R)$ 取得最小值：

$$D(2|1)q_1f_1(x)-D(1|2)q_2f_2(x)<0 \qquad (7.4\text{-}11)$$

基于上述推导过程，可以得到如下结论：最优划分 $R=(R_1, R_2)$ 是存在的，只要 X 满足下述方程：

$$\begin{cases}R_1=\{X:C(2|1)q_1f_1(x)\geq C(1|2)q_2f_2(x)\}\\R_2=\{X:C(1|2)q_2f_2(x)<C(2|1)q_1f_1(x)\}\end{cases} \qquad (7.4\text{-}12)$$

由于 G_1 和 G_2 均具有相同的影响因素及影响规律，具体来讲，G_1 和 G_2 均为岩溶隧道突水风险的一个等级事件，二者的分布密度函数应该是相同的，即 $f_1(X)=f_2(X)$。一般来讲，隧道突水风险等级误判产生的经济损失是很难估计的，但是不同等级的误判产生的经济损失比值是可以估计的，即我们可以估计 $r=D(1|2)/D(2|1)$，则式（7.4-12）中第一式就变成：

$$q_1\geq\frac{D(1|2)}{D(2|1)}q_2 \qquad (7.4\text{-}13)$$

如果掌握有足够的岩溶隧道突水案例的统计数据，就可以用其相应的发生频率来代替自己的先验概率，否则可以用 G_1 和 G_2 的隶属度代替其先验概率 q_1 和 q_2，此时如果式（7.4-13）成立，则本风险事件 X 的风险等级就应该为 G_1，否则就应该为 G_2。

2. 贝叶斯判别结果

一般来讲，在相邻风险等级判定时，较高风险等级错判为较低风险等级时的损失会大于将较低风险等级错判为较高风险等级时的损失，即 $C（1|2）>C（2|1）$。因此，可以从式（7.4-13）看出，在考虑了风险等级错判损失不同的情况下，就不能简单地根据最大隶属度原则来判别隧道突水风险等级。当然，如果两种错判产生的经济损失相等，就仍可以再用最大隶属度原则来直接判定风险等级。

在式（7.4-13）中 $q_1 = v_3$，$q_2 = v_4$，取误判损失比 $r = D（3|4）/D（4|3） = 1.1$，则式（7.4-13）不成立，因而 D1K848+508~D1K849+018 段的突水风险等级应判定为Ⅳ级，即高风险。

7.5 隧道施工开挖揭示岩溶情况

D1K848+508~D1K849+018 段突水风险等级最初判为Ⅲ级，利用考虑误判损失的贝叶斯方法将本段风险等级判为Ⅳ级高风险。下面就以此为例来说明此段在隧道施工过程中揭示的岩溶发育情况，从而验证风险判别方法的合理性。

D1K848+508~D1K849+018 段隧道开挖属于出口工区施工范围，即是从大里程向小里程方向施工。在本段施工中，已经在 D1K849+218~D1K849+281 和 D1K849+113~D1K849+162 两段范围内揭示出了两个溶洞群。由于风险为Ⅳ级高风险，因而在施工过程中加强了超前地质预报。

7.5.1 TSP 探测结果

为了探测开挖面前方是否存在可能发生突水的储水构造或大型岩溶，在开挖面掘进至 D1K849+018 时，再次用 TSP203Plus 进行了 TSP 探测，结果如图 2.4-1 所示。TSP 探测结果表明，隧道开挖面前方的岩体参数在 D1K848+969～D1K848+942 段出现显著变化。压缩波和剪切波的波速分别从 5 782 m/s 降至 5 242 m/s 和从 3 915 m/s 降至 3 342 m/s，密度从 2.76 g/cm^3 降至 2.67 g/cm^3，动杨氏模量从 92.8 GPa 降至 71.2 GPa，而泊松比从 0.09 增加至 0.27。基于这些岩体参数的变化特征，开挖面前方很可能存在岩溶或溶蚀带。

7.5.2 地质雷达探测

基于 TSP 探测结果，在 D1K848+969～D1K848+942 段存在岩体参数变化异常，为了进一步探明前方地质情况及岩溶发育情况，当开挖面掘进至 D1K848+975 时又采用地质雷达（GPR）和超前地质钻孔对开挖面前方地层进行探测。地质雷达天线频率为 100 MHz，布置测线如图 2.4-2 所示。地质雷达探测数据用 RADAN 专用软件进行分析后，得到探测结果如图 2.4-3 所示。图中粗线圈起来的区域为信号异常区，范围在 D1K848+965～D1K848+950。由此，可以验证 TSP 探测结果的可信度，因而仍然判定在开挖面前方围岩中很可能存在溶腔、岩溶管道或溶蚀带。

7.5.3 超前地质钻孔探测

为了防止在后续隧道开挖中出现突涌水，在开挖面上又向前钻取芯地质钻孔 3 个，一方面在前方如果出现高压溶腔时可以通过钻孔进行释能降压；另一方面又可以进一步掌握开挖面前方围岩地质情况的更加详细的信息，探测岩溶的规模大小。3 个钻孔的深度均为 30 m。钻孔 H_1 向上仰角控制在 8°～10°，H_2 和 H_3 在水平面内分别向两侧偏斜约 2°。基于 3 个地质钻孔揭示的地质情况如图 2.4-4 所示。在钻 H_1 钻孔过程中，有少量地下水流出，而且很快就停止了；而在钻 H_2 和 H_3 的过程中，则有大量泥水流出，H_3 孔前后持续时间约 26 h，且在钻 H_3 孔的过程中发生多次卡钻现象。雨后，从 H_3 孔中流出的泥水量显著增大。随着降雨的停止，H_2 和 H_3 中的水量也慢慢减小。由此推断，前面的岩溶可能通过地下发育的岩溶管道与地表的降水漏斗、落水洞等相连，因而大气降雨形成开挖面前方岩溶水的补给。

7.5.4 开挖揭示的岩溶特征

为保证隧道施工安全,在后续开挖过程中,仍然采用台阶法施工。当开挖面掘进至 D1K848+966 时,在断面左侧边墙揭示出一溶腔口,刚揭露时有黄色泥浆从口部流出,如图 2.4-5 所示。接下来的隧道开挖揭示的情况表明,此处发育有一个大型的溶腔,溶腔底部充填有碎石、黄泥及岩溶水。进入该溶腔内观察,发现溶腔向隧道小里程方向延伸。当隧道继续向前开挖时,在隧道 D1K848+943 断面左侧拱部又揭露出一溶腔开口,如图 2.4-6 所示。该溶洞与一地下暗河相连,如图 2.4-7 所示。

地下暗河的河道在隧道断面 D1K848+943 左侧分叉成左右两条小支流,左侧支流以近乎垂直于线路走向的方向远离隧道,最终消失在末端的一消水洞处。消水洞的周围发现有小木棒、小石子、黄泥及干草等杂物,意味着消水洞排水不畅。分叉点距隧道中线约 25 m。

地下暗河的起点位于断面 D1K848+850 左侧距线路中线约 35 m 的地方,起点上方为一竖直的岩溶管道,高差在 10~15 m。岩溶水经此管道倾泻而下,河道在 D1848+870~D1K848+920 范围侵入隧道拱顶上方。隧道拱顶到河道底最低点的距离不足 5 m。地下暗河的主河道长度约 165 m,主河道穿越的岩溶管道的宽度在 3~12 m,高度在 1.5~15 m。该地下暗河的平面形状呈"半月"形,如图 7.5-1 所示。

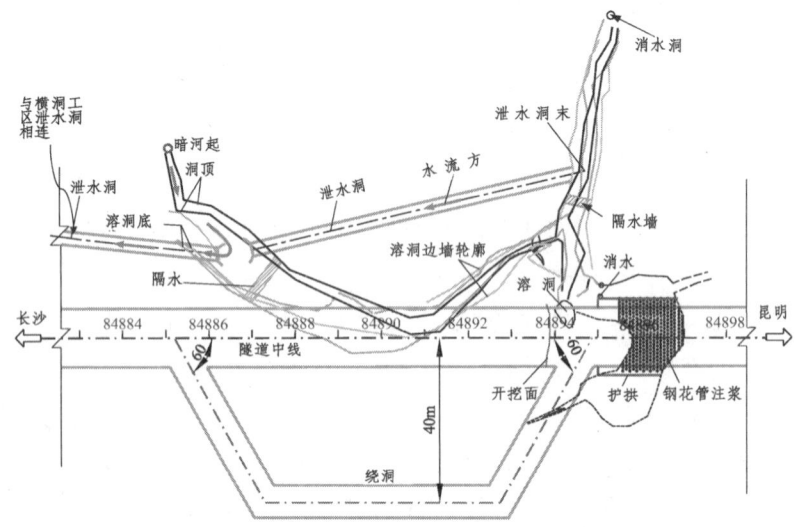

图 7.5-1 暗河平面位置及溶腔处理方案

第 7 章　富水岩溶隧道突水风险评估分析

施工过程中所揭示的岩溶及地下暗河情况表明，采用结合模糊层次分析法确定权值的二级综合评判的隧道施工风险评判结果还是可信的，所判定的本段隧道施工的风险等级为Ⅳ级是合理的。

7.5.5　地下暗河溶腔的处理

1. 开挖绕洞保证隧道正洞继续施工

由于 D1K848+970~D1K848+850 段落地下暗河系统及溶腔形态的复杂性，很难在较短时间内设计出一套较为完善的地下暗河的处理方案。因而，在揭露地下暗河系统之后，为了保证隧道施工工期，决定在隧道线路右侧向小里程方向开挖一绕洞到正洞前方继续施工正洞。

2. 充填部分溶腔的处理

对于 D1K848+970~D1K848+955 段隧道仰拱以下溶腔碎石充填的部位，采用注浆钢花管桩进行加固，上部断面采用 C20 混凝土护拱防护，护拱与围岩通过直径为 42 mm 的注浆锚管连在一起，如图 7.5-2 所示。注浆浆液为单水泥浆，水灰比为 1∶1，注浆压力控制在 1.0 MPa 左右，浆液配合比及注浆压力根据现场施工实际情况进行调整，注浆完成后钢花管不再拔出，形成注浆钢管桩。

对于溶腔侵入隧道部分断面的情况，则只在隧道正常支护外侧设置 C20 混凝土护拱，护拱与围岩通过直径为 42 mm 的注浆锚管连在一起，如图 7.5-3 所示。

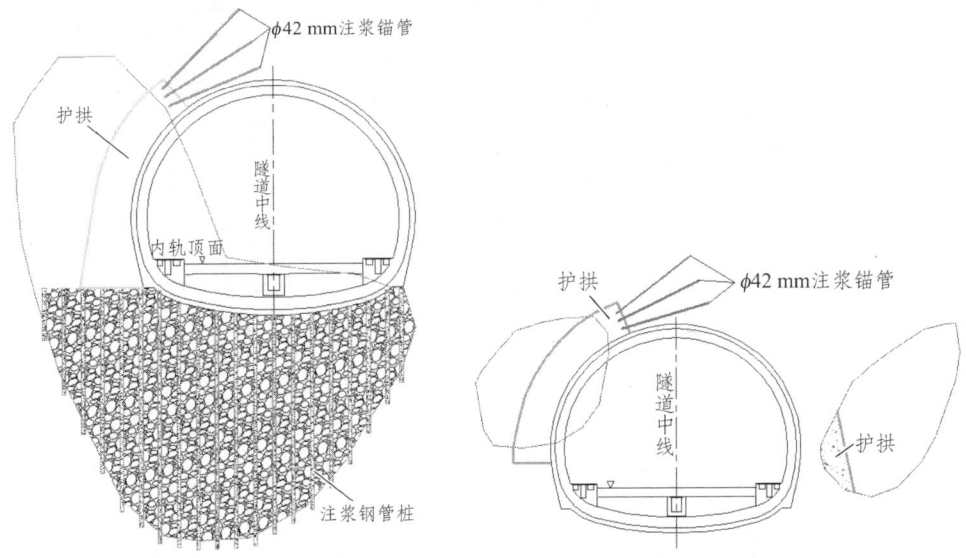

图 7.5-2　D1K948+965 断面溶腔处理方案　　图 7.5-3　D1K948+920 断面溶腔处理方案

3. 增设泄水洞

在大气强降雨后将会有大量地表水进入地下，沿着竖向岩溶管道进入暗河。由于地下暗河的水不能沿右侧支流向隧道方向流，而左侧支流末端的消水洞又排水不畅，因而就必须开挖专门的泄水洞将地下暗河中的水引走，以保证隧道运营安全。将左侧支流与主河道通过泄水洞截弯取直，在河道靠近隧道方向一侧修筑混凝土的挡水墙，避免水流向隧道。将横洞工区隧道左侧的泄水洞向前延伸至暗河处进行连接，这样地下暗河中的水就可由专门的泄水洞顺利排出洞外，从而保证隧道运营后的安全。此泄水洞总长度达到 1 224.64 m，断面净空宽为 3.5 m，高度为 4.35 m。

7.6 富水岩溶隧道安全措施体系

复杂岩溶隧道安全管理措施的主要内容包括制定安全进洞条件，落实安全生产制度及培训，设置专职安全员，建立防灾报警系统，对复杂地段结构进行长期安全监测。安全措施体系组成如图 7.6-1 所示。

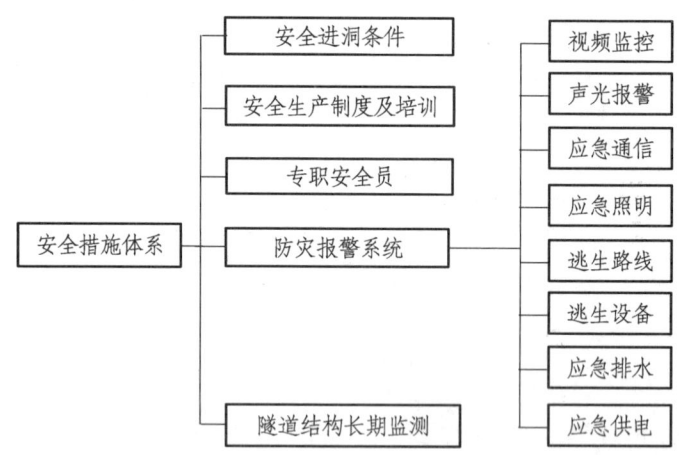

图 7.6-1 安全措施体系框架

7.6.1 安全进洞条件

对于高风险隧道，根据日降雨量、水压、泄水洞日常排水量等实行进洞安全等级管理,确定进洞施工警戒条件,确保施工人员绝对安全。例如隧道安全施工等级管理见表 7.6-1 和表 7.6-2。

表 7.6-1　隧道安全施工等级管理

安全等级	降雨量/mm	水压/MPa	泄水洞排水量/($m^3 \cdot h^{-1}$)	安全状态	施工措施
一(绿色)	<10	0.1	1 000	正常	日常措施,正常施工
二(黄色)	10-20	0.15	2 500	警戒	加强观测,做好洞内外沟通,正常施工
三(红色)	>20	0.25	3 000	应急	掌子面停工,人员全部撤离

表 7.6-2　隧道进口安全施工等级管理

安全等级	降雨量/mm	洞内涌水量/($m^3 \cdot h^{-1}$)	安全状态	施工措施
一(绿色)	<15	1 000	正常	日常措施,正常施工
二(黄色)	15~25	2 500	警戒	领导值班,加强观测,做好洞内外沟通,正常施工
三(红色)	>25	3 000	应急	掌子面停工,撤离机具人员

7.6.2　安全生产制度及培训

针对高风险的富水岩溶隧道,施工前应对进洞作业人员进行安全生产制度培训,特别是要让作业人员学会判别开挖面及支护的风险标识,熟悉逃生线路。突水突泥灾害的风险预兆如下。

(1)开挖面有硬塑状黏土挤出、泥沙流出。
(2)开挖面有掉块,并不断严重。
(3)出水部位渗流水量不断逐渐增大,并呈股状。
(4)开挖面后部变形量增大,并有掉块现象。
(5)开挖面后方支护变形异常,出现喷层开裂剥落、掉块。

7.6.3　防灾报警系统

富水岩溶隧道施工风险高,必须设置专职安全员,负责安全隧道的安全风险识别,负责预警系统和应急照明系统的开启。

风险隧道须安装防灾声光报警装置，报警装置应形成系统，一旦出现灾害预警系统立即发出警报，传给洞口工区项目经理部值班室；值班室立即启动应急通信及应急照明，指挥洞内人员安全撤离。正洞、各辅助坑道、横通道必须配置足够数量的应急照明，应确保灾害发生时能提供足够亮度的照明指示，以利于洞内人员逃生。

1. 视频监视系统

（1）电视监控。

为掌握现场施工情况，及时发现施工隐患，为提前防患做好准备，电视监控必须实时无误地反映现场施工情况。

前端设备：隧道内施工现场光照低，为保证图像清晰度，使用微光低照度摄像机，且在发生事故或突然断电时能主动提供红外补偿。同时考虑到隧道内施工场地灰尘、水、汽等恶劣环境因素，用防尘、防水和防爆的防护网，因此摄像机采用带防护罩的微光红外 CCD 高速球形摄像机。

终端设备：采用数字硬盘录像机，具备软件监测、虚拟键盘等功能，使系统更加稳定，实时录像监控。用视频压缩技术与动态检测录像可最大限度地提升硬盘效率，搜索快捷。使用动态录像抽取搜索，提高回放率。

（2）监控系统线路设计。

近距离视频传输方式：隧道施工现场设有值班室，电视监控系统的控制中心均设在值班室内，其位置一般距隧道的入口不超过 500 m。在所有隧道（或平导）入口处安装摄像机，此处的摄像机均采用同轴视频电缆传输至控制中心的数字硬盘录像机上，实现近距离视频的传输与存储，经视频监视器显示所拍摄图像。

远距离视频传输方式：在摄像机距离现场控制中心（值班室）超过 1 km 时，每一摄像机均配置一对视频光端机来解决远端的视频传输问题，图像经光纤通道传输至数字硬盘录像机，完成远距离视频的传输与存储，经视频监视器显示远端图像。

（3）监控中心图像管理系统。

在控制中心分别设置数字硬盘录像机和彩色视频监视器，对前端摄像提供的图像进行存储、检索和回放。

2. 声光报警系统

该系统是根据现场施工情况和设备维护使用方式,利用计算机、网络等技术而开发的功能完备、安全可靠的隧道施工应急报警系统。本系统可在第一时间发出警报提醒施工人员撤离现场,为现场施工人员赢得时间,从而最大限度地减少伤亡,达到安全施工目的。系统由应急报警按钮(无线和有线方式兼容)、声光报警器、报警装置、报警主机、系统软件等组成。

(1)主要功能。

① 实时记录报警发起点、报警时间、系统状态等数据。当现场突发灾害时,安全检查人员按下附近应急报警按钮,系统将在10 s内启动全线声光报警器以提示人员撤离。报警装置显示窗可指示逃生撤离的路径方向。当确认险情后,由洞外值班人员通过报警主机的操作界面人工设定最佳逃生路线,洞内撤离方向指示窗给出相应指示。报警发生后,值班室授权人员可解除报警并自动记录。报警装置具有独立的地址码,并显示在报警主机的电子地图上,使值班人员可以及时获知报警地点,为洞外人员组织抢险提供依据。

② 具有设备故障自诊断和自恢复功能,若某个设备出现故障或电缆断裂,主机会发出提示信息并显示故障地点,通知人员维修,此时现场设备不报警。

③ 具有分段保护能力(中继和通道迂回连接),单一的故障点不影响前方网络工作。

④ 具有防水、防潮、防雷击、防爆功能。报警主机留有与其他系统连接的串口。

(2)系统组成。

声光报警系统包括系统硬件和系统软件两部分。主机系统软件主要完成电子地图的组态设计(值班人员完成电子地图的绘制)、报警信息采集、控制室外设备报警及显示窗显示、故障自诊断、网络系统的控制等任务。隧道报警点控制软件主要采集来自有线报警接收器或无线报警按钮的报警信息并将地址码传回报警主机,由报警主机软件记录报警地点、时间并显示在电子地图上,配合指挥人员设定合理的撤离路线并发送至报警装置显示窗。隧道报警装置接收来自主机的命令并接通声光报警器和显示撤离方向。隧道报警点控制软件还定时接收来自主机系统软件的巡检信息并回送自己的工作状态。系统硬件由室内设备(工区内)和室外设备(隧道内)两部分组成。

室内设备：由报警主机、系统控制盘、系统室外电源防雷隔离箱和室外设备电源开关箱等 4 部分组成。

室外设备：由报警遥控器、有线报警按钮、声光报警器、报警装置（包括无线报警接收器和网络中继器、撤离方向指示器）等部分组成。

（3）报警器安装位置。

报警主机的电子地图可显示与现场一致的隧道监控模型，可监视系统各设备的工作状态（正常、故障、报警）。现场报警装置设有撤离方向指示窗，采用发光箭头标识作为向导。

在每个开挖面处、横通道拐角处和设有安全监督员的位置，设置应急报警按钮、声光报警器和报警装置，其他地段以不超过 240 m 间隔为原则设置声光报警器和报警装置，根据需要也可增设应急报警按钮。

3. 应急通信系统

在高风险隧道内的施工工作面地段、隧道内其他有人值班地段设置供电电话机，在隧道两边洞口、横洞洞口或斜井洞口值班室分别设置电话集中机，构成以洞口值班人员为中心的电话系统。

4. 应急照明系统

在隧道出口处、横洞洞口及斜井处各设一套应急照明配电箱，接引施工用变压器低压侧 380/220 V 电源。特长隧道可根据隧道照明负荷容量，在隧道内分段设置配电箱供电，其电源接引洞内隧道施工用的 380/220 V 电源。

应急照明灯具在隧道内（平导内）每隔 40 m 设一盏，灯具为自带蓄电池应急照明灯，灯具应急时间为 90 min，灯具容量每盏按 20 W 计，采用电缆沿隧道壁挂钩敷设，由应急照明回路接引电源。隧道横通道处设置横通道灯箱。

5. 逃生线路系统

（1）逃生通道。

正洞与平导之间，尽量利用现有横通道（间距在 400 m 左右）作为逃生横通道。对于反坡施工极可能发生大型突水突泥地段，可适当增设逃生横通道，以规避施工风险。逃生横通道内应设置应急照明装置，并严禁放置杂物，确保人行横道通畅。顺坡施工地段掌子面后方设逃生爬梯，以备人员暂避。

每处施工开挖面应至少保证有 1 名安全警戒人员。在距每处开挖面最近的两处横通道（逃生通道）两侧设置安全防护门，每处防护门处常设安全警戒人员 1 名。发生灾害预警时，根据具体灾情决定防护门的关闭时机。

对无轨运输的隧道要保障隧道内通道畅通，有轨运输的隧道要专门辟出一条供逃生车辆行走的通道。

（2）逃生路线设计。

逃生路线是在灾害发生时，洞内施工人员应采取的最佳逃生路线。施工中情况复杂，发生灾害时施工作业人员分散，施工单位应结合和合理运用现场的具体施工情况，并将应急报警系统输入电脑软件中，以便找到最佳逃生路线。

结合应急照明等设备位置在疏散横通道口顶部设置标志箱或标志牌，并显著标识"××疏散通道"等字样，以便于人员疏散、集中管理等。疏散通道实行统一编号。

根据隧道顺坡或反坡施工的特点，规划洞内施工人员紧急逃生线路如图 7.6-2 所示。

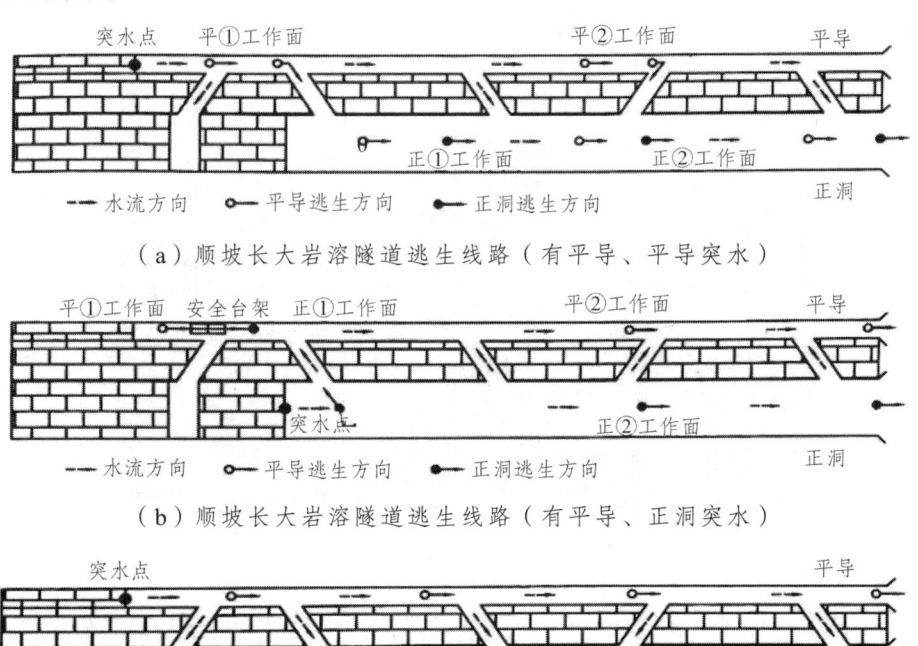

（a）顺坡长大岩溶隧道逃生线路（有平导、平导突水）

（b）顺坡长大岩溶隧道逃生线路（有平导、正洞突水）

（c）反坡长大岩溶隧道逃生线路（有平导、平导突水）

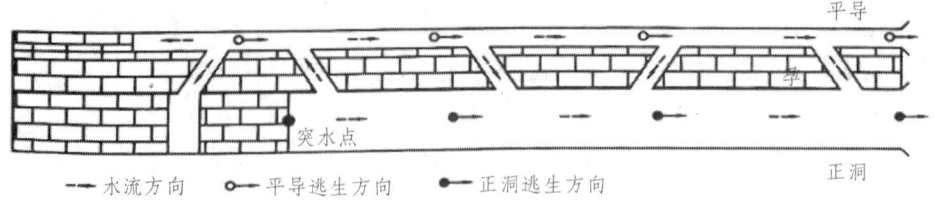

(d)反坡长大岩溶隧道逃生线路(有平导、正洞突水)

图 7.6-2　逃生线路规划设计方案

6. 逃生设备系统

各开挖工作面根据作业人数需要,配备自动充气救生服及救生圈。顺坡排水施工地段各开挖工作面配备一定数量的自动充气救生筏,由专人负责维护与管理。施工地段开挖面后方隧道侧壁设置一定数量的逃生爬梯。施工单位应保障模板台车及各种作业台车的梯子完好,以备人员暂避。事故发生时应由专人发放救生衣、救生圈等设施,并打开自动充气救生筏,将模板台车及逃生爬梯上暂避的人员接上救生筏逃生。现场逃生设备如图 7.6-3 所示。

图 7.6-3　逃生设备

采用有轨运输施工的隧道应由施工单位在危险地段开挖工作面附近配备专用梭式矿车,并设置专用矿车线存放。

采用无轨运输施工的隧道要保障隧道内道路畅通,在隧道施工各开挖工作面配备专用汽车,由专人负责维护管理,但该专用汽车的停放应采取相应的措施,不得影响正常施工车辆的进出作业。

为延缓隧道施工突遇的突水等灾情事故对施工人员的伤害,争取逃生时间,在最易发生事故的平导及正洞最深入的施工开挖面附近的两处横通道(或逃生横通道)两端各设一道安全防护门。

7. 应急排水系统

洞内(井内)必须分别设置满足施工期排水需要的机具设备和材料。同时,对高风险隧道应储备有足够抽水能力的机具设备和材料,并保证设备状态良好。

隧道外结合施工现场洞口场地的具体情况,施作完善的洞外排水系统。洞外排水系统设置砂袋、防护网等,应防止洞内水涌出直接冲毁农田、民房或其他人工构筑物,确保排水的安全畅通。

8. 应急供电系统

隧道施工应急疏散电源在隧道进、出口或斜井处就近接引施工用变压器低压侧 380/220 V 电源,隧道洞内电源接引洞内隧道施工用 380/220 V 电源。

信号报警设施由隧道及平导进出口附近施工工区内设置的 UPS 设备及配电箱供电,电源接引各施工单位工区 220 V 电源。当外部电源失电后,UPS 电源应能持续供电时间为 90 min。

给排水设备供电就近接引永临结合贯通线 35 kV 电源。在隧道及平导进(出)口、横洞或斜井处设置 35/6 kV 箱式变电站,以 6 kV 电源供给排水高压电机供电。

照明应急灯具选用密封性能好、美观耐用、拆卸灵活、光线集中的灯具。变压器选用 S11 型节能变压器。降压启动柜选用高压液阻软启动柜,它具有启动平稳、对电网影响小、结构简单、维护方便等特点。

参考文献

[1] 巩江峰，王伟，黎旭，等. 截至 2022 年底中国铁路隧道情况统计及 2022 年新开通项目重点隧道概况[J]. 隧道建设（中英文），2023，43（4）：721.

[2] 李术才，王康，李利平，等. 岩溶隧道突水灾害形成机理及发展趋势[J]. 力学学报，2017，49（1）：22-30.

[3] 王国斌，晏鄂川，杨文东. 乌池坝隧道岩溶发育特征与突水机理研究[J]. 武汉理工大学学报，2008（8）：152-156.

[4] 苗德海. 宜万铁路野三关隧道响水坪地下暗河发育特征及方案研究[J]. 铁道标准设计，2012，56（8）：75-79.

[5] 白明洲，许兆义，王连俊，等. 复杂岩溶地区隧道施工突水地质灾害研究[J]. 中国安全科学学报，2006，16（1）：114-118.

[6] 李术才，刘斌，孙怀凤，等. 隧道施工超前地质预报研究现状及发展趋势[J]. 岩石力学与工程学报，2014，33（6）：1090-1113.

[7] 李天斌，孟陆波，朱劲，等. 隧道超前地质预报综合分析方法[J]. 岩石力学与工程学报，2009，28（12）：2429-2436.

[8] 赵玉龙. 宜万铁路下村坝隧道大型半充填溶洞处理技术[J]. 铁道标准设计，2014，58（6）：111-115.

[9] 陈双庆. 宜万铁路下村坝隧道大型溶洞处理[J]. 铁道标准设计，2009，（7）：72-76.

[10] 程传军. 云雾山隧道岩溶地质特征及工程处理措施[J]. 中国水运（下半月），2013，13（1）：195-197.

[11] 韩康. 大型暗河发育特征与工程处理方案的研究[J]. 铁道工程学报，2007（4）：11-15.

[12] 张梅,等.宜万铁路岩溶断层隧道修建技术[M].北京:科学出版社,2010.

[13] 肖广志.不良、特殊地质条件隧道施工技术及实例(三)[M].北京:人民交通出版社,2016.

[14] 蒋树屏,丁浩,涂耘.岩溶地质特长隧道的关键技术问题及对策[J].公路交通技术,2005(5):96-102.

[15] 肖书安,吴世林.复杂地质条件下的隧道地质超前探测技术[J].工程地球物理学报,2004(2):159-165.

[16] 李苍松,高波,梅志荣.岩溶及地下水超前预报技术[M].成都:西南交通大学出版社,2013.

[17] 刘招伟,张民庆,王树仁.岩溶隧道灾变预测与处置技术[M].北京:科学出版社,2007.

[18] 刘阳飞,李天斌,孟陆波.常用隧道超前地质预报方法适用性分析[J].工程地球物理学报,2018,15(6):804-811.

[19] 晏军.岩溶隧道超前地质预报几种主要物探方法的选择与实践[J].隧道建设,2020,40(增1):37-43.

[20] 薛翊国.隧道施工期超前地质预报实施方法研究[J].岩土力学,2011,32(8):2413-2422.

[21] 戴前伟,何刚,冯德山.TSP-203在隧道超前预报中的应用[J].地球物理学进展,2005,20(2):460-464.

[22] 许振浩.TSP超前地质预报地震波反射特性研究[J].地下空间与工程学报,2008,4(4):640-644;716.

[23] 齐莹.TRT6000超前地质预报系统在铁路隧道施工中的应用[J].国防交通工程与技术,2016,(2):78-80.

[24] 黄金山,林从谋,黄俊贤,等.基于地质雷达的隧道超前地质预报技术及其应用研究[J].山东科技大学学报(自然科学版),2011,30(01):47-52.

[25] 邢修举,吴正飞,张依瑞,等.三维瞬变电磁超前探测技术在隧道探水中的应用[J].现代隧道技术,2020,57(1):162-167.

[26] 段铮,李天斌,李育枢,等.瞬变电磁法超地质预报技术在铜锣山隧道中的应用[J].现代隧道技术,2008(2):58-62.

[27] 王明章,王尚彦,等. 贵州岩溶石山生态地质环境研究[M]. 北京:地质出版社,2005.

[28] 白明洲,许兆义,王连俊等. 复杂岩溶地区隧道施工突水地质灾害研究[J]. 中国安全科学学报,2006,16(1):114-118.

[29] 李锟. 岩湾隧道特大型溶洞处治技术[J]. 隧道建设,2015,35(1):79-82.

[30] 孙星亮,张岳峰. 富水隧洞注浆用水泥-水玻璃浆液室内配比试验研究[J]. 铁道建筑. 2019,59(04):83-86.

[31] 阮文军. 基于浆液粘度时变性的岩体裂隙注浆扩散模型[J]. 岩石力学与工程学报,2005(15):2709-2714.

[32] 李术才,韩伟伟,张庆松,等. 地下工程动水注浆速凝浆液黏度时变特性研究[J]. 岩石力学与工程学报,2013,32(1):1-7.

[33] 袁文忠. 相似理论与静力学模型试验[M]. 成都:西南交通大学出版社,1998.

[34] GOTHALLR,STILLEH. Fracture dilation during grouting[J]. Tunnelling and Underground Space Technology,2009,24(2):126-135.

[35] 湛铠瑜,隋旺华. 动水条件下单裂隙注浆模型试验系统设计[J]. 实验室研究与探索,2011,30(10):19-23;67.

[36] 郭密文,隋旺华. 高压环境条件下注浆模型试验系统设计[J]. 工程地质学报,2010,18(5):720-724.

[37] 郭密文. 高压封闭环境孔隙介质中化学浆液扩散机制试验研究[D]. 徐州:中国矿业大学,2010.

[38] 王涛,韩煊,赵先宇,等. FLAC3D数值模拟方法及其工程应用:深入剖析FLAC3D5.0[M]. 北京:中国建筑工业出版社,2015.

[39] 丁礼建. 层状围岩隧道受力特征分析及支护参数确定[J]. 国防交通工程与技术,2014,(1):53-56;47.

[40] 贾蓬,唐春安,等. 具有不同倾角层状结构面岩体中隧道稳定性数值分析[J]. 东北大学学报(自然科学版),2006,27(11):1575-1578.

[41] 中国中铁二院工程集团有限责任公司. 铁路隧道风险评估与管理暂行规定:铁建设〔2007〕200号[S].

[42] ESKESEN S D, TENGBORG P, KAMPMANN J, et al. Guidelines for tunnelling risk management[Z]. ITA AITES, 2004.

[43] 王学民. 应用多元统计分析[M]. 上海：上海财贸大学出版社, 2017.

[44] 李士勇. 工程模糊数学及应用[M]. 哈尔滨：哈尔滨工业出版社, 2015.

[45] CHANG DaYong. Applications of the extent analysis method on fuzzy AHP[J]. European Journal of Operational Research, 1996, 95（3）：649-655.

[46] KAHRAMAN C, CEBECI U, ULUKAN Z.Multi-criteria supplier selection using fuzzy AHP[J]. Logist Inform Manage, 2003, 16（6）：382-394.

[47] 杜峰. 隧道工程设计施工风险评估与实践[M]. 北京：中国建材工业出版社, 2017.

[48] 李术才, 王康, 李利平, 等. 岩溶隧道突水灾害形成机理及发展趋势[J]. 力学学报, 2017, 49（1）：22-30.

[49] 许振浩, 李术才, 李利平, 等. 基于层次分析法的岩溶隧道突水突泥风险评估[J]. 岩土力学, 2011, 32（6）：1757-1766.

[50] WANG Y, YANG W, LI M, et al. Risk assessment of floor water inrush in coal mines based on secondary fuzzy comprehensive evaluation[J]. International Journal of Rock Mechanics and Mining Sciences, 2012, 52（6）：50-55.

[51] 殷颖, 田军, 张永杰. 岩溶隧道灾害案例统计分析研究[J]. 公路工程, 2018, 43（4）：210-214；273.